GEI® 长城智库丛书

陈文丰◎著

创新高地的创新传奇

Legends of Innovation Hubs

科学技术文献出版社
SCIENTIFIC AND TECHNICAL DOCUMENTATION PRESS

·北京·

图书在版编目（CIP）数据

创新高地的创新传奇 = Legends of Innovation Hubs / 陈文丰著. —北京：科学技术文献出版社，2023.12
（长城智库丛书）
ISBN 978-7-5235-1111-4

Ⅰ.①创⋯　Ⅱ.①陈⋯　Ⅲ.①高技术园区—发展—研究—中国　Ⅳ.① F127

中国国家版本馆 CIP 数据核字（2023）第 240758 号

创新高地的创新传奇

策划编辑：丁芳宇　　责任编辑：王　培　　责任校对：王瑞瑞　　责任出版：张志平

出 版 者	科学技术文献出版社
地　　址	北京市复兴路15号　邮编 100038
编 务 部	（010）58882938，58882087（传真）
发 行 部	（010）58882868，58882870（传真）
邮 购 部	（010）58882873
官方网址	www.stdp.com.cn
发 行 者	科学技术文献出版社发行　全国各地新华书店经销
印 刷 者	北京时尚印佳彩色印刷有限公司
版　　次	2023年12月第1版　2023年12月第1次印刷
开　　本	787×1092　1/16
字　　数	363千
印　　张	17.75
书　　号	ISBN 978-7-5235-1111-4
定　　价	58.00元

版权所有　违法必究

购买本社图书，凡字迹不清、缺页、倒页、脱页者，本社发行部负责调换

"长城智库丛书"编委会

主　编：武文生　刘志光
副主编：赵慕兰　陈文丰　王奋宇　王志辉
编　委：王　瑛　黄　波　赵荣凯　曹善平
　　　　程淑红　马宇文　周　涛　郝　坤
　　　　岳　渤　江锡军　袁硕平　吴　勇
　　　　王　涛　孔伟强　高程程　王　丹
　　　　邵　翔　吴　炜　程　宏

"长城智库丛书"总序

长城战略咨询（GEI®）创立于1993年8月，是伴随着中国改革开放进程成长起来的咨询机构，是中国新经济研究、咨询与服务的先行者，是着力构建以新经济发展规律为认知基础的、为各类决策者提供咨询服务的专业智库。立业30年以来，我们根植中国本土，基于对科技的社会与经济功能、政府与市场间协同的深刻把握，形成了对新经济的敏锐感知、独立思考和深刻洞见。我们有一支高素质的咨询师队伍和庞大的专家顾问网络，有丰富的行业数据库、咨询案例库和领先的咨询方法论。

长城战略咨询（GEI®）一直致力于新经济知识的积累、传播与共享，践行"知行合一，惟新守常"的文化理念。我们先后出版过多部著作，并主持编撰有"创新中国研究系列丛书"（山东教育出版社）、"创新战略研究丛书"（广西人民出版社）和"长城智库系列丛书"（金城出版社）。在长城战略咨询（GEI®）成立30周年之际，我们推出"长城智库丛书"系列著作，以期展示长城战略咨询最新的智力成果，推动当代中国新经济伟大事业的发展。

"长城智库丛书"编委会
2023年7月

序　言

改革开放以来，在中国和平崛起和建设创新型国家的历史进程中，以高新技术产业开发区（简称"高新区"）为代表的创新高地所发挥的作用有目共睹，无可替代。那么，什么是"创新高地"？它们是如何崛起并且在创新型国家建设中发挥引领作用的？这应该是关心中国崛起历程的各界人士都想获知的答案。

现在有这么一本书，它将带你走进全国各个创新高地的"腹地"，深入了解其发展的诀窍及其在中国崛起中的价值。书名中"传奇"二字，一则表达该书是作者的亲身经历和感悟；二则表达全国各创新高地都有着与他地不同的"区域个性"。

该书作者是一名专业咨询服务人士，即现任长城战略咨询常务副总经理——陈文丰。陈文丰自2001年在北京科技大学硕士就读期间，就一脚踏入了咨询行业，而且是以服务高新区为主业的咨询行业。他走过了全国70%以上的地级市，主持过几百项咨询项目，他眼见我国高新区和全国各个创新高地的崛起。如果说长城战略咨询是服务于高新区的全国第一咨询品牌，那么陈文丰则可称为这第一品牌的首席高新区咨询专家。

该书开篇是陈文丰服务于创新高地22年所获得的感悟，也可以算是全书的灵魂之述。他对什么是创新高地及其崛起诀窍的认知跃然纸上，其中"区域个性"的概念便是解读创新高地创新传奇的钥匙。陈文丰认为，"经济全球化分工协作是区域个性化的核心驱动力"；他认为，抓住区域个性就是助力创新高地在全国乃至全球脱颖而出的诀窍，而把握区域个性的关键，在于要抓住本地"天地人和"的个性化产业。他在自序中对于各个创新高地的特色如数家珍般的描述就是其对各地区域个性的画龙点睛之笔。通读全书，对"区域个性"的观察、分析和认知始终贯穿其中。

不仅如此，他还将当地的区域个性与相应的国家战略紧密结合，从而大大提升了区域个性的战略位势，形成了更加强大的发展动力。这种紧密结合，不仅体现在中关村、张江、东湖一类国家顶级高新区发展中，也体现在他所参与的众多创新高地发展的谋篇布局中。例如：对杭州高新区（滨江）"中国数谷"和"全国最强数字经济区行动方案"的研究；对合肥建立在"综合性国家科学中心"战略位势上所做的"未来产业规划"和对"世界量子中心"定位的选择；对沈阳和大连在谋求东北全面振兴新突破的战略布局中，提出了"打造东北亚科技创新中心"、"中国·北硅谷"和"东北新赛道第一城"的定位设计；对西部中心城市，如成都、西安、乌鲁木齐和拉萨等，紧密结合国家"一带一路"倡议，确立其新位势、新优势，谋划区域发展的新战略。在绵阳、在重庆、在济南、在宁波、在苏州、在南京、在无锡、在大庆……在全书中处处可见这类区域创新战略位势的提升。

陈文丰从入职时的一名普通员工成长为常务副总经理，深刻把握长城战略咨询"思想与实践相结合"这一成功之精髓。正如许多客户与合作伙伴对长城战略咨询的评价：这是一家国内少有的拥有原创思想体系的民间智库和咨询机构。陈文丰在自序中也强调，这是一家"以新思想和新概念著称的机构"。激发陈文丰写书动念的王德禄所长也期望能看到一本"思想与实践相结合"的书。没有辜负所长所望，陈文丰在书中将"思想与实践相结合"，将长城战略咨询的"认知引领"和"落地服务"的精髓写得淋漓尽致。

从区域创新网络演进到创新创业生态，从产业发展细分领域的"分解分解再分解"和空间上的"集聚集聚再集聚"到新兴产业的"跨界融合"、产业生态和"数实融合"，从创业式创新到"硬科技、深科技"创业，再到新经济发展的新场景、新赛道、新物种和新治理的"四新范式"，陈文丰无一不是消化吸收其理论，提升认知其规律，再将这些基于规律的认知运用于各个创新高地的咨询服务之中。

不仅如此，他还在一些特定的咨询服务中发现并抓住了在全国具有普遍性、规律性的问题并加以分析总结，进一步将解决问题的思想、方法推广到对其他创新高地的服务之中。例如，对高新区发展历程中所逐渐显现的"产业、科技、城市"三大属性的认识，对各地建设"科学城、科技城"一般属性的认识，对产业研究中"产业链生成六步法"的认识，对全新的"科技招商、产业链招商"一般规律的认识，等等。正是由于有了这种"思想与实践相结合"且不断提升认知的能力，使陈文丰不仅从普通员工成长为长城战略咨询的"首席高新区咨询专家",而且助力其完成了该书的写作。

我与陈文丰相识于他入职长城战略咨询之时,也有22年。喜见他有成书面世,愿为之作序。

赵慕兰

2023 年 9 月 4 日

自 序

我过去从来没想过写一本书。咨询工作的最大特点就是不停地写报告，经常做演讲，当专家发言，也总在不停地思考，偶尔有感而发也只是在公众号上发篇杂文而已。曾经想过等到退休后再好好总结，将目睹过的最美山河、谋划过的最亮金句、突发的奇思妙想、深思后的个人想法统统整理出来，既为自己的咨询生涯画个句号，也为后人留点念想，仅此而已。

触发我写此书的动力来自王德禄所长。2017年春节，我和夫人刘美燕去给所长拜年。所长热情地带我们去他的书房参观，送了我夫人几套他近些年的博客著作，并提出了让我写本书的要求。所长说，不是为了写书而写书，而是要通过写书去梳理自己的想法，构建自己的思想体系，并把思想与咨询实践做结合，一定会很受欢迎。看着所长期待的眼神，我欣然答应了。

可是，说起来容易做起来难，真正想动笔时却踌躇不定。写什么主题？按照什么风格写？写出来后能不能受欢迎？各种问题让我一筹莫展，而且因业务繁忙很难有清净之时，因而一直拖着。2022年12月14日清晨，所长因病骤然去世。伤心之余，想起了写书的工作还没开始。于是，整理心情，开始着手这份沉重的任务。从2023年1月开始明确主题、构建框架，到8月拿出初稿，花了8个月时间。

此书是以"创新高地"为主题，将个人从业20余年的咨询实践融入其中，试图揭开这些创新高地崛起的密码。我于2001年7月入职长城战略咨询以来，研究主题涉猎众多，如科技管理、科技政策、产业规划、城市创新、企业创新和园区发展等。依稀记得入职后做的第一个咨询项目是科技部软科学计划课题，名字是"京沪深三地创新经济比较研究"。虽然仅承担了一小部分任务，但成果报告引起了京沪深三地政府的高度关注和重视，我也从中窥见城市创新的基本规律。

后来，我有大致五六年的时间集中在对中关村科技园区和北京市的创新发展研究上。中关村是中国第一个高新技术产业开发区，也是第一个国家自主创新示范区，个人非常有幸借助长城战略咨询这个平台与中关村科技园区共同成长。对中关村的研究，既需要从战略上把握方向，也需要在具体产业和政策上进行分析。高技术服务业的提出，表明了中关村产业出现了向服务业转型的重大转变；通过与国际知名科技园区的比较分析，得出了"中关村成为世界第二大科技园区"的结论；"十论中关村自主创新"更是从根本上揭示了中关村所走的路是一条自主创新的道路。

从2006年开始，在相当长一段时间内聚焦于全国的科技园区研究。这对于长城战略咨询来讲是一个重要转折点，我们的公共咨询业务全面向全国推进。而能不能把在中关村和北京形成的经验创造性地应用到全国的科技园区，对于我个人而言则是重大考验。我有幸跟科技部火炬中心合作，这是全国科技园区的业务指导单位。在随后的两三年，我们跟上海张江、武汉东湖、深圳高新区开始合作，参与一些重大战略问题的研究。"张江科学城发展战略规划"给出了最早的张江科学城的发展蓝图，"东湖国家自主创新示范区发展规划"也明确了未来10年打造"世界光谷"的愿景，"深圳建设世界一流高科技园区行动方案"则给深圳高新区勾勒出了未来10年的发展路径。

与科技园区深入合作的同时，我们也开始在全国进行战略布局。第一个分支机构选在宁波，成立于宁波高新区。我跟宁波高新区的领导许下豪言壮语，要将宁波高新区建成中国"第2个中关村"。第2个分支机构落在武汉东湖，我们双方共同合作成立了"光谷创新发展研究院"，这是双方深入合作的重要写照。目前，我们在全国设立了24个分支机构。机构设立的过程，也是更好地服务园区发展和城市创新的过程。我们服务于合肥高新区，推动高成长企业的发展，在全市推进场景创新中心建设；在成都，配合全市谋划研究新经济发展，全力打造新经济"网红城市"；在天津，围绕"具有全球影响力的产业创新中心"，谋划研究"中国信创谷"规划，感知"中国经济南北问题的最前沿"，走出北京，在天津连续举办两届高水平的"中国独角兽企业报告发布会"；在南京，谋划成立"南京未来产业促进中心"，举办中国新赛道大会，全力推进"新赛道之城"的建设。

这些年，我们走南闯北。见证过东莞从世界工厂到新兴科技创新城市的蝶变，领略过东北大庆冰天雪地里新兴产业发展的火热，也为苏州和杭州的超常规科技产业发展兴奋过。佛山制造业数字化，无锡前瞻发展物联网，重庆科学城的建设，绵阳科技城的提升，无一不是这些城市在创新驱动、高质量发展之路上的再次攀登。我们关注到，昆明因生物多样性而发展生物医药产业，济南与郑州连续推进园区管理体制的"市场化改革"，大连和沈阳率先从新旧动能转换中脱颖而出。

我们积极推进科技园区的国际交流和合作，讲述中国科技园区的故事。我们为蒙古国制定科技园区规划提供咨询服务，也协助泰国科技部制定了"泰国版火炬计划"及新经济发展方案。我们远赴非洲，在非洲大陆上给出中国科技园区经验，为中国南非科技园贡献中国智慧。更重要的是，我们一直在学习美国发展高科技产业的经验，波士顿作为知识创新中心、硅谷作为科技创新中心是我们咨询人重点观察的对象。

之所以将此书范围确定为"创新高地"，而不是科技园区，原因有两个：第一，科技园区虽然是重要的创新高地，但不是全部。在中国，众多的城市新区、经济技术开发区同样也具有很强的创新功能，它们同样是创新高地。第二，我们服务的对象有园区，也有城市。更重要的是，随着这些年中国很多城市正在整体性创新崛起，如深圳、杭州、合肥、南京，观察与研究城市越来越成为长城战略咨询的一个重要方向。

通过对这些创新高地的长期服务，本人感受颇多。第一，要有认知。只有具备洞察事物发展的基本规律和基本趋势的能力，才能在更高的高度给出具体的建议。这些年，我们的咨询重视从反映客观规律的理论出发，但不是唯理论化，不是生搬硬套，而是在理论规律和实践中搭建一个桥梁，这个桥梁就是认知。北京高技术服务业的提出，淄博行业创新中心的建议，大庆产业链生成六步法的设计都是认知到位的结果。第二，要有落地的能力。时代变了，客户需求也在变。长城战略咨询如何实现从咨询到"咨询+服务"的转变，是我们重点思考的问题。长城战略咨询是一家以新思想和新概念著称的机构，这些年在王德禄所长的领导下，推出了以"新场景、新物种、新赛道和新治理"为重点的新经济想法。我们没有让"四新"仅停留在想法上，而是努力付诸实践。我们在合肥成立了合肥市场景创新促进中心，协助客户开展城市级场景创新的全领域、全流程的促进服务工作。我们在南京成立了南京未来产业促进中心，助推南京打造"新赛道之城"。我们在武汉东湖搭建瞪羚源，旨在搭建为瞪羚企业提供更优质服务的第三方平台。落地能力如果不到位，咨询所创造的价值就不可能得到真正体现。

本书不是理论学术著作，更不是个人游记，而是作者20余年咨询工作的部分实践和心得。有些观点是项目团队的集体创作，有些则是个人的有感而发，但不影响本书的整体性和可阅读性。本书第一部分内容是个人的一些感悟，涉及对区域发展的一些整体认识，以及对咨询的理解。第二部分介绍了在中国影响较大的10个城市及园区，这些园区恰恰是世界一流高科技园区的试点建设园区，书中记载了我们在其中做的一些重要工作，描绘了这些创新高地最显著的特点。第三部分介绍了一些有特色的园区和城市，我们都有过较好的合作。第四部分则是对和"一带一路"有关联的创新高地的介绍。

在本书的写作中，我构建了全书框架和叙事方式，并对每一小节的重点内容做了详尽要求。有部分内容由我的同事查阅了很多资料，提供了专业意见，撰写了初稿，我再进行统一修改。由衷感谢我的同事付出的辛苦劳动，他们有：高新区咨询部的沈娟、周捷、朱潜洋，广州业务中心的孔伟强、黄婉婷、蒋婷婷、罗钰、王檀荣，武汉业务中心的高程程、尚斌斌、郑卫，西安业务中心的冶小梅、雷超，成都业务中心的徐光宜、周雪、林婷、刘琴，宁波业务中心（杭州业务中心）的江锡军，合肥业务中心的党好、翟俊瑞、顾兵、贺世节，苏州业务中心（无锡业务中心）的王晟、祝君、徐菲、余润颖、薛舒文，天津业务中心的白文欣、宿丽丽、曹星，重庆业务中心的李征威、兰迪、张壹岚，南京业务中心的刘日、王付光、黄涛、王文江，沈阳业务中心（大连业务中心）的吴勇、李文惠、荆涛、李新，济南业务中心（青岛业务中心）的刘恒辰、米凯、韩肖，福州业务中心（厦门业务中心）的武小茜、吴敬锐、李恺雯、马冬霞，昆明业务中心的刘向阳、杨文英，产业咨询部的关俊稳，国际咨询部的张继喆及原同事王明阳等。没有他们的大力支持，我不可能完成此书的写作。

同时，还要感谢赵慕兰老师，从她的身上学习到了难能可贵的敬业精神、专业知识和完美人品，感谢她对本书所提的宝贵意见。还要感谢武文生所长和刘志光理事长，感谢他们带着我推开了咨询这扇门并以此作为终生事业。还要感谢王志辉、曹善平、周涛3位同事，这10余年是他们陪伴着我一起共同深耕全国科技园区咨询市场。还要感谢王奋宇、王瑛、赵荣凯、程淑红、袁硕平、郝坤、王丹、弥晓晔、石妍妍等长期并肩作战的同事，对我而言，他们的大力支持不可或缺。还要感谢邵翔、吴炜、邸伟临等同事，为本书的修改和出版提供了大力支持。

同时，也要感谢我的夫人刘美燕和犬子陈子和，他们给了我写作的巨大动力，当然也有鞭策。

更重要的是，谨以此书献给逝去的王德禄所长！

是为序。

目 录

第一章 关于创新高地的若干思考 ························· 1
  1.1 创新高地是如何形成的？ ···························· 2
  1.2 区域为什么要有个性？ ······························ 4
  1.3 对科技园区的若干认识 ······························ 7

第二章 浪潮之巅：世界一流高科技园区的发展 ············· 10
  2.1 北京：中关村的崛起 ································ 11
  2.2 上海：张江，从科技园到科学城 ······················ 26
  2.3 深圳：中国式硅谷 ·································· 35
  2.4 武汉：中国光谷 ···································· 44
  2.5 西安：硬科技之都 ·································· 57
  2.6 成都：新经济网红城市 ······························ 63
  2.7 杭州：天堂硅谷 ···································· 75
  2.8 苏州：开放创新的最强地级市 ························ 82
  2.9 合肥："科里科气"的创新之都 ························ 92
  2.10 广州：千年商都的创新之路 ························ 105

第三章 百舸争流：奋进中的特色创新高地 ················· 114
  3.1 天津：产业创新中心 ································ 115
  3.2 重庆：科学之城、创新高地 ·························· 124
  3.3 南京：创新名城 ···································· 131
  3.4 沈阳：老工业基地的创新蝶变 ························ 143
  3.5 济南：引领新旧动能转换 ···························· 149
  3.6 东莞：松山湖成为新名片 ···························· 157

3.7 无锡：湖湾创新城 ·· 167
3.8 郑州："大动脉"上的创新高地 ································ 176
3.9 宁波："甬"闯新经济 ·· 182
3.10 大连：开放创新之都、浪漫海湾名城 ······················ 189
3.11 佛山：内源型经济的样板区 ··································· 196
3.12 大庆：中国石油城的创新转型 ································ 204
3.13 昆明：面向两亚的创新之"滇" ································ 209
3.14 厦门：高颜值的创新名城 ······································ 214
3.15 淄博：火的不只是烧烤 ··· 221
3.16 乌鲁木齐：丝路上的创新节点 ································ 225
3.17 拉萨：雪域高原上的火炬之光 ································ 229
3.18 阿勒泰地区：边疆地区的创新求变 ························· 232

第四章 不懈的国际合作与交流之路 238
4.1 走出国门做咨询：蒙古国科技园规划 ······················ 239
4.2 泰国版"火炬计划" ··· 243
4.3 中国南非科技园合作 ·· 247
4.4 在美国考察高科技产业 ··· 254

后记 咨询就是一场修行 ·· 263

第一章
关于创新高地的若干思考

创新高地是我20余年咨询生涯的主攻方向。研究问题的时候，有的是从现象入手，有的是试图找出一些基本规律和趋势。创新高地究竟如何形成？这是我一直在思考的核心问题。

创新高地能不能有生命力，能不能持续创新，很关键的一个问题就是其是否具有区域个性。从某种意义上讲，区域个性与创新高地互为因果关系，我们要追求的是创新高地的个性表达。有很多创新高地因个性张扬继而色彩斑斓，也有很多创新高地因丧失区域个性，最后逐渐走向平庸。在区域成长过程中，无论是"无中生有"还是"有中生优"，从某种意义上讲都是区域个性化发展的结果。

我国的科技园区是典型的创新高地，是解决科技与经济"两张皮"问题的最佳政策工具。但科技园区在中国也是个新鲜事物，我们对科技园区的认识也是在逐步深化的。随着国际环境变迁、国家政策演进，不同阶段科技园区所承担的使命和责任也有差异。但不管怎样，创新创业生态赋予了科技园区强大的生命力，是其成为创新高地的根本动力所在。

1.1 创新高地是如何形成的？

最近一段时间，创新高地成为高频词，在国家及地方文件中屡屡被提及，也常见于各园区的战略定位中。2019年10月，中关村论坛开幕式在北京举行。国家主席习近平向大会致贺信，强调中关村正努力打造世界领先科技园区和创新高地。《粤港澳大湾区发展规划纲要》指出，深圳将瞄准世界科技和产业发展前沿，建成全球科技创新高地和新兴产业重要策源地，打造成国际科技产业创新中心。

从全球范围来看，世界众多区域都在追求成为创新高地。硅谷，全球高科技产业的圣地。《硅谷指数2007》指出，虽然全球竞争的场地是"扁平"的，但各地区依然可以凭借自身区域个性在"扁平的世界"中创造出"尖峰"。可以看出，创新尖峰的本质就是创新高地。

进一步讲，创新高地的本质就是以创新为基本特征，以局部优越的创新环境为根本，以雄厚的高新技术产业和非凡的科技型企业群体为主体，形成整体超越周边区域的发展态势。这就是为什么创新高地成为各地方及园区重要的发展目标。那么创新高地能够在什么样的地方率先形成，对区域和城市资源的基本要求是什么？创新高地如何建成，具体路径如何跟地方实际情况做结合？

一个园区可以成为创新高地。改革开放40多年来，我国涌现出一批以"发展高科技、实现产业化"为主要使命的高科技园区，在引领中国经济创新发展、支撑地方产业转型升级等方面发挥重要作用。这些园区因其独特的创新创业环境，积聚大量创新要素，企业群体卓尔不群，产业蓬勃发展。这其中很多园区就是名副其实的创新高地，也是我国最大最重要的创新高地。

一个城市亦可成为创新高地。不同城市，区位条件、资源禀赋存在差异，发展路径千差万别。资源条件好的区域不必多说，条件差的城市仍然存在逆袭发展的可能性。我们看到，在经济全球化的深刻影响下，我国进一步改革开放，部分城市抢抓机遇，迎头赶上，弯道超车，从后发区域华丽蜕变为劲头十足的创新先锋城市，如合肥、贵阳等就是典型案例。

重要的是，创新高地的形成需要我们既寻找其形成背后的基本规律和机制，又要总结全球和我国区域城市发展的案例，从而找到可以归纳继而推广的重要经验。个人认为，创新高地之所以能够引领继而起到辐射带动的作用，最根本的是具有较高的"能量"和"信息"。创新高地的形成过程，就是不断发挥自身较高水平的"能量"和"信息"作用的过程。而从创新高地的形成阶段来看，都需要经历3个不同的阶段，那就是积聚—生态—爆发。

创新高地需要有高能量。人类历史进步演化的规律表明，获取高能量是人类物种战胜其他物种脱颖而出的重要原因。科技发展的每一步，也都是为了用更少的成本、更短的时间获取更多能量的过程。创新高地建设同样如此，必须持续地获取高能量，从而逐渐脱离原有的生态位，获得比其他区域更快发展的能量优势。什么是能量？在区域发展过程中，创新资源、优秀人才、产业资本都是高能量，科研机构、优质企业同样也是高能量。

创新高地需要信息传播。如果说能量构成了创新空间的物质基础，信息传播则构成了创新高地的精神内核。从语言到文字，从计算机到互联网，从知识产权创造到创新文化氛围，都属于信息传播的范畴。信息传播得越广、越快，成本越低，这将极大地降低信息不对称带来的能量消耗，将能量作用发挥到极致。在知识经济时代更是如此，数据等直接成为生产要素，信息获取和信息传播则会呈现爆发式增长。

积聚构成了创新高地建设的第一道门槛。在计划经济时代，我国工业经济布局总体上有集中有分散。随着经济转轨的加速推进，传统计划经济的布局线断珠落。而市场经济全球化的全力发展，为我国众多区域的创新资源和产业资源的重新积聚提供了更多机会与可能性。全球范围内的产业要素和创新资源的流动出现了一个有趣现象，哪里生态环境好就往哪里集中。这些要素在新的空间上积聚积聚再积聚，逐渐就形成了创新空间。广东、浙江等地的专业镇、专业园和块状经济是产业要素的空间积聚，而在城市中心区域出现的科技园、科技城则是创新要素的空间积聚。

生态是创新高地建设的必备要素。资源和要素有了空间上的积聚，需要什么样的环境才能实现爆发？答案是生态。举个例子，在自然生态中，一棵小树苗如何能够顺利、快速地长成参天大树，取决于周边的土壤、阳光、空气和水分，生态环境好了，物种才能有更好的发展。经济发展亦是如此，假定一支创业团队来到一个园区或者城市，其企业能否快速成长为瞪羚企业、独角兽企业甚至平台引领企业，取决于此地的创新创业生态是否优越，是否具备良好的创新平台、创新政策、创新氛围和创新服务。

爆发是创新高地建设的结果体现。在新经济条件下，涌现出一批快速增长、被市场高度认可的新型创新主体，如哪吒企业、瞪羚企业和独角兽企业。有别于传统的市场主体，这种新型市场主体的成长性更强、科技感更强、跨界属性更强、数据驱动属性更强，因而特别受到投资机构的青睐。这些主体在空间上的积聚，会带动区域经济的爆发，使区域整体性创新崛起。深圳、合肥、杭州、成都等就是这些年我国崛起的重要的创新高地。

1.2 区域为什么要有个性？

2001年，我刚入职长城战略咨询时，就疯狂地学习长城战略咨询的已有研究成果。有一天，突然看到《中关村区域创新体系》研究成果时，被一段话深深吸引并感到震撼。这段话是这么写的：

在全球化的趋势下，"区域崛起"令人瞩目。奥荷玛依（Ohmae）（1995）指出，在一个逐渐形成的无国界经济社会中，单一民族国家开始"空壳化"，一些地区，比如华尔街（Wall Street）、巴登—符腾堡（Baden-Wurttemberg）、圣地亚哥（San Diego）、香港、广州和新加坡，被认为比某些国家（如意大利或英国）更加具有经济意义。个性成为区域存在价值的依据：硅谷的信息技术研发与制造、新竹的信息产品制造、加利福尼亚的多媒体产业、丹麦的养猪业、新加坡的国际商务、中关村的高新技术产业、苏南地区和珠江三角洲的制造业、山东寿光的蔬菜产业等，各区域争奇斗艳，纷纷向世人展示自身的"最亮点"。世界因区域而精彩，世界经济进入"个性张扬"、色彩斑斓的时代。

这段话在随后的20年中，仍然时常在耳边萦绕。20年过去了，中国经济获得了更加长足的发展，国家整体经济实力已经长期稳居全球第二。一方面，我们能够看到，我国涌现出了大量个性更加突出的明星区域，无论是在产业、创新还是在城市发展上，都具有不少"闪光点"。有些区域聚焦在新兴产业，如中关村的互联网、东湖的光电子、张江的集成电路、深圳的通信、杭州的信息服务、合肥的人工智能等，都在全球具有一定的影响力。有些区域扎根于装备制造，如长沙的工程机械、株洲的轨道交通、大连的船舶制造，其产量和销量都位居世界前列。还有更多的区域长期从事传统制造业的生产制造，依靠规模优势获取竞争力，如佛山的陶瓷、嵊州的领带、清河的羊绒、寿光的蔬菜、香河的箱包等。另一方面，我国还有大量的城市、区域、园区缺乏个性，产业同质化现象严重，特色产业并不突出，创新资源低水平重复引进，城市化发展"千人一面"。这些问题可能需要在下一步发展过程中得到有效解决。

区域为什么能够形成个性？这个问题有很多专家学者进行过系统研究，原因各异。但从根本上来讲，经济全球化分工协作是区域个性化的核心驱动力。从20世纪80年代开始，经济全球化浪潮兴起，并与我国改革开放战略形成历史性交汇。大量的跨国公司在全球范围内寻找成本更低、市场更大、成长性更好的区域，我国因劳动力众多、市场巨大获得青睐。海量的技术、资本和人才要素在我国不同的区域形成不同层次的积聚，从结果上逐渐形成差异化的发展，最终形成个性化的区域。深圳早期的电子信息、东莞早期的服装鞋帽、苏南地区的笔记本电脑等都是从跨国公司的产业转移开始的，当然这些区域都经历过后期更加卓尔不凡的转型升级、凤凰涅槃，才能成为今天更加个性绚烂的区域性创新中心。这是后话，不在此赘述。

我国的区域如此，全球科技创新圣地硅谷亦是如此。颇有名气的《硅谷指数》在其2007年报告中指出，虽然全球竞争的场地是"扁平"的，但各地区依然可以凭借自身区域个性在"扁平的世界"中创造出尖峰。2010年的《硅谷指数》进一步指出全球链接能力是硅谷的核心竞争力，其模式可以总结为"世界发明、硅谷开发、全球应用"。这句话可以这样解释：具有颠覆性的重大基础研究在各国实验室中发明出来，硅谷的企业将之开发成具有竞争力的产品，继而在全球范围内得到广泛应用。其中，硅谷就是因为链接了全球最顶尖的技术、人才、信息和资本，才有了辐射全球的能力与结果。

在经济全球化深入推进的今天，我们的区域如何能够更好地彰显个性？核心是产业要选准，路径要清晰，打法要到位。

区域产业选择讲究"天地人"的三维视角。

所谓"天",就是要考虑全球视野和时代背景。就当前而言,全球科技革命和产业变革迅速发展,跨界融合的新赛道快速迭代,新兴产业层出不穷,这是重大机遇,但把握不好就是挑战。而中美竞争、疫情持续、俄乌冲突导致全球产业链、供应链不畅,没有哪个区域能够独善其身、置身于外。区域要加强谋划,聚焦未来5～10年技术发展,选择能够带来海量市场的新赛道作为未来主攻方向。

所谓"地",就是要充分发挥好区域的资源条件优势。传统意义上的区位、气候、地质等地理条件,矿产、油气、海洋、风力、土地等自然资源,还有人口、劳动力、科技资源等,仍然是需要重点考虑的依托条件。俗话说,"靠山吃山、靠水吃水",背后的逻辑是要充分利用优势资源。乌鲁木齐利用风力优势发展风电产业,贵阳利用气候凉爽优势发展大数据产业,安康利用硒资源发展富硒食品产业,保定利用华北电力大学优势发展智能电网产业等,这些都是区域依托本地优势形成个性化特色发展的优秀案例。当然,区域发展要依靠资源优势,但不能依赖资源优势。如果区域发展对资源形成了严重依赖,自然而然就会陷入"路径依赖"而不能自拔,如我国众多的"先盛后败"的资源型工矿城市。

所谓"人",就是要综合考虑区域的历史人文底蕴,重点是历史、文化、人文精神、宗教信仰、政治、经济、位势和产业基础(产业组织、产业竞争力等),换句话说就是区域的"基因"。文化的影响是巨大的,能够深入到每个企业细胞甚至是每个人的行为举止和发展范式中,进而扩大到产业的存在形式和组织方式。例如,重庆和成都是两个地缘临近、文化差异较大的城市,重庆是典型的"码头"文化和"袍哥"文化,讲究义气、崇尚自由、开放包容、大开大合,因而在产业上以发展大制造、大生产、大外资、大工业为主。反之,成都是典型的"休闲"文化,讲究享受、注重休闲,因而在产业上以发展文创娱乐而闻名。

全球化背景下,区域产业深入发展出现了一种新现象,那就是产业生态。从产业集聚,到产业集群,再到产业生态,这是产业演进的基本逻辑。20世纪80年代,区域发展强调企业的空间集聚,众多生产制造企业退城进园,核心出发点是共享基础设施、降低企业运营成本。进入90年代,我们开始用产业集群的理论来指导区域经济发展,强调企业不仅是空间的积聚,更加强调在产业链、价值链上的企业要联动、协同起来,要在供应链上产生合作关系,进而形成一个集群,提升整体竞争力。进入21世纪,随着经济形态越来越复杂和丰富,产业与产业之间的跨界融合现象越来越明显,一个产业与区域里其他产业的协作越来越重要,产业之间形成了融通合作的生态圈。协作越频繁,生态圈越复杂,产业的竞争力就越强。我们相信,产业生态理论也将在区域经济发展中得到更广泛的应用。

在实践中,我们观察到区域经济发展两种不同的发展路径,"无中生有"与"有中生优"。无论是哪种发展路径,都是我国区域经济发展的不同尝试,无所谓对错。

"无中生有"是后发地区瞄准领先方向并发力以实现发展的一种形象说法,也是后发地区要实现"换道超车"的一种战略选择,更是其想发展要发展的梦想与姿态的强烈宣誓。宁夏银川,典型西部欠发达地区,一不沿海,二无人才,突然一夜之间,打响发展"互联网医疗"第一枪,抢跑中国互联网医疗新赛道,这是典型的"无中生有"。当然,"无中生有"是我们对后发区域发展路径的一种美好期待。不是任何区域都能实现"换道超车"的战略目标,这取决于当地领导的梦想、战略规划和执行力。现实中,无数的区域因为梦想不切实际、好高骛远、资源配置不到位、战略执行能力较差,最终碰得个"头破血流"、一地鸡毛,这样的案例比比皆是。

"有中生优"则是在区域现实产业基础上的提升与改造。核心侧重点是:不对目前的主导产业进行大幅调整,而是要通过新的技术提升现有产业;在现有产业基础上衍生新的业态;对现有产业链进行关联发展,使其焕发新的活力。这种策略如执行得好,也能达到"四两拨千斤"的效果。

无论是"无中生有"还是"有中生优",从某种意义上讲都能形成特色产业进而使区域个性化发展。如果区域的个性不突出,是没法儿在竞争激烈的新经济时代脱颖而出,笑到最后的。

我们相信,中国区域经济一定会迎来"个性张扬"、色彩斑斓的时代。

1.3 对科技园区的若干认识

科技与经济"两张皮"是计划经济遗留的历史问题,在改革开放过程中这个问题始终存在,而科技园区是解决"两张皮"问题,促进科技与经济深度融合的重要政策工具。科技型企业在中关村的萌芽和成长,预示着中国科技体制改革的又一次突飞猛进。王德禄所长生前有句名言,"中关村是中国科技体制改革的井冈山"。此言一出,犹如晴天霹雳,振聋发聩。现如今的科技园区,每年新创业企业上百万家,其中相当一部分是由科技人员创办的。科技人员下海创业,是科技成果转移转化最直接、最经济、最有效的方式,最大的功能是"释放了人的活力,解放了劳动生产力"。

如果说科技园区是改革的产物,那它也是开放的产物。开放不是经济技术开发

创新高地的创新传奇
Legends of Innovation Hubs

区(简称"经开区")的专利,而是科技园区的天然属性。科技园区40年的发展历程,即是不断引进海外高端人才、吸纳海外先进技术、借鉴海外先进经验的过程,更是输出、带动、辐射其他区域发展的过程,能量与信息在内外部流动发展。现如今的科技园区基本上是每个城市开放度最大、国际化程度最高的地方,国际性的人员往来、资本进出已经成为常态,北京中关村、上海张江、苏州工业园区、深圳高新区集聚了数以千计的外资企业,大量的外籍人员和归国留学人员在此工作与生活。

科技园区的定位随着时代而逐渐演变。邓小平同志提出的要求是"发展高科技、实现产业化",从某种意义来讲,这个初衷和定位已经实现。温家宝同志提出的"四位一体"①的定位要求也已经深深融入"创新驱动、高质量发展"的时代使命中。现如今,国际大环境急剧变化,中美竞争加剧,全球产业链、供应链深度调整,科技与产业发展一日千里,科技园区所肩负的历史使命必须与时俱进,必须在科技自立自强和中国式现代化建设大潮中勇立潮头,发挥引领与支撑作用。

我们对科技园区的认识也在逐步深化。科技园区是新生事物,对其发展规律的认识是"摸着石头过河"。20世纪80年代,我们认为园区要强调"产业"属性,以为简单地把工业企业退城进园就行。到了90年代,我们发现园区仅有"产业"属性不够,还需要强化工业企业的研发设计能力,提升企业的产业技术竞争力,增强园区的"科技"属性,这才是一个完整的园区。到了21世纪,我们又发现,随着就业人口结构的高端化,高素质的就业人群对教育、医疗、文体、娱乐和生态环境有了更高的要求,需要科技园区提供更高品质的城市功能,园区又增加了"城市"属性。现如今,很多园区如西安高新区、成都高新区、杭州高新区(滨江)也都是当地产业最发达、科技资源最集聚、城市服务功能最齐全的区域。我相信,科技园区的"产业、科技、城市"三大属性的融合发展,在未来相当长的一段时间内仍将持续进行。

产业特色是科技园区个性最鲜明的表达。科技园区的发展,归根结底要实现产业的发展,没有产业,"产业、科技、城市"三大属性就失去了依附的根基,而特色产业则是科技园区个性的具象化,没有特色产业,则犹如躯体被抽去了灵魂,只剩一具空壳。从南到北,从东到西,特色产业绘出了一幅幅鲜明的画像。东部的上海张江,率先发展芯片产业;南方的深圳,涌现了华为、中兴等一批世界级的通信

---

① 2006年温家宝总理提出了国家高新区"四位一体"的目标定位,即高新区"要成为促进技术进步和增强自主创新能力的重要载体,成为带动区域经济结构调整和经济增长方式转变的强大引擎,成为高新技术企业'走出去'参与国际竞争的服务平台,成为抢占世界高新技术产业制高点的前沿阵地"。

企业；中部的武汉光谷，以光电子产业闻名于世；毗邻西部超大城市——成都的资阳，要打造独具特色的"中国牙谷"；位于中国边陲的昆明，坚持突出生物多样性的特点；就连远在青藏高原的雪域圣地拉萨，也琢磨着如何打造"净土"产业来凸显高原特征。

创新创业生态赋予了科技园区更强大的生命力。从创新系统到创新创业生态，是科技园区发展理论的一次重大跃迁。自然界的生态性体现在土壤、阳光、空气和水分，体现在物质、能量与外界的交换，体现在物种从小到大、从少到多的生长。这些年，科技园区的创新创业生态有了极大程度的优化，各个园区纷纷搭建重大创新平台，制定创新型政策，完善创新服务体系，弘扬创新创业文化，为创业者和企业群体的壮大提供了丰富的营养，生态优化了，新的物种也能破土而出，富有生命力与爆发力的瞪羚企业、独角兽企业、科技领军企业站在了中国高科技产业的最前沿。

中国的科技园区存在巨大的区域差异。这种差异性是由区域的发展阶段、地理区位、资源禀赋和发展思路决定的，是不同发展水平和发展能力的一种体现。领先的科技园区追求的目标是，在国际舞台上代表中国高科技产业的最高水平。排在末尾的科技园区，仍然在为生存问题而奔波。这种差异性应该得到认可，而且在未来相当长一段时间内还会持续存在。这种差异性也成为科技园区探索未来发展思路的一个现实依据，不可能被忽略，更不能被遗忘。这种差异性也是我们从事咨询工作的一个基本起点，其得不到重视，我们就不可能做出有真正意义的咨询成果。

第二章
浪潮之巅：世界一流高科技园区的发展

在中国科技园区中，有一类特殊群体，我们称之为"世界一流高科技园区"，它们代表中国高新技术产业的最高水平，全面参与全球竞争。这个群体最初包括6个园区，它们分别是中关村科技园区、张江高科技园区、武汉东湖新技术开发区、深圳高新区、西安高新区和成都高新区。后来范围扩大，又有4个园区参与进来，它们分别是杭州高新区（滨江）、苏州工业园区、合肥高新区和广州高新区。

中关村既是我国第一家国家高新区，也是第一个提出建设"世界一流园区"目标的园区。它既是长城战略咨询公共咨询业务的第一个研究对象，也是长城战略咨询业务走向全国的起点。

伴随着科技部"世界一流高科技园区"建设试点工作的提出和开展，2006年我们跟上海张江有了第一次亲密接触，深度参与了张江科学城早期的策划研究工作。同年，跟深圳高新区开展了第一次合作，后来又参与了深圳"粤港澳特别合作区"和"深圳2040"等重要的规划工作。2008年，我们开始跟武汉东湖高新区接触，陆续承担了很多重要的规划研究和政策咨询任务，东湖国家自主创新示范区研究就是其中之一。跟西安高新区、成都高新区、广州高新区的合作也是始于国家自主创新示范区的研究，但随后的合作深度和广度又远远超出这个范围。跟合肥高新区的合作始于2015年的"十三五"规划研究，在这里我们创造了"微咨询"的新模式。跟苏州工业园区、杭州高新区（滨江）的合作很多都与"世界一流高科技园区"的建设密切相关。

现在，除了上海和深圳两个城市，我们在其他的8个园区所在的城市均已成立了分支机构。成立分支机构的重要目的，就是为客户提供更深度的服务、更贴身的服务和更敏捷的服务。在这个过程中，我们见证了世界一流高科技园区的成长，同时也在实践中提升了长城战略咨询自身研究和咨询的能力。

2.1 北京：中关村的崛起

第一次听到中关村这个词，还是在初中升高中的政治考试中。还隐隐约约记得是讲在北京西北部一个叫中关村的地方成立了一个发展中国高科技产业的区域，后来在工作中才明白这个区域的正式名称是北京新技术产业开发试验区（也就是中关村科技园区的前身）。当时不承想，就是这么一个地方，如今成为我国高新技术产业的一面旗帜，也成为中国参与全球竞争和合作的重要名片。

中关村，全名中关村科技园区，是我国第一个国家级高新技术产业开发区。20世纪80年代，世界各国纷纷掀起新一轮技术革命浪潮，科技进步日新月异。为赶上这一轮发展的机遇，我国政府开始进行战略布局。1988年5月，国务院批准成立北京新技术产业开发试验区。1999年，国务院批复改名为中关村科技园区。2009年3月13日，国务院作出了关于同意支持中关村科技园区建设国家自主创新示范区的批复，提出要将中关村建设成为具有全球影响力的科技创新中心和高技术产业基地。

历史上，中关村是个地名，在明清时期以埋葬中官（太监）而闻名。新中国成立后，国家在此战略布局了众多大学和科研机构，我们熟知的北京大学、清华大学、中国人民大学和中国科学院皆坐落于此。同时，此地位于北京西北部，紧邻颐和园、圆明园和香山，风景优美。20世纪90年代，我在北京科技大学（原北京钢铁学院）求学。北京科技大学坐落在著名的学院路上，学院路因"八大学院"而著称。此处离中关村核心区（北京大学、清华大学所在地）不远，大约就两公里的距离。印象中，2000年以前的中关村发展并不突出，典型印证是当时北四环从东到西，到了学院路就成了断头路，往西不通，交通不便严重影响了中关村的发展。进入21世纪后，伴随着国务院1999年的批复，北四环正式开通，中关村的发展进入了快车道。

在中关村30多年的发展过程中，长城战略咨询作为一家战略咨询机构，始终与中关村共同成长。关注并研究园区内高科技企业的成长规律和政策诉求，洞见中关村高新技术产业的发展动态和趋势，为中关村管理机构制定区域性整体规划并提供既富有远见又翔实可靠的决策依据。可以这么认为，长城战略咨询作为身在其中的一份子，既是中关村波澜壮阔发展的见证者，也是助推者，更是亲历者。

2.1.1 中关村成为世界第二大科技园区

随着世纪钟声的敲响，人类正式迈入新的千年。全球经济持续发展，欧美经济势头正旺。而我国经济经过前面20年冷热交替发展期之后，进入健康持续稳定的新阶段。2001年，我国正式加入WTO（世界贸易组织），全面与全球经济接轨，完全融入国际经济体系之中。中国制造业引来了全面发展，各行各业贸易出口大增，全球产量第一的"made in China"产品多达上百种。而在中国首都，中关村科技园区也进入了全面发展阶段。

1999年国务院批复之后，中关村出台了一个雄心勃勃的建设纲领，它提出，园区建设要"一年一个样，三年大变样，五年上台阶，十年创一流"。在当时来看，"一年一个样，三年大变样"不难理解，但"五年上台阶"的内涵是什么？园区发展究竟要上哪个台阶？"十年创一流"中的"一流"是什么？"一流"的参照物是谁？

中关村现在是什么水平？所有这些问题在当时都是不明确且需要重点研究回答的。我非常有幸，参加了一些中关村关键问题的研究。例如，中关村"二次创业"发展战略研究，中关村"五年上台阶"行动方案的制定，"十一五"规划制定，中关村空间调整研究等，也就是在那10年，我们与中关村的发展紧密联系起来。

2005年，我们有项研究成果发布在《科技日报》上，引起了科技部、北京市及相关方面的高度关注，那就是"中关村成为世界第二大科技园区"。2005年年初，在中关村管委会的支持下，长城战略咨询承担了"中关村与世界一流园区的基准及目标研究"课题。为了解开世界一流园区的谜题，我们选择确认了美国硅谷、中国台湾新竹、印度班加罗尔、英国剑桥、法国索菲亚·安蒂波里斯、韩国大德、爱尔兰、以色列等8个科技园或地区作为基准研究对象。这些区域的成功都得到了世界的认可，公认为是世界一流园区的代表。它们的共同特征就是发展迅速，拥有在全球处于领先地位的产业领域，关注技术创新和产业升级，同时建立了一套适合园区自身发展的模式。

研究中，我们按照产业组织学的基本逻辑构建了绩效、机制、要素、环境4个方面的分析对比框架，主要从经济规模、产业发展、企业活力、技术创新、人力资源、风险投资、中介组织、基础设施、政府支持、文化等10个关键因素进行基准比较和分析。通过分析各区域的发展指标和运营模式，为将中关村建设成世界一流园区提供借鉴。

研究得出的结论是振奋人心的。研究结果指出：中关村已发展成为世界第二大科技园，增长速度处于世界一流园区领先水平，在产业结构、企业发展、研发模式等方面最接近硅谷；中关村人均经济指标还低于世界一流园区，还需要提升产业技术水平、加大企业研发投入、健全风险投资机制、发展高端人才等。针对这个研究结论的应用及所引发的社会反应，王德禄所长在其回忆录中这样写道：

《科技日报》的记者晏燕采访了我及课题组相关人员，写了《中关村跻身世界第二大科技园区》的文章并发表在2006年11月3日的《科技日报》上。文章一出，就像在平静的湖面投入了一个炸弹，引起了社会各界的广泛质疑和争议。为了平息质疑和争议，给大家一个清晰的认识，《科技日报》在2006年11月24日发表了《中关村何以跻身世界第二？》，对"中关村是世界第二这个结论怎么来的、有没有科学依据？"等问题做出了详细的解释，并做出了"重科学论证弃主观判断，中关村何以当属世界第二"的判断。这个判断虽然引起了比较大的争议，但是总体来说对中关村知名度的提高和中关村的宣传有着很大的作用。

关于对世界一流园区的系统研究，算是从本课题开始。研究中形成的积累，为中关村持续朝着世界一流园区目标迈进奠定了方向。更为重要的是，在此研究成果的基础上，科技部火炬中心进一步提出，要在全国高新区体系中实行分类管理，其中基础较好的张江高科技园区、深圳高新区、武汉东湖新技术开发区、西安高新区、成都高新区也要朝着世界一流园区目标努力。在后来相当长的一段时间，杭州高新区（滨江）、苏州工业园区、合肥高新区、广州高新区相继进入了科技部建设世界一流高科技园区序列。我想，这也算是我们研究成果的后续成果之一吧。

2.1.2 畅想高技术社会

2001 年，科技部在武汉召开了一次足以影响未来 20 年我国高新区发展的重要会议，即"国家高新区所在城市市长会议"。会议召集了国家高新区所在城市的市长、科技厅厅长及高新区主任等参加，科技部部长徐冠华做了报告，北京市市长刘淇、深圳市市长于幼军等先后发言。会议提出，国家高新区要实施"二次创业"战略，核心是要实现"五个转变"，即：

一是要加快实现从主要依靠土地、资金等要素驱动向主要依靠技术创新驱动的发展模式转变；二是要从主要依靠优惠政策、注重招商引资向更加注重优化创新创业环境、培育内生动力的发展模式转变；三是要推动产业发展由大而全、小而全向集中优势发展特色产业、主导产业转变；四是要从注重硬环境建设向注重优化配置科技资源和提供优质服务的软环境转变；五是要从注重引进来、面向国内市场为主向注重引进来与走出去相结合、大力开拓国际市场转变。

这次会议的意义是巨大的。"二次创业"战略和"五个转变"的提出，犹如一声惊雷，震醒了所有高新区人，并给所有高新区提出了需要重点思考的命题，即如何实现从资源驱动到创新驱动。在此之后，很多的高新区都积极行动起来，研究各自园区如何推进"二次创业"战略并实现发展模式上的根本转变。

早在 1994 年，长城战略咨询曾做过中关村"二次创业"的"六化"战略研究，这是长城战略咨询的第一个政府咨询项目。在科技部提出的国家高新区"二次创业"的战略指引下，中关村科技园区启动了新一轮的"二次创业"战略研究课题。

此时的中关村虽说取得了巨大成功，但是社会上对于中关村发展模式的质疑从未停止过。尤其是对于走"技工贸"模式还是走"贸工技"模式的问题，其支持者都有各自的理由。更重要的是，国家从 2003 年开始部署国家中长期科技规划的战略研究，要求推进自主创新的呼声越来越高，这无异于给中关村科技园区的下一步发展战略选择形成了较大压力。

2003年年底，中关村科技园区管委会委托长城战略咨询承担"中关村科技园区'二次创业'战略研究"课题。此课题共分为1个总报告和4个分报告，分别为《中关村科技园区"二次创业"战略研究总报告》《分报告一：中关村战略目标体系研究》《分报告二：中关村创新经济研究》《分报告三：中关村高技术社会研究》《分报告四：高校、科研院所改革对中关村的影响》。

其提出了一个重要命题，那就是中关村"高技术社会"的建设。在报告中这样写道：

以"高技术、高情感、高接触"为主要特征的"高技术社会"正在中关村逐步形成。高技术社会作为一种特殊社会形态，具有高技术、高接触、高情感的特征。高技术存在于社会中的任何一个角落；人与人、人与社会、社会与社会之间的接触更加依赖于知识，特别是高技术的存在；在高技术社会中，人类更加追求高质量的生活方式，既包括物质上的高追求，也包括情感上的高标准。中关村作为知识经济高地和我国高技术的发源地与扩散地，呈现出"高技术社会"的雏形。

尽管"高技术社会"建设目标仅短暂地出现在当时领导的案头上，在后来近20年中关村的发展中很少被提及，但现在回头看，当时提及的目标是有前瞻性和战略性的。现在中关村的社会形态，如高技术高度渗透、运用，人与人之间通过线上线下的交流更加高频，不就是当年所提出的"高技术社会"的本质特征吗？信息技术设施的普及、智能终端的升级、各种App的广泛应用、虚拟社交空间的拓展，无一不使得中关村的社会形态更加多元，人际交流更加频繁，情感更加丰富。在这个方面，中关村走在了全国园区的前列。

在战略研究中，还对中关村的"二次创业"战略目标体系进行了系统研究。提出了三级指标体系，涉及创新经济、科技创新、营商环境和高技术社会等4个一级指标，涉及经济表现、产业发展、企业发展、创业动力等17个二级指标，并提出了60个三级指标。这三级指标体系的提出，考虑了未来科技、经济发展的整体趋势，借鉴了硅谷等领先园区的成功经验，依据了国家、北京市对中关村发展的总体要求，结合了中关村具体实际情况。在后来中关村的发展过程中，很多指标落实在具体的工作上，推动了中关村多方面的发展。

总体上看，这些指标的设计是有前瞻性的。例如，园区GDP占本市GDP的比重，这个指标能够很准确地衡量中关村在全市的重要位置；又如，新成立企业数量、园区企业当年获得的风险投资额，能衡量园区的创业活力；再如，留学归国人员数量、外籍工作人员数量，能准确判断园区的国际化程度。这些指标成为中关村发展的重要指挥棒：一方面促进中关村加快与国际接轨；另一方面大大提升了中关村的创新创业活力。同时，这些指标的设计也为全国其他园区的发展提供了借鉴，有很多指标在多年之后成为科技部火炬中心制定全国高新区评价指标体系的重要内容（表2-1）。

表2-1 中关村科技园区评价指标体系

A1 创新经济	B1 经济表现	C1 园区技工贸总收入 C2 园区GDP占北京市GDP的比重 C3 园区高新技术产业收入占高新技术产业收入的比重
	B2 产业发展	C4 主导产业技工贸收入 C5 主导产业技工贸收入占中关村技工贸总收入的比重 C6 政府采购额占园区总销售额的比例
	B3 企业发展	C7 当年存续的高新技术企业数量 C8 上市公司数量 C9 瞪羚企业数量 C10 在园区设立分支机构的财富500强数量
	B4 创业动力	C11 新成立企业数量 C12 园区企业当年获得的风险投资额 C13 当年取消资格的高新技术企业数量 C14 外来人员数量 C15 孵化器数量
	B5 国际化	C16 出口创汇额 C17 企业对外投资额 C18 留学归国人员数量 C19 外籍工作人员数量
A2 科技创新	B6 人力资源	C20 大专以上技术人员数量 C21 当年大专以上毕业生数量 C22 当年园区企业吸纳的大专以上毕业生数量 C23 R&D员工数 C24 拥有高级技术职称的科学家和工程师数量
	B7 机构数量	C25 跨国公司R&D机构数量 C26 外地企业R&D机构数量 C27 本地企业独立R&D机构数量 C28 市级以上政府科研机构数量 C29 民营独立研发机构数量

续表

A2 科技创新	B8 科技投入	C30 R&D 投资额 C31 创新基金额 C32 企业 R&D 投入比例
	B9 科技产出	C33 当年专利申请数 C34 当年授权专利数 C35 技术交易额 C36 京外技术销售额
A3 营商环境	B10 商务成本	C37 园区写字楼价格指数 C38 园区企业人均工资 C39 企业的平均税赋水平
	B11 融资环境	C40 银行贷款额 C41 上市融资额
	B12 中介服务	C42 行业协会数 C43 咨询服务机构数 C44 律师事务所数 C45 技术服务机构数 C46 金融服务机构数
A4 高技术社会	B13 生活环境	C47 人均公共绿地面积 C48 人均道路面积 C49 年犯罪事件数
	B14 教育文化	C50 每万人中拥有大专以上学历人数 C51 电影院和剧场数
	B15 卫生体育	C52 每万人拥有的医护人员数 C53 参保人员数 C54 体育场馆数
	B16 居民就业、收入和支出	C55 失业率 C56 人均收入 C57 股民数
	B17 信息化	C58 移动电话持有率 C59 互联网用户数 C60 域名数

2.1.3 高技术服务业的提出

高新技术产业是我国产业发展的重点方向，高新技术产业又分为高技术制造业和高技术服务业，这已经成为大家的普遍共识。其实，大家不知道的是，我们对高新技术产业的认识和理解，经历了很长一段时间的实践探索和深入研究。

2005年12月，北京市公布了全国第一次经济普查的结果，让人大为振奋。2004年，北京市地区生产总值为6060亿元，比原来统计公报公布的数据多出1770亿元。更为重要的是，服务业占地区生产总值的比重达到67.8%，增加了7.8个百分点。而这个数据跟当时社会上对中关村产业发展的一些认识形成了矛盾。为此，王德禄所长专门组织我们对此现象进行分析和研究，最后正式提出了高技术服务业的概念。

当时我们关注到，两组数据有尖锐的矛盾。一方面，北京高新技术产业的发展速度确实呈现放缓的趋势。2002年，北京市统计局发布北京市高新技术产业工业增加值为251.6亿元，比上年下降0.6%。2003年，全市高新技术产业工业增加值为314.1亿元，同比增长7.1%，均低于同期北京工业的增长速度。由此引发了"北京高新技术产业增长乏力"的说法。尤其是在当时汽车产业取得重大进展的情况下，有人对于未来高新技术产业在首都经济中的支柱作用心存疑虑。就是在这种背景下，当时有个知名智库机构在给北京市制定"十一五"高新技术产业发展规划时，给出了"北京没有高新技术产业"的结论。

另一方面，当时中关村科技园区对首都经济的贡献在持续加大。从中关村科技园区的统计数据看，2002年中关村科技园区实现高新技术产业增加值537亿元，同比增长40%；2003年中关村科技园区实现高新技术产业增加值608亿元，同比增长17.1%。中关村科技园区增加值占全市生产总值的比重从2000年的13.3%增长为2004年的17.8%（经济普查前的数据）。因此，许多人对高新技术产业的发展充满信心。

这两组数据呈现尖锐的矛盾，到底如何解释？在仔细分析了中关村数据背后的结构时，我们意识到，在中关村数据中，制造业比例确实在下降，而服务业的比例在上升。更为关键的是，我们到底如何理解高新技术产业的内涵。传统的高新技术产业包括高新技术产业和软件产业，即通常所讲的电子信息、生物医药、光机电一体化、新材料等。总体上来说，北京的高新技术产业确实是在下降的，但是中关村却涌现出来一批新兴产业业态，以计算机服务业、专业技术服务业、网络通信服务业为代表的高技术服务业逐渐异军突起。

当时，网络技术和通信技术催生了一批新兴服务业，如互联网产业、3G产业等。而不断深化的专业化分工促成一批服务环节从高新技术产业价值链中分解出来，如研发、设计、咨询和技术转让等，手机设计、生物CRO等业态纷纷快速成长。同时，高新技术与传统服务业的结合日趋紧密并形成了新的产业形态，如电子商务、电子政务、远程教育、电子银行等。

中关村高技术服务业崛起的本质含义是产业结构的进一步升级和优化，这是国际型大都市在经济结构调整中要走的必然之路。从某种意义上讲，中关村产业结构的变化是知识经济潮头涌动的反应，是21世纪北京发展高端产业的时代变化。

在看到这种现象后，我们给北京市政府写了专报，并在《科技日报》上发表了文章《高技术服务业崛起——中关村产业向高端升级》。这些都在相关部门和社会上引起强烈反响。

2005年年初，长城战略咨询陆续承担了北京市多个部门委托的五年规划研究任务。北京市发展改革委委托了"十一五"产业发展和空间布局调整规划、高新技术产业发展规划，中关村管委会委托了"十一五"中关村发展规划，北京市科学技术委员会委托了"十一五"科技发展规划。高技术服务业作为重大创新内容纳入以上规划中。后来，国家发展改革委、科技部等部门都将高技术服务业纳入国家高新技术产业发展规划中。这应该是长城战略咨询为重新认识我国高新技术产业做出的重要贡献。

2.1.4　十论中关村自主创新

2003年，国家开始启动中长期科技发展规划的战略研究，长城战略咨询作为唯一的民间智库深度参与其中，王德禄所长担任人才专题的副组长。2006年，国家正式发布《国家中长期科学和技术发展规划纲要（2006—2020年）》，该规划明确提出了"自主创新、重点跨越、支撑发展、引领未来"十六字方针，其中"自主创新"是重中之重，也是中关村科技园区下一步发展的主要方向。当时，针对中关村的发展疑问仍然很多，报纸上经常出现关于"中关村是否在走技术创新道路"的各种质疑。在这种情况下，由北京市科学技术委员会出资，中关村管委会主导，长城战略咨询承担了"中关村百家企业自主创新调研"课题。该课题重点调研了当时中关村科技园区的近100家创新型企业，深入了解企业创新情况，概括总结了中关村的各种创新模式，高度肯定了中关村的自主创新道路。

中关村管委会领导认为研究成果质量非常高，希望通过媒体将成果正式发表，让社会各界加深对中关村的理解。"十论中关村自主创新"正是该课题的成果之一，于2006年全国科学技术大会期间陆续发表在《科技日报》头版头条和《中国高新技术产业导报》上。

"十论中关村自主创新"总体上就是10篇文章。

创新高地的创新传奇
Legends of Innovation Hubs

第一篇文章题目是《"跳马、出车、当头炮"——中关村自主创新路线图》，文章将2005年国务院总理温家宝视察中关村时提出的"车、马、炮"与自主创新提出的中关村原始性创新、集成性创新及二次创新形成对应，并详细论述，把"跳马、出车、当头炮"作为中关村自主创新路线图。

——象棋中的"车"即战车，纵横开阖、直捣黄龙、威力无穷。而原始性创新门槛高、投入大、周期长，是创新的制高点。中关村的原始性创新是以国家战略需求为牵引，以企业为主体，以"新型产学研""海归创业""专利标准战略""技术产业联盟"四轮驱动前进。

——象棋中的"马"，驰骋沙场，与日俱进，八面威风。而集成性创新多技术、多资源、高复杂，是创新的集大成。中关村的集成性创新，是以重大市场需求为动力，以"产业业态创新""商业模式创新"为引擎，整合多种资源实现。

——象棋中的"炮"，腾挪跨越，奔袭千里，雷霆万钧。引进消化再创新，需要慧眼、心胸、睿智，是创新的升级版。中关村的二次创新是以走向全球产业前沿为目标，以"购买技术""并购企业""技术许可""国际合作"为主要形式，实现技术引进、消化吸收、创新升级。

第二篇文章题目是《"瞪羚"企业群在中关村》。文章讲述了一个特殊的经济现象，即在中关村出现了一批高成长性的瞪羚企业。硅谷对于高成长性中小企业有一个特殊的称呼——"瞪羚"，因为它们之间具有某些相似的特征——个头不大、跑得快、跳得高。在每年发布的《硅谷指数》报告当中，瞪羚企业的数量是评价硅谷创业活力和经济景气程度的重要指标之一。在创新创业非常活跃的中关村同样有着一批神奇的"瞪羚"，它们的年增长速度超越了100%，甚至达到十倍、百倍以上。

第三篇文章题目是《高端创新——中关村新研发业态与研发产业的形成》。文章认为，中关村崛起了一批以研发为主要业务的新兴企业，它们不仅表现出极为惊人的成长性，而且正在形成各具特色的新业态。中关村研发产业和研发新业态的形成，不仅为我国相关产业的创新注入了新的活力，而且也为我国科技体制创新提供了诸多可借鉴的新思路。

第四篇文章题目是《在集群中创新——中关村细分产业中的技术突破》。文章认为，中关村不断涌现的重大技术突破的背后，都有一个在国内创新实力领先的高新技术产业集群，而正是这些产业集群为重大技术实现突破奠定了坚实的基础。

第五篇文章题目是《产业联盟——从内部走向外部的合作创新》。文章揭示了中关村一个重大创新现象，即多家企业围绕原始性创新的技术标准成立产业联盟，成为中关村的一种新型产业组织形式。2002年10月,中关村首个产业联盟——TD-SCDMA产业联盟成立。从那以后,闪联、长风软件联盟、下一代互联网产业联盟、创意产业联盟等相继诞生,产业联盟成为中关村自主创新力量中新的活跃因子。

第六篇文章题目是《新型产学研的契约动力——中关村自主创新的新机制》。文中提到,如何依托雄厚的科研资源优势实现产学研结合一直是中关村高技术产业发展的难题之一。近年来,关于如何实现产学研结合中关村开始了新的探索,逐步建立起市场化的契约机制。

第七篇文章题目是《海归创业——中关村联结世界的"大脑水渠"》。文中认为,快速兴起的海归创业正在建起联结中关村与美国硅谷、日本、英国、加拿大等世界发达国家和地区之间的"大脑水渠",而这些海归则成为这一轮自主创新的主力军。

第八篇文章题目是《商业模式创新——新经济中自主创新的微观机制》。文中提出,在新经济的条件下,商业模式是自主创新的微观基础。在商业模式的引导下,自主创新可以顺利实现,而技术也只有找到满足市场需求的结合点,才能发挥最大价值。中关村的企业很好地实现了商业模式创新与技术创新的统一。

第九篇文章题目是《高技术服务业崛起——中关村产业向高端升级》。这篇文章前面专门谈过,中关村高新技术服务业的崛起是中关村产业结构升级、向服务业转型的必由之路。

第十篇文章题目是《企业家精神——中关村自主创新的灵魂》。文章提出,中关村自主创新最内核的东西是企业家精神,而中关村四代创业者则集中体现了3种特质:敢于冒风险、勇于创新的创业精神;善于捕捉机会、调配资源、把技术变成钱的商人气质;善于战略决策、严格管理控制、高效执行的职业经理人素质。

这一系列文章发表后,引起各个方面较多的关注。时任科技部部长徐冠华还专门做了批示:

这是一篇振奋人心的好文章,它不仅用雄辩的事实告诉人们中国自主创新之路可以成功,而且也告诉人们如何走出自主创新之路。向创新企业和报告作者表示衷心感谢。

——送《高新技术产业导报》,10/2

2.1.5 中关村国家自主创新示范区战略研究

2008年,中关村科技园区建区20周年。那段时间,北京市领导和中关村管委会领导就一直在思考一个问题,中关村下一步的发展方向在哪里?中关村如何更好地体现国家战略？如何更好地引领这个时代？这些问题也引起了中央领导的高度关注，并及时给出了答案。2009年3月，国务院印发《关于同意支持中关村科技园区建设国家自主创新示范区的批复》，明确中关村科技园区的新定位是国家自主创新示范区，目标是成为具有全球影响力的科技创新中心，并同意在中关村示范区实施股权激励、科技金融改革创新等试点工作。中关村成为我国首个国家自主创新示范区。

但国家自主创新示范区的内涵究竟是什么？它与国家高新技术产业开发区的联系和区别何在？北京市和中关村究竟该如何去建设它？这些问题都需要回答。同时，在国务院批复中明确提出，由国家发展改革委牵头制定中关村国家自主创新示范区规划纲要。因此，2009年3月，中关村管委会开始组织国家自主创新示范区的战略研究和规划编制工作，制定了规划工作方案。

在战略研究阶段，中关村提出了至关重要的需要回答的9个方面重大问题及16个研究专题。9个重大问题分别是：第一，中关村创新发展战略及对策研究；第二，中关村创新体制和机制改革思路研究；第三，中关村区域创新体系建设思路及对策研究；第四，中关村产业创新发展的思路与对策研究；第五，促进中关村企业创新发展的对策研究；第六，中关村国际化发展战略及对策研究；第七，多层次资本市场下促进中关村创新和创业发展的思路与对策；第八，中关村创新创业人才队伍建设对策研究；第九，中关村土地资源集约利用研究。为保证研究质量，中关村管委会组织了当时国内最强大的研究力量来承担9个重大问题及16个专题的研究任务。其中，长城战略咨询承担了中关村创新发展战略及对策研究、中关村产业创新发展的思路与对策研究和促进中关村企业创新发展的对策研究等3个重大问题研究，还承担了促进中关村国家自主创新示范区新型产业组织发展的措施研究1个专题研究。同时，长城战略咨询还是整个规划纲要编制的唯一支撑单位。我担任第一个重大问题即中关村创新发展战略及对策研究的课题负责人。

战略研究需要解决的首要问题是"定位"问题。关于定位，我们提出要建设"全球创新中心"。关于这个定位，是在反复对标全球知名高技术区域的发展现状和趋势而提出的。这不仅是由于中关村经济规模已超越新竹、成为仅次于硅谷的世界第二大科技园区，更为重要的是中关村具有诸多与硅谷相近的特征。一是中关村拥有与硅谷相似的创新创业发展轨迹，企业创业成长是发展的根本动力。二是中关村走上了与硅谷基本一致的内生发展道路，与新竹、班加罗尔、爱尔兰都柏林地区等抓住了全球产业转移的有利时机，通过承接国际产业转移在某一特定产业领域和环节以获得跨越式发展不同。三是中关村与硅谷一样都拥有丰富的科教资源和较为完善的产学研合作制度，大学、科研院所的密集程度更加突出。四是硅谷和中关村成功实现了产业发展、科技研发、社会进步三者耦合发展。

应当说，索菲亚、新竹、班加罗尔等著名科技园在某一特定方面都可能领先于中关村，但综合来看，中关村与硅谷的发展模式最为接近，特别是中关村与硅谷具有相同的创新精神实质和创新活力。在全球经济发展进入一个新时期的情况下，有必要对中关村模式进行再认识。未来的中关村将是全球创新创业精神的栖息地，全球优质创新资源的汇集地和辐射地，将成为全球高新技术产业发展方向的领导者之一。这也是全球创新中心的所有内涵。

战略研究需要解决的第二个问题是"目标"问题。在研究中，我们提出到2020年中关村示范区的总收入将超过5万亿元。这个指标是根据当时规划面积232平方公里来进行测算的，相对而言比较正常。但是后来规划编制组在跟国家发展改革委相关领导汇报时，针对这个目标领导提出不同意见。有些领导认为，这个目标太低，不足以体现中关村在全国乃至全球的重要性和引领位置，最后规划目标被确定为到2020年超过10万亿元。中关村这10万亿元的总量目标后来也成为全国其他自主创新示范区对标的对象之一，东湖高新区提出3万亿元的目标也是来源于此。后来，我特意观察了一下，不管是中关村也好还是东湖高新区也罢，为了完成目标在空间规划上做了很大调整。中关村的空间规划面积拓展到488平方公里，东湖高新区的规划面积拓展到500多平方公里。即使这样，我注意到这项指标最后完成的也不理想。2020年，中关村完成总收入7.2万亿元，完成率为72%，东湖高新区完成总收入为1.2万亿元，完成率为40%。这也从另外一个侧面反映了我们当时过于乐观的预测。

战略研究需要解决的第三个问题是"示范内容"。作为全国第一个国家自主创新示范区，到底为全国示范什么？我们认为中关村示范建设的内容要分为3个层次，6个方面。第一个层次，要充分发挥中关村的引领作用，引领的方向包括发展高端产业和提升创新能力；第二个层次，要深入发挥中关村的示范作用，示范的方向包括实现内生发展和创新机制体制；第三个层次，要全面发挥中关村的辐射作用，辐射的方向包括合理空间布局及形成扩散机制。最终实现中关村国家自主创新示范区综合环境的全面优化和整体竞争力的大幅提升。

解决了这3个问题，也就解决了示范区认识上的误区，为后面规划制定提供了基本框架。应该说，这次关于示范区的战略研究在中关村的发展历史上具有战略意义，核心在于组织了当时国内最强大的咨询研究力量来参与。除了长城战略咨询以外，中国科学院科技政策与管理科学研究所、中国科学技术发展战略研究院、中国宏观经济研究院国土开发与地区经济研究所、中国电子信息产业发展研究院规划研究所、商务部国际贸易经济合作研究院、中国社会科学院金融政策研究室、中国人事科学研究院、天则经济研究所、北京市社会科学院等机构调配力量积极参与，另外，国家相关税委机构也承担研究任务，如国家税务总局政策法规司、国家工商总局办公厅调研处、中国证监会市场监管部、银监会政策法规部、中国出口信用保险公司等。各咨询机构和部委的深入参与为随后的先行先试政策的出台打下了良好基础，也积极促进了中关村管委会与各部委的深入合作。同时，这种"总分结合、央地联动"的战略研究组织模式也为东湖启动示范区研究工作提供了很好的借鉴。

2.1.6 魔鬼之问：中关村在哪里？

中关村是我国最著名、最重要的创新中心，代表了我国高新技术产业的最高水平。然而，很多人问过我，中关村在哪里？历史上的中关村就在海淀，而现在全北京各个区县都有中关村科技园区的牌子，中关村貌似无处不在，而实际上不同区域又是冰火两重天，中关村核心区名企云集、鳞次栉比，但郊区县却是业态低端、人气不旺，真是"同一个中关村、不同的两个世界"。

中关村的法定空间范围经历了一个漫长演变过程。20世纪80年代，在现在的中关村大街周边自发形成了电子一条街。1988年，国务院批复在海淀建设北京新技术产业开发试验区，区域范围仍然局限在海淀区，规划面积100平方公里。1993年，试验区开始走出海淀，包括"一区三园"，分别为海淀园、亦庄园和丰台园。自此，中关村空间范围不断向全市各个区县拓展。目前，中关村为"一区十六园"，覆盖全市15个区县及北京经济技术开发区，法定空间规划面积为488平方公里。

2005年，我参与了一次中关村空间规划范围调整过程。当时，北京市发展改革委委托长城战略咨询做了一份中关村空间调整方案，主体思路是：集中优势土地资源，新增规划面积往亦庄集中，做大北京高端制造业规模。这套方案的核心是学习苏州经验，当时的北京市领导去苏州学习考察，得到的主要经验就是做大园区、做强工业。同时，中关村管委会也委托长城战略咨询做了另外一套方案，思路迥然相反，要将中关村继续拓展到全市各区，利用中关村品牌带动全市发展。后来我听说，两套方案全部上了北京市政府常务会。当中关村领导展示自己的那套规划时，北京市的领导当时都乐了，因为那张图实在是有点引人发笑，规划图上都是一个一个地块，星罗棋布。最后，市领导还是选择了中关村管委会的那套方案。我想,这是惯性使然,也符合市领导利用中关村品牌发展全市高新技术产业的初衷(图2-1)。

图2-1 中关村"双螺旋"地标

"中关村在哪里"这个问题重要不重要,我本人不持特定立场,而社会各界则反应不一。有人尤其是老中关村人认为,中关村作为中国高新技术产业的一面旗帜,需要标志性的展示方式,海淀作为全国甚至全球罕见的智力密集区,应该是中关村发展的主阵地和主平台,不要将中关村的品牌滥用瞎用。而也有人认为,中关村的品牌价值要发挥得淋漓尽致,就得持开放包容的心态,就需要走出海淀面向全市,甚至走出北京面向全国。只有这样,才符合那句口头禅,即"中关村既是北京的中关村,也是全国的中关村"。

而现实的中关村不仅走向了全市,也走向了全国,甚至走向了全球。走向全市不用赘述,走向全国可以举证说明。近10年来,以中关村发展集团为代表的各类平台公司与全国各地共建的园区至少60家以上,其主要目的就是要与中关村实现资源共享。而作为中关村创新主体的高科技企业、独角兽、创业公司、科技服务机构甚至各类创新服务平台,也纷纷在全国布局,为全国发展服务。在全球业务拓展方面,中关村的创新主体地位也毫不逊色。有人说,中关村之所以成为全球创新高地,重要的原因在于中关村能跟硅谷等尖端区域同步发展,众多"空中飞人"无缝链接着全球的技术、人才、信息和资本，深度融入并共同构成庞大的全球创新网络。这既是中关村的成功所在，也是魅力所在。

其实，我个人看中的是中关村的区域文化。区域文化是区域创新生态的内核，是影响创新主体持续健康发展的主要因素。硅谷作为全球创新中心，创新文化发挥了主要作用。学习、借鉴甚至复制硅谷模式的核心是学习硅谷的文化。硅谷文化的内涵可以概括归纳为"鼓励创新、容忍失败、平等自由、质疑权威"，而这也是中关村和全国园区学习的重要方向。中关村之所以能够成功，主要是在这漫长的几十年中，一代代创业者、企业家、投资人和科学家始终在聚力打造一种鼓励创新创业的文化氛围，而这种氛围和精神又激励着一代代的创业者持续涌现，壮大发展，这也成为全国各地效仿的对象。正是因为这种文化的存续，才让中关村的影响能够超越地理边界，向全国拓展；也正是因为这种文化的存续，"有形"的中关村身在何处并不重要，"无形"的中关村对于中国高科技产业的作用只会变得越来越重要，而不是逐渐式微。

着眼于未来发展，中关村一定会更加耀眼。2013年，被《哈佛商业评论》誉为当代"创新大师"、硅谷最有影响力的十大人物之一的史蒂夫·布兰科对北京进行了考察。在走访了中关村的几个孵化器后，他说："北京创业生态系统规模，令波士顿和西雅图黯然失色。"我们可以想象，将中关村放在全球坐标体系中进行比较，中关村不一定是最好的，但一定是最具特色的创新高地。中关村的发展根植于中国经济的大环境，既与中国经济同步成长，又引领着中国经济创新发展。中关村的发展不是孤立的，而是与中国的众多创新高地如深圳、张江、东湖、合肥等同频共振，实现协同发展。

2.2 上海：张江，从科技园到科学城

张江原为上海浦东新区一个小镇，地名源于当地明朝抗倭士绅张江。但这里说的张江不是张江镇，而是张江功能区。这个功能区还分为"小张江"和"大张江"。"小张江"主要指17平方公里的张江高新科技园，后来在此基础上建设了张江科学城，规划面积为220平方公里。"大张江"在2006年第一次被正式提出，内涵是用张江名义统领上海高新区，后来又指包含"一区二十二园"及紫竹高新区的张江自主创新示范区，总面积约531平方公里。30多年来，张江成功实现从"小张江"到"大张江"的转身，实现从区域地理名词到上海科创品牌的蜕变。

1984年，国务院和上海市政府提出：要振兴上海，重点是向杭州湾和长江南北

两翼展开，创造条件开发浦东，筹划新区建设。1990年4月18日，国务院总理李鹏在上海宣布开发开放浦东，并宣布在浦东实行经济技术开发区和某些经济特区的政策。1992年，上海市委、市政府决定启动张江高科技园区建设，7月28日，张江高科技园区正式开园。当年张江高科技园与漕河泾新兴技术开发区并称上海高新区。2006年经国务院批准，上海高新区整体更名为上海张江高新区，将高新区各园归于张江，以提高自主创新能力为核心的"二次创业"由此起航。同年，被确定为建设"世界一流高科技园区"的试点园区。2011年1月21日，经国务院批准，在上海张江高新区建设国家自主创新示范区。

长城战略咨询与张江的渊源始于2006年召开的"建设世界一流高科技园区论坛"，后来与张江高科技园区管委会（小管委）、张江集团都建立了较为密切的合作关系。可以这么讲，张江作为我国高新技术产业发展的一面旗帜，长城战略咨询始终高度关注它的发展。

2.2.1 "北有中关村、南有张江园"的由来

上海张江高新区原名为上海高新区，起源于徐汇区的漕河泾开发区。1991年3月18日，漕河泾开发区被国务院批准为国家级高新技术产业开发区。1992年，上海市委、市政府深入实施浦东开发开放国家战略，决定启动建设张江高科技园区，提出"建设成为科研、教学和高新技术产业集合的高科技园区"的目标。当年7月28日，张江高科技园区正式开园，规划面积17平方公里，以发展现代生物医药、微电子和信息技术产业为主。同年，张江高科技园区与漕河泾开发区并称为上海高新区。1998年，上海高新区扩张到"一区六园"。

伴随着国家"科教兴国"战略和上海"科教兴市"战略的深入实施，1999年8月，上海市委七届四次全会作出了"聚焦张江，建设上海面向21世纪高科技产业基地"的战略决策，即举全市之力，依托上海的综合优势和浦东开发开放先试先行优势，联合国家相关部委，把张江高科技园区建设成为"科教兴市"的重要承载平台和发展高科技产业的"龙头"区域。"聚焦张江"战略确定了以建设张江高科技园区作为重点的高新区发展目标，明确园区以集成电路、软件、生物医药为主导产业，集中体现创新创业的主体功能，并将原有的张江、漕河泾、金桥等6个高新技术园区统一到张江旗下。这就是通常意义上我们说的"一次聚焦"，"聚焦张江"战略对于张江的发展是具有历史意义的，让张江第一次从区域走向了全市高新技术产业发展的舞台中心。

2006年，浦东综合配套改革试点全面启动的号角吹响。为了结合浦东综合配套

改革试点、"科教兴国""科教兴市"的贯彻实施,加强政策聚焦,加快资源集聚,2006年,上海市委、市政府二次提出"聚焦张江"战略,以制度创新为动力,促进园区科技创新和功能提升,以科技创新和产业化为主导,把园区建设成为具有中国特色的世界一流园区,成为"国家自主创新"和"人才强国"的示范区,努力营造与国际接轨的服务环境,最终将其建设成为具有国际竞争力的科学城。同年,为进一步凸显"张江品牌"效应,放大政策效应,经国务院批准,上海高新区整体更名为上海张江高新区,规划面积扩充至42.1平方公里。"二次聚焦"意义更为重大,不仅推动了全市科创资源进一步向张江集聚,更为"张江"这一区域品牌赋予了更深的国家战略。从此,张江从地理上的浦东"小张江"转变成为上海科技创新的代名词。

2011年,国务院批准了上海张江高新区建设张江国家自主创新示范区。学习中关村自主创新示范区"一区多园"建设模式,张江进一步扩区,2014年6月形成"一区二十二园"及紫竹高新区的格局,分布在全市16个行政区,总面积达531平方公里。自此,"张江模式"已辐射上海市所有行政区。

张江曾经大力推广过一句品牌口号,那就是"北有中关村、南有张江园"。字面意思是中国的高新技术产业高地有两个,分别是北方的中关村和南方的张江,颇有将张江放在与中关村同等重要位置上的含义。个人认为,这句推广语更重要的是借鉴北京推广中关村区域品牌的经验,将"张江"塑造成全国甚至全球知名的区域品牌,毕竟此时的中关村已经名闻天下,而张江还是待字闺中、默默无闻。

从文化传播学的角度来看,一个区域的品牌命名很有学问。如现在的"中关村",跟王德禄所长的提议不无关系。中关村科技园区的官方名称在1998年之前是"北京新技术产业开发试验区",大家习惯简称其为"试验区"。然而,"试验区"这个名称却始终没能广泛传播,甚至到试验区应聘的人员都叫不出单位的全称。1999年,《关于建设中关村科技园区有关问题的批复》下达之后,"北京市新技术产业开发试验区"才正式更名为"中关村科技园区"。在这个过程中,王德禄所长居功甚伟。他一直认为,要建立一个代表北京高新技术产业的区域品牌,这个名字只能是"中关村"。经过王德禄所长多次在不同场合的呼吁和倡导,"试验区"改名为"中关村科技园区"。在海淀区、北京市和科技部的共同推动下,1999年科技部和北京市上报国务院的请示当中,第一次正式启用"中关村科技园区"这个名称。"中关村"这个区域品牌名称正式确立,后来在全国推广。全国还有很多城市都是以一个地名作为区域的品牌来加以推广。例如,武汉将高新区命名为"武汉东湖高新区",

其重点就是突出了"东湖"这个区域品牌，后来进一步聚焦到光电子特色产业，称之为"光谷"。我想上海大力推广"张江"，大概也是这个出发点吧。

2.2.2 初到张江：世界一流园区论坛 2006

《国家高新区"十一五"发展规划纲要》中明确提出国家高新区要分类管理，重点建设"三类园区"，其中第一类园区就是世界一流高科技园区。为什么当时叫世界一流高科技园区而不是直接简称为世界一流园区？主要就是考虑"小张江"张江高科技园区。

2006 年，科技部火炬中心考虑启动世界一流高科技园区的建设和发展工作。一方面委托长城战略咨询编制《建设世界一流高科技园区行动方案》；另一方面要组织中关村科技园区、张江高科技园区、深圳高新区、武汉东湖高新区、西安高新区和成都高新区等 6 个园区召开一个论坛，相当于世界一流高科技园区工作启动会。论坛在哪里开？其实，当时科技部火炬中心本想让中关村科技园区牵头，但中关村管委会积极性不高。那谁来牵这个头？当时想到了张江高科技园区。当时科技部火炬中心的主任梁桂是从上海浦东来的，曾是上海浦东科技局局长，最后选择在张江高科技园区召开"创建世界一流高科技园区"论坛，这次论坛也是"2006 相约张江——第二届张江科技文化节"的一部分。

2006 年 5 月 17 日，"2006 相约张江——第二届张江科技文化节"在上海张江开幕。我和王德禄所长、钟岳梅一行三人参加了由科技部火炬中心、上海市浦东新区人民政府联合主办，张江高科技园区承办的"创建世界一流高科技园区"主题论坛。当时参会的主要嘉宾还有科技部火炬中心主任梁桂、副主任张志宏、浦东新区副区长尚玉英、中关村管委会委员赵慕兰、张江集团常务副总经理刘小龙、武汉东湖高新区总工程师夏亚民、深圳高新办副主任张恒春、西安高新区副主任赵璟、成都高新区副主任韩春林及中国科学院政策所王胜光等（图 2-2）。在正式开大会之前，科技部火炬中心还开了一个预备会，由科技部火炬中心、6 家高新区、长城战略咨询和政策所的专家分别讲述了对世界一流高科技园区的认识，以及下一步要重点推动的工作。

对于那次大会，我对几件事印象深刻。

第一件事就是王德禄所长"不按规则办事"，在开会前 40 分钟还带着钟岳梅修改演讲 PPT。当时科技部火炬中心高新区管理处的王春阳还开玩笑说："王所长太认真了，这会儿还改 PPT。"

图 2-2　王德禄所长一行参加"创建世界一流高科技园区"主题论坛

第二件事就是王德禄所长在论坛上发表了题为"探索自主创新道路，创建世界一流园区"的精彩演讲，围绕"自主创新和高新区建设"这个核心，从绩效、机制、要素和环境 4 个方面阐述了世界一流园区的愿景与标准，王德禄所长的演讲得到与会人员的高度认同。因为这份演讲报告完全是依托长城战略咨询关于中关村建设世界一流高科技园区的实践经验的总结，拥有一套非常完整严密的逻辑体系。这次演讲引起了当时浦东新区副区长、张江高科技园区管委会主任尚玉英女士的共鸣，会后她立马拍板委托长城战略咨询开展张江科学城的发展规划研究，由此长城战略咨询与张江开始长达几年的战略合作。

第三件事情就是感觉张江创业不活跃，文化氛围不好。2005 年，全年园区企业数仅 872 家，新增企业数仅 68 家，大多为跨国公司设立的研发中心，而适合本土企业，尤其是创业期企业的创新环境还不够完善；同时，相关产业配套功能存在短板，城市功能配套较弱，缺乏地铁、公交等重大城市功能公共设施，"潮汐"现象严重，产城融合不够。当时外界有种说法，"张江没有文化，是个乡下"。所以，张江功能区管委会想尽办法来解决张江的文化氛围和活力不够的问题，当时举办张江科技文化节、"相约张江"主题论坛、城市进行时大型艺术活动、"张江杯"龙舟赛、张江啤酒节等多种形式的文化活动，尽可能集聚全国的大师级人物办活动、做培训，以此来丰富园区的文化生活内涵。

这次论坛的召开是有战略意义的。它既是长城战略咨询在其他 5 家高新区面前的第一次亮相，也是长城战略咨询与其他 5 家高新区开启合作的重要开端，大家在论坛上建立了联系，并对长城战略咨询的实力有了全新认识。随后不久，张江功能区管委会委托我们承担了"张江科学城发展战略规划研究"咨询项目。同年 11 月，深圳高新区管理办公室也委托长城战略咨询承担了"深圳高新区创建一流园区行动方案及规划"项目。因为认识了武汉东湖高新区时任总工程师夏亚民，我们与东湖高新区在 2008 年 2 月正式启动了"光谷产业发展战略研究"项目。自 2006 年以来，长城战略咨询与成都高新区有了多次交往，建立了联系，本来也要委托我们做世界一流科技园区，但是由于多种原因，后来在 2014 年 1 月才正式开启了第一次合作，启动了"成都高新区建设国家自主创新示范区战略研究"项目，和西安高新区的真正合作也是创建国家自主创新示范区。

这一次去张江，我们认识了很多朋友，尤其是张江功能区副主任、张江集团常务副总经理刘小龙给我留下了深刻的印象。刘小龙是一个非常有魅力的人，在国内的高新区有较强的影响力，对产业、企业和科技都很熟悉。在论坛前一天的招待晚宴上，他引吭高歌了一首意大利帕瓦罗蒂的歌曲，惊艳四座。后来他也成为长城战略咨询的好朋友，对王德禄所长非常尊敬。由此也开启了张江与长城战略咨询后面的几次合作。

2.2.3 张江科学城的"前世今生"

正如上文所述，王德禄所长"探索自主创新道路，创建世界一流园区"的精彩演讲得到了时任浦东新区副区长、张江高科技园区管委会主任尚玉英的高度认可，会后双方就达成了张江科学城战略规划的咨询意向。当时的张江科学城仅仅是个概念，内涵和外延都需要深入研究。之后的两个月内，我与张江功能区管委会综协处修海玉副处长进行了几轮对接，就合作内容进行了频繁沟通。2006 年 7 月，确定了最终的合作方案，长城战略咨询正式承接"张江科学城发展战略规划研究"项目，这是长城战略咨询第一次在上海承接近百万元的咨询项目。王德禄所长高度重视，成立了由合伙人张丰超带队、赵荣凯任项目经理的项目小组。2006 年 8 月 13 日至 9 月 30 日，项目团队在张江集团的办公楼内办公将近两个月。项目组做了非常详尽的调研，共调研上海市科委、上海市发展改革委、浦东新区科委等市级、新区相关部门，以及张江功能区管委会及各处室、张江集团公司及各基地公司、行业协会和园区企业 53 家，参加了 9 次科技创新与产业论坛活动及会议，获得了大量的一手调研资料。

此时的张江科学城（张江功能区）已经具备较好的发展基础。2006 年实现经营总收入超 500 亿元，工业总产值超 300 亿元。初步形成了集成电路、软件产业、生物医药、科技文化等有较强竞争力的高科技产业群。基础性研究平台建设取得一定进展，拥有人类基因组南方研究中心、上海光源、超级计算中心等世界级公共技术平台，跨国公司研发中心密集，吸引各类研发中心 91 家。

项目组从宏观形势出发，借鉴了国内外科学城（科技园区）发展的经验教训，深入分析了张江科学城发展的现状和优势资源，确定了张江科学城的关键成功要素、发展短板与改进方向；从总体发展、产业发展、科技创新、空间布局和城市功能、品牌文化的"一总四分"5 条线出发进行深入研究，明确了张江科学城的总体定位，提出了相应的发展策略和行动计划。

项目组总结了我国园区发展的三类模式，这对于长城战略咨询后期指导园区规划编制具有非常大的意义。第一类园区先完善做产业和制造功能，等园区做到了一定规模，然后去弥补科技创新的短板；第二类园区起点比较高，依托丰富的科技资源完善创新体系，再去补产业短板；第三类园区发展模式比较综合，同时推进产业功能和科技创新，如中关村。

当时，我们给张江科学城的定位是"科技创新中心"，而不是现在大家看到的张江科学城的"科学中心"定位。这样的定位主要是基于当时的国际宏观背景及地方政府对基础研究的认识而确定的。20 年前，我国经济处于重要的战略机遇期和快速上升期，与西方国家关系相对较好，通过正常的国际经济合作和科技合作能够获得西方的技术溢出。同时，当时大部分地方政府认为基础研究应该是中央和国家队的主责，地方政府应该专注于技术创新和成果转化及产业化。在那种氛围和思想观念指导下，我们当时给张江科学城的定位应该是"科技创新中心，"坚持产业发展、科学研究、城市功能三者一体化融合发展的模式，分"三个阶段"实施策略。第一个阶段是汇聚全球科技资源、完善区域创新体系，到 2010 年，核心区初步建成世界一流高科技园区。第二个阶段是到 2015 年形成具有国际竞争力的研发能力，形成四大世界级的产业群，使之成为中国重要的高科技中心。第三个阶段是到 2020 年进一步提升能级，建成具有世界竞争力的科学城。

项目组进一步明确了张江科学城的产业发展方向。张江产业发展方向的选择一定要结合张江的区位价值链，既要体现自主创新，也要体现跨国公司转移、服务业转移、研发转移这个大的时代背景，最后确定 4 个垂直型产业集群（半导体与光电子产业集群、生物技术与生命科学产业集群、软件与信息服务产业集群、现代创意与多媒体产业集群）、3 个水平型产业集群（研发产业集群、高技术商务产业集群、城市服务业产业集群)。

最终的项目成果主要包括《张江科学城发展战略研究（汇报稿）》《张江科学城发展战略研究报告》《张江科学城总体建设方案》《张江科学城实施方案》等。这些成果得到了张江集团、张江功能区管委会所有领导的高度认可，"张江历史上就从来没有见过这么高水平的规划"。

10年之后，张江科学城已经被赋予了新的内涵和使命。2017年，上海市政府批复同意《张江科学城建设规划》，张江高科技园区正式升级为张江科学城，开始从"园"向"城"转变，规划面积扩大至95平方公里。《上海市张江科学城发展"十四五"规划》又提出，张江科学城的规划面积将扩大到220平方公里。现如今，张江科学城作为张江综合性国家科学中心的核心承载区，科学特征日益明显。集聚了上海光源、超强超短激光装置等12个国家大科学设施，先后挂牌成立了张江实验室和上海脑科学与类脑研究中心，落地了李政道研究所、张江药物实验室、张江复旦国际创新中心、上海交通大学张江高等研究院、同济大学上海自主智能无人系统科学中心、浙江大学上海高等研究院、国家时间频率计量中心上海实验室等一批创新机构和平台，汇聚了约2.3万家企业、1800家高新技术企业。主导产业竞争力不断提升，集成电路、生物医药和人工智能三大主导产业不断取得关键核心技术突破，呈现年均10%以上的高增长态势。

张江科学城规划项目既是长城战略咨询承接的第一个上海市的规划项目，也是长城战略咨询第一个科学城规划项目。随后的10年里，我们陆续参与了全国大多数城市的科学城（科技城）规划项目，如2012年承担的郑州高新区建设千亿高新城项目，2013年承担的宁波新材料科技城规划项目，2018年承担的中关村科学城、昌平未来科学城规划项目，2020年承担的西部重庆科学城战略规划项目，2021年承担的厦门未来科学城规划项目等。但是，张江科学城项目开启了先河，让我们对科学城这类功能区的发展规律有了更清晰的认识。

2.2.4 张江区域创新体系的设计

21世纪头10年，随着钢铁、原油等原材料价格的上涨，上海土地、人力等成本的上升，环保与能源政策越来越严格，上海生产型企业纷纷外迁。上海因申办世博会成功，计划在2010年前将数千家企业外迁，一批传统产业将退出上海。上海产业生存发展的压力日益增大。随着国家自主创新战略、产业结构调整、两型社会建设等对国家高新区提出新的使命要求，张江高新区产业升级的压力较大，亟须淘汰和转移低层次劣势产业，积极培育新兴产业，未来，发展技术密集产业成为必然选择，对技术创新需求迫切。未来，完善区域创新网络是张江争取产业主导权的根本出路。

当时，张江区域创新体系是不完整的、有缺陷的，是一个先天缺少科技和产业资源的区域，亟须补短板。但补什么？怎么补？当时的张江集团是不明确的，亟须进一步明确张江的竞争优势及要改进的方向，对区域产业发展进行新的定位，加快构建区域创新体系，推动园区经济更快更好地发展。为此，张江集团委托长城战略咨询进行《张江区域创新体系研究报告》的编制工作。

尽管张江已经做了很多探索，但与企业的需求相比，金融创新不够，还有很大的改进空间；虽然不断完善人才培养体系，一个具备"高学历、高职称、高层次、高素质"特征的高科技人才谷正逐步形成，但科技人才制约因素依然存在；园区中介服务的发展较慢，离区内企业的要求尚有一定的距离，其桥梁作用须进一步加强；虽集聚了一批科技设施资源，具备了一定的科技支撑能力，但在资金投入、运行机制方面需要进一步深入探索。

长城战略咨询很重视张江区域创新建设研究，组织了一个由赵荣凯任项目经理，成燕、段浩、王志辉任项目成员的项目组。项目组围绕提升张江区域创新能力、促进产学研联动、实现科技企业多途径融资等方面，调研了一批核心技术企业、大学、研究机构、投融资服务机构、设施管理与创新平台服务机构。同时，结合美国硅谷、美国128公路、法国索菲亚等全球最佳实践，以提升张江区域创新能力为主旨，分别在区域创新体系、科技金融、科技基础设施等专题进行深入研究，并分别提出相应的解决方案，最终形成了张江区域创新体系的框架与核心专题研究报告。

长城战略咨询认为，未来张江区域创新体系是以企业为核心、多主体共同参与、要素流动便利的开放式创新系统，是更大范围创新体系的有机组成部分。就张江自身而言，以集群为导向的创新子系统是张江创新体系的重要特征，也是未来的发展方向。未来，张江区域创新体系应该具备四大特点。一是参与主体多元化且完备，包括企业、研究机构、大学、政府和中介组织等不同主体；二是必须具备较强的研发投入力度，研发经费投入占销售收入的比例高于7%以上，政府财政投入也要相应加大；三是产学研合作紧密而有效，要加强园区内企业、研究机构、大学和消费者的各种战略联盟及合作，同时也要加强与区外相关机构的合作；四是创新经济快速增长，园区内能够体现我国自主创新实力、具有世界领先及先进水平的新技术、新产品不断涌现，以专利、技术秘密为代表的知识产权数量迅速扩大，科技产出产生巨大的经济效益。

张江区域创新体系设计的咨询项目质量很高,顺利结题。随后不久,刘小龙就从张江辞职,下海从事投资工作。自此之后,长城战略咨询与张江的联系就逐渐减少了,我们熟悉的一些朋友也逐渐离开了张江管理层。直至10年后,2018年,长城战略咨询再次为张江集团提供战略咨询服务,王德禄所长成为张江集团战略咨询委员会的专家委员,我们跟张江的联系才逐渐多了起来。

2.3 深圳:中国式硅谷

深圳从一个小渔村,蜕变成一个全球知名的创新型城市,仅用了三四十年,这简直可以用奇迹来形容。深圳是块"试验田",仔细揣摩深窥,能够找到飞速发展的密码和独特基因;深圳也是一个窗口,从中可以透出中国经济崛起的秘密和诀窍。

深圳高新区长期局限在南山11.5平方公里范围内,却创造了全市近40%的工业产值和30%左右的GDP。其粤海街道,因为区域内涌现出的华为、中兴、大疆等技术领先型企业被美国制裁,在网络上被戏称"一个街道与美国的战斗"。一个创新资源天生匮乏的地区,却能成长为创新实力领先的创新高地,让国内外很多学者为之着迷。长城战略咨询作为国内知名的新经济智库,也一直在关注、跟踪、研究深圳高新区。

2.3.1 深圳建设世界一流园区

2006年,我国提出建设创新型国家的战略目标。同年5月,科技部火炬中心在上海张江组织召开"创建世界一流高科技园区"主题论坛;6月,科技部火炬中心会同北京中关村、上海张江、深圳、西安、武汉东湖、成都等6家国家高新区,共同签署并发表《建设世界一流园区创新宣言》,明确提出要加快推进二次创业,使高新区成为自主创新的倡导者、践行者和示范引领者,担当建设创新型国家的先锋,努力向世界一流高科技园区迈进;10月,科技部火炬中心发布《建设世界一流高科技园区行动方案》,提出将北京中关村、上海张江、深圳、武汉东湖、西安和成都等6家国家高新区作为世界一流高科技园区的试点园区。次年,科技部正式印发《国家高新技术产业开发区"十一五"发展规划纲要》,明确提出建成三类园区,力争到2010年年底,重点支持2~3家国家高新区率先进入世界一流高科技园区行列,成为引领我国高新区发展的旗帜和实施国家自主创新战略的重要载体。

2006年也是深圳高新区成立十周年。此时的深圳高新区已经颇具规模,涌现出华为、中兴、创维等一批具有较强国际竞争力的行业龙头企业，以及腾讯、迈瑞、大族激光、朗科等国内行业领军企业，形成了电子信息、光机电、生物医药等主导产业集群，打造了虚拟大学园、留学生创业园、国际科技商务平台等创新平台，被认定为"国家火炬计划软件产业基地""国家集成电路设计深圳产业化基地""深圳国家软件出口基地"等，并开展土地集约利用、城市更新工作，实施"厂房再造、产业置换"工程，改造旧厂房、拓展新空间，开创了国内高新区土地回收的先例。

在"2006相约张江——第二届张江科技文化节"高新区创新与发展主题论坛上，我们认识了时任深圳市高新办常务副主任张恒春。张恒春也了解到我们与中关村科技园区的长期合作关系，听到了王德禄所长在论坛上的演讲，充分认可长城战略咨询在国家高新区方面的研究实力。后来，科技部火炬中心要求6个世界一流高科技园区试点园区编制建设方案，深圳市高新办就决定委托我们来承担这项工作。

在明确由长城战略咨询承担该项目后，全所高度重视，王德禄所长、赵慕兰老师亲自指导该项目。2006年12月，赵慕兰老师带队在深圳高新区开展了为期2周的现场调研，实地走访、座谈了近20个调研对象，包括原深圳市发改局、原深圳市科信局等部门，深圳集成电路设计产业化基地、深港产学研基地、留学生创业园、深圳清华大学研究院、哈工大深圳研究院、大学城等创新平台，以及腾讯、迈瑞生物、大族激光、海王英特龙、金蝶软件等重点企业，全面了解当时深圳高新区产业、创新等方面的发展情况。

在研究过程中，我们发现深圳高新区有一个比较显著的优势，就是政府决策链条短、行政效率高。深圳高新区管理模式是建立在深圳"小政府、大社会"的背景下，管理层决策链条短，管理团队具有比较强的实践操作能力，对市场反应灵敏，能够快速、准确地把握企业需求变化，并及时反映到政府决策层；同时，决策层能高效、快速地做出决策，从而大大提高了园区公共管理的效率和水平。深圳高新区对概念设计报告很认可，表示以前从来没有见过类似的研究视角。2007年上半年，项目组向深圳市委常委、常务副市长、市高新办主任刘应力汇报了项目成果，得到了刘应力的高度认可。

研究报告还有一个比较重要的观点，我们认为深圳高新区应该学习中关村、张江、东湖等高新区，需要一个异常响亮、能够体现深圳特色、整合高新区与高新产业带的品牌，进一步把园区品牌充分放大。比如北京高新区品牌不是叫北京，而是叫中关村，上海的叫张江，武汉的叫东湖，所以深圳高新区应该有类似于中关村这样的品牌。当时所长给了个建议，叫"深高新"，即深入、高端、创新，代表高新技术产业的发展方向，或者叫"大冲高新区"，南山区大冲村是当时深圳高新区东区，能体现高新区的地域特点和人文特色。但最后因为各种原因意见没有被采纳。

2007年6月，"建设世界一流科技园区国际论坛"在深圳举办。会上，王德禄所长围绕深圳如何建设成为世界一流园区也提出了自己的观点："深圳高新区要建成世界一流，需要实施以下策略。推动从制造向服务转型，大力发展高技术服务业；强化'一区多园'模式，部署专业化园区；以深港创新圈为核心，推进国际化和区域经济一体化；推进产业技术联盟和科技企业加速器建设。"

在对如何将中关村建设成世界一流高科技园区进行系统研究之后，这是我们承担的第二个世界一流高科技园区研究项目，也是长城战略咨询第一次给深圳高新区提供咨询服务，全所高度重视，形成了一系列高质量的研究成果，既有前瞻性，也有实操性，为将深圳高新区建设为世界一流高科技园区提供了有力的决策参考和支撑，并获得了深圳市领导的充分肯定。通过该项目，长城战略咨询与深圳高新区建立了深度合作关系，为后续长城战略咨询进一步开拓深圳乃至整个华南市场奠定了重要基础。

2.3.2 前海的复兴

前海被称为"特区中的特区"，毗邻香港和深圳城区，位于珠三角区域发展主轴与沿海功能拓展带的十字交汇处，战略区位十分重要。象征改革开放起步的蛇口工业园区就位于前海。2008年，全球性金融危机给深圳产业带来了冲击，前海同样面临巨大挑战。当时的现状是，蛇口工业园区聚集了较多低端制造业，占据了大量土地，这些企业大多面临生存困难问题。同时，前海地区开发主体较多，缺乏统筹谋划，缺乏像光明中心区、宝安中心区类似的顶层设计，在规划层面上缺乏必要的规划指引。同年3月，广东省提出设立"粤港澳特别合作区"的构想。《深圳2030规划》中也特别提出，前海地区是未来深港的重要战略空间。前海下一步如何面向粤港澳大湾区更上一层楼，以更好地发挥深港之间战略合作平台的作用，推动深港双向互动和合作，针对这个问题需要做很多战略思考。

2008年，招商局集团委托中国城市规划设计研究院深圳分院做粤港深合作项目，深圳分院则委托我们承担其中的产业专题研究，天则经济研究所负责制度专题研究。这对我们来说是比较新的课题，为此特意邀请了中国经济体制改革研究会副会长兼秘书长石小敏、国务院原特区办综合司司长柳孝华两位老师，共同研讨这个项目。此外，我们还在深圳召开了一次专家研讨会，石小敏副会长、柳孝华司长和赵慕兰老师均有参加。

在前海产业选择过程中，我们重点考虑了几个方面的因素：第一是产业诉求，包括民营企业"走出去"、寻找更广阔市场的诉求，高收入人群对投资性金融产品、家庭保障消费、休闲型消费等消费需求及在华设立采购中心的跨国公司发展诉求；第二是香港优势产业，香港具备开放市场环境的金融业，与国际先进水平接轨的高端服务业和发达的物流业；第三是珠三角产业现状，受企业运行成本增加、原材料价格上涨、环保政策更加严格等因素影响，珠三角地区的制造业开始寻求新的增长路径，重点在于推动功能升级、产业升级和提供高效的公共服务，其中产业升级是核心；第四是粤港、深港产业合作现状，2003年签署的CEPA进一步加速粤港要素流动，但仍面临制度及体制落差的挑战及竞争与利益冲突的问题，未来合作需要突破现有框架，寻找更多的合作内容及合适的空间载体；第五是前海特别合作区基础条件，包括区位优势明显、港口资源丰富、招商局丰富的建设经验和资本优势等。基于上述5个因素，我们经研究提出前海特别合作区的定位是助推中国经济升级的高端服务中心与完善中国市场经济制度的创新引领区，重点发展4个产业，包括以电子信息产品国际贸易为主的物流产业、基于自主创新的信息创意服务、针对"民营群体"的金融服务、面向中产阶级的高端商务商贸服务。这个产业体系获得了招商局集团的高度认可。

2010年8月26日，国务院批复《前海深港现代服务业合作区总体发展规划》，明确提出把前海建设成为粤港现代服务业创新合作示范区，发展金融、现代物流、信息服务、科技服务和其他专业服务四大主导产业，与我们提出的4个产业不谋而合。

在这里我们就不得不重点介绍一下项目的业主方——招商局集团。招商局集团的前身是轮船招商局，是在晚清期间清政府为打破列强港口物流垄断而成立的一家官办民营轮船运输企业，是我国近代民族工商业先驱。现在的招商局企业是国资委主管的国家大型央企，总部设在香港，主要业务涉及港口、物流、金融和园区网络等多个板块，长期居《财富》世界500强企业200多位。通过这个项目，我们与招商局集团建立了联系，也与招商局集团下属机构——重大项目办一直保持着长期交流合作。

2.3.3 深圳能成为中国硅谷吗？

2010年，我国改革开放已经走过30年，未来30年我们该怎么走？基于这个命题，全国各个城市兴起了一股研究未来30年的热潮，纷纷发布面向未来30年城市远景目标设计。深圳也不例外，同时2010年正好是深圳特区成立30周年。在这样的时代背景下，深圳市规划与国土资源委员会批准关于《深圳 2040 城市发展策略》的研究立项，希望在新的发展背景下，站在面向未来 30 年的历史时刻，延续"深圳 2030"系统性、前瞻性的编制理念，对前版纲领性文件进行修改和完善，思考先锋城市的新内涵，探索深圳在改革开放、现代化建设及市民社会构建中的新思路，更好地指导城市发展。

受中国城市规划设计研究院深圳分院委托，我们重点参与了"世界级新经济区域下的深圳发展"专题研究报告的编制工作，并负责"畅快享受一体化生活圈"专题工作坊的组织工作。这个工作很有挑战，既要把深圳分别放在粤港澳大湾区、全国、全球里面考虑其扮演的角色，更重要的是需要判断中国未来 30 年在全球是什么位置，因为只有清楚了中国在全球的位置，才能够更好地判断深圳在全国、在全球的位置。

另外，这个工作也很有难度，因为是中国城市规划设计研究院接受深圳市的委托成为项目承担单位，我们无法像平时那样组织开展项目调研，无法安排部门、企业的实地走访和座谈，只能通过深圳基本情况在空间上做些勘探，所以我们很难对全市发展情况进行概括性的总结。在这种情况下，我们也做了很多工作，前期组织了多次研讨会，邀请王德禄所长、赵慕兰老师和多位行业专家来所内研讨，说说他们心中未来 30 年深圳是什么样子。

这个报告里有几个重要结论。

第一个结论，我们提出深圳 2040 年的发展目标是建设中国创新经济中心，打造成为世界最具活力的"中国式硅谷"。客户对这个目标不置可否、感到奇怪，为什么提"中国式"？我们认为深圳有潜力成为中国的创新经济中心，但这个创新经济中心不是完全复制硅谷的经验，而是要结合中国国情、所处的发展阶段及深圳自身特点，探索具有原创性的产业创新成长路径，在产业选择、知识创造、环境营造等方面做出深圳的特点和特色，所以一定要加上"中国式硅谷"。现在讲中国式现代化，出发点仍然是强调如何更好地结合中国国情和特色，而不是完全照搬、复制别人的东西。现在来看，当时我们提的还是有战略高度的。

第二个结论，当时还有一个很重要的判断是深圳没有重大创新源头、没有重大创新平台。我们很期待建设南方科技大学，认为从长远来看，它是"中国式硅谷"的创新源与动力核，是一所运行机制超前的、与国际接轨的研究型、创新型大学，将南方科技大学建设成为中国的斯坦福，使其扮演斯坦福在硅谷崛起过程中的角色。客户当时也不理解，为什么看好南方科技大学？我们觉得一个城市如果没有创新源头（知识、技术、人才等），这个区域很难有持续的创新能力。硅谷的成功很重要的一个因素就是有斯坦福，斯坦福也没有辜负硅谷。有机构专门做了一个统计，硅谷的企业、技术、人才、资本中有38%与斯坦福有着千丝万缕的联系。我们希望南方科技大学在深圳未来创新发展中发挥更大作用。

从现在来看，深圳在全国创新版图中的重要位置毋庸置疑。有人说，深圳的创新机制和创新能力在全国独一无二，颇具深圳特色和深圳基因，甚至中关村也无法复制深圳的经验和模式。还有人说，从长远来看，因其市场化、法制化、国际化的生态和开放包容的移民文化，深圳在创新道路上会比中关村走得更远。我认为，这些说法都有各自的道理。就我个人的理解而言，改革开放的基本国策及两次金融危机之后的自我救赎，既是深圳自我发展、勇往直前的根本动力，也是深圳蝶变的关键。改革开放的基本国策，构建了深圳在一穷二白的基础上吸引全国人才而用之的独特发展路径。这些人，有梦想、有奋斗精神、急切改变自己的命运，甚至有些人是背井离乡到深圳闯荡的，这些人构成了深圳最初繁荣的基本盘。

长期积累的低端的、负面的产业和企业生态，在金融危机面前不堪一击。而两次金融危机之后，深圳能够直面冲击，在此基础上调整、优化、升级、创新，这种自我救赎的勇气和精神让深圳获得重生，一个更加健康、繁荣的新深圳出现在世人面前。这个转折是巨大的，一个以"三来一补"、低端加工为主导的制造业城市，蜕变成以通信、互联网、机器人、基因等高科技主导的创新型城市，这种转变让世人瞠目结舌、心生敬意，而那些深陷路径依赖的城市还在苦苦挣扎、不能自拔。

这个项目对长城战略咨询很重要，这是在2006年深圳高新区建设世界一流高科技园区项目之后做的，前者还是聚焦高新区这个相对较小的区域范围来做研究，而深圳2040项目是我们第一次全面了解深圳这个城市的发展脉络，以及深圳与粤港澳大湾区城市之间的关系，也是我们第一次与中国城市规划设计研究院深圳分院建立合作关系，为后面持续合作打下了坚实基础。

2.3.4 深圳高新区在哪里？

深圳高新区是全国数一数二的高科技产业园区，是引领深圳科技创新的核心引擎、发展高新技术产业的先行示范基地、辐射带动粤港澳大湾区科技创新的重要力量，对深圳乃至全国高新技术产业有着至关重要的引领作用。但也有人经常问，深圳高新区到底在哪里？历史上的深圳高新区主要在南山，随着城市发展，高新区吸引力增强，原来的范围不够用了。随着2019年5月《深圳国家高新区扩区方案》的发布，深圳高新区覆盖全市，坪山、龙岗、宝安、龙华都已经有高新园区布局。

深圳高新区的法定空间范围经历了几次调整。第一次法定空间的确定是在1996年成立之初。1985年，广东省政府（由广信公司代持股份）、深圳市政府、中国科学院合作成立深圳科技工业园，这也是中国第一个工业开发区，它是深圳高新区的前身。20世纪90年代初，当"三来一补"发展得如火如荼时，深圳市政府逐渐意识到低附加值的加工制造业难以为继，深圳迫切需要产业升级。1993年在珠江三角洲地区发展高新技术产业座谈会上，深圳市就确立了发展高新技术产业的大方向。为了统筹全市高新技术产业发展，落实优惠政策，1996年在科技工业园的基础上，深圳市在深圳湾畔规划了一块11.5平方公里的土地，纳入几个园区和深圳大学，设立了深圳高新技术产业开发区，同年12月获得国务院正式批复。1997年6月，深圳市政府通过《深圳市高新技术产业园区发展规划纲要》，确定深圳高新区"北起广深高速公路，南到滨海大道，西临麒麟路、南油大道（现两路并称为南海大道），东至沙河西路，面积11.5平方公里"。

为实现"国际上技术先进的高新技术密集区"这一目标，深圳现有的高新区不能满足发展的需求，深圳市政府最初的想法是在现有基础上建设第二高新技术产业园区。整个2000年，深圳市政府都在研究第二高新区问题。2001年3月，将其改为规划建设高新技术产业带。2001年6月，出台《中共深圳市委关于加快发展高新技术产业的决定》，提出"以建设高新技术产业带为新的起点，努力把深圳建成高科技城市"。2002年9月，深圳市政府通过《深圳市高新技术产业带规划纲要》，明确高新技术产业带在南山、宝安、龙岗三区范围内规划的区域，包括市高新技术产业园区、留仙洞片区、大学城片区、石岩片区、光明片区、观澜—龙华—坂雪岗片区、宝龙—碧岭片区、市大工业区（出口加工区）、葵涌—大鹏片区、生态农业高新技术产业片区。虽然产业带范围有所扩大，但深圳高新区主体仍是11.5平方公里。

经过20多年的发展，深圳高新区以占全市不到0.6%的土地面积创造了约11%的GDP，诞生了全市约14%的国家高新技术企业，培育了众多科技型中小企业和创新创业人才，成为全国创新资源最为集聚、创新成果最为显著、创新氛围最为浓郁、创新环境最为优越的区域之一。为了更好地发挥高新区创新示范和战略引领作用，2019年4月，深圳市政府决定实施高新区扩区，发布《深圳国家高新区扩区方案》，提出将南山、坪山、龙岗、宝安和龙华等5个条件比较成熟的园区纳入深圳高新区范围，打造成为深圳自主创新示范区发展高新技术产业的核心区和体制机制创新的先导区，形成"一区两核五园"的发展布局（其中，"一区"是深圳高新区，"两核"是南山园区和坪山园区）。5个新扩园区总规划面积约147.96平方公里（其中，深圳自主创新示范区范围内面积约93.36平方公里），工业用地面积约39.65平方公里。加上深圳湾片区（原深圳高新区，规划面积为11.52平方公里），扩区后深圳高新区总规划面积为159.48平方公里（其中深圳自主创新示范区范围内面积为104.88平方公里）。至此，深圳高新区完成法定空间的演变。

随着法定空间的调整，深圳高新区的管理体制机制也进行了相应的改变。1996年，在深圳高新区正式获批后，深圳市就设立深圳高新区领导小组办公室负责管理高新区建设发展工作，形成决策层（深圳高新区领导小组，由市长任组长，两位副市长和副秘书长任副组长，副秘书长兼任高新区领导小组办公室主任）、管理层（深圳高新办）、经营服务层（深圳高新区服务中心等3个事业单位，以及深圳高新区开发建设公司）的三级管理模式。

2001年，随着高新技术产业带概念的提出，深圳市印发《深圳市高新技术产业带管理体制方案》，形成以市产业带领导小组为领导决策层、市产业带办公室为统筹协调层、各片区管理机构为片区管理层的三层管理架构。其中，深圳市委、市政府成立高新技术产业带领导小组（简称"市产业带领导小组"），由市委、市政府和各区领导及有关部门负责人组成。市产业带领导小组下设办公室（简称"市产业带办公室"），是市产业带领导小组的常设工作机构，市产业带办公室与市高新办合署办公。市高新办负责管理高新区片区、前海片区、留仙洞片区。

2008年，在大部制改革的趋势下，深圳高新办被撤销，其功能被整合到深圳市科技工贸易信息化委员会，内设高新区发展处，原来的3个事业单位与高新区管理部门不再存在隶属关系，服务范围不再以高新区内企业为主。2012年，深圳市科技创新委员会成立，加挂"深圳市高新技术产业园区管委会"牌子，高新区管理职能由内设机构高新区管理处承担。2014年8月，深圳市政府成立了深圳国家自主创新示范区领导小组，同年，科创委加挂"深圳市国家自主创新示范区管理委员会"牌子。2018年，科技部新设立成果转化与区域创新司，后来，深圳市科创委也调整设立区域创新和成果转化处，承担高新区管理职能。2019年，《深圳高新区扩区方案》提出既要发挥好市高新区管理机构抓统筹、抓规划、抓产业、抓监督的职能，又要发挥好区级政府与园区机构抓管理、抓项目、抓配套、抓服务的职能，既分工明确又协同合作。为贯彻落实新时期国家对高新区建设发展的新要求，以及适应高新区建设发展的实际需要，2022年，深圳市科创委新设立高新区统筹规划处、高新区产业集群处、高新区创新发展处等3个处室，负责管理高新区相关事务。

2.3.5 从南山走向"光明"

光明区的前身是光明新区，成立于2007年5月，是全市第一个功能区。2018年2月，国务院批复成立深圳市光明区，其是深圳市最年轻的行政区。改革开放以来，深圳在科技成果转化方面成绩斐然，而在基础研究、源头创新方面却相对缺乏，成为未来发展的重要掣肘。在此背景下，光明科学城应运而生。

2018年4月，深圳顺势而为、积极谋划，作出在光明区集中建设大科学装置群的重大部署，聚力基础研究和应用基础研究，打造竞争力、影响力卓著的世界级科学城，规划面积约99平方公里，覆盖光明区60%以上区域。2019年，《粤港澳大湾区发展规划纲要》提出，深圳应发挥国家创新型城市的引领作用和产业基础与应用创新优势，结合香港科教与基础科研优势，推进深圳光明科学城与深港科技创新合作区共建综合性国家科学中心。从作出建设部署到呱呱坠地，从市级战略上升为国家战略，光明科学城的地位不断升级，要建设成为粤港澳大湾区国际科技创新中心的核心功能承载区和综合性国家科学中心的重要组成部分，代表国家参与全球科技竞争与合作。为加快推进光明科学城建设发展，深圳市政府先后印发出台了《深圳市人民政府关于支持光明科学城打造世界一流科学城的若干意见》《深圳光明科学城总体发展规划（2020—2035年）》《深圳经济特区光明科学城发展促进条例》等一系列文件。

我跟光明新区的接触是在2006年，当时深圳建设世界一流高科技园区项目时招商局集团有个项目在光明新区，叫光明加速器。招商局集团想给这个加速器提一个好的概念，多次邀请我们出主意，可惜最终项目没有谈成。这是我们第一次接触光明新区。

后来，2015年左右，时任光明新区书记的张恒春带队来北京与王德禄所长交流，明确了长城战略咨询与光明新区的战略合作关系，主要是每年给光明新区做瞪羚企业服务，包括开展瞪羚企业认定、组织专项调研、举办专题培训、编制调研报告等。有一次，我在光明新区参加发展研讨会。会上，我提出把深圳高新区牌子从南山移到光明新区，并举了两个例子。第一个是中关村，中关村最早的园区主体在山前（以北京大学、清华大学为主），也就是中关村科学城南区。2009年，为应对国际金融危机，政府在科技领域接连重拳出击，将中关村正式升格为国家自主创新示范区。但此时，以中关村、知春路、学院路为代表的海淀南区的土地空间和载体已经很难满足日益庞大和不断孵化的科创企业。海淀决定借此机会，将北部的山后片区建成"海淀北部生态科技新区"，以承接中关村高精尖产业的外溢部分。现在中关村建设主要在山后区域（北清路）。第二个是上海高新区，上海高新区始建于20世纪90年代初。1991年，上海漕河泾开发区获国务院批复成为首批国家高新区之一，这是上海创建的最早的国家高新区。1992年，上海高新区将张江高科技园区纳入管理范围。1998年，上海大学科技园、中国纺织国际科技产业城、金桥现代科技园、嘉定民营技术密集区等4个园区陆续成为其组成部分，形成了"一区六园"格局。1999年，上海市政府决定"聚焦张江"，将园区建设成为国内重要的技术创新和科技成果转化、产业化示范基地。2006年3月，经国务院批准，上海高新区更名为上海张江高新区。至此，上海高新区主体空间从漕河泾逐步转移到张江。目前，张江高新区已形成"一区22园"的发展格局，覆盖上海16个行政区。深圳高新区起步在南山，但随着城市发展，南山土地空间资源难以承载产业规模扩大和创新资源集聚的需求。未来深圳高新区的发展重点应该是在光明新区，光明新区有较为广阔的土地空间，因此，我在培训会上提出"深圳高新区从南山走向'光明'"。

如今，光明科学城建设已经起步成势，乘着科技自立自强的东风，大力发展基础研究，原始创新策源地的雏形已初步显现，正日益成为国家科技创新版图中的重要节点。我们认为，光明科学城作为新崛起的高地，下一步应与东莞松山湖高新区一起共同撑起粤港澳大湾区国际科技创新中心的建设。

2.4　武汉：中国光谷

武汉东湖新技术开发区，又称"武汉·中国光谷"。前身是1984年武汉市政府在东湖地区批准成立的"东湖技术密集经济小区规划办公室"，旨在应对世界新技术挑战，发挥武汉科教资源优势，促进科技成果转化为生产力。1988年12月，武汉市人民政府东湖新技术开发区管理办公室正式挂牌，标志着东湖高新区正式成立。1991年，获批为国家首批国家高新区。2009年，继中关村之后，获批为全国第二个国家自主创新示范区。

东湖高新区位于湖北武汉，当地人素来有"天上九头鸟，地上湖北佬"之称，用来形容"不服周""敢为人先、追求卓越"的精神。也正是在这种精神的引领下，东湖高新区大胆开展先行先试，在每一个阶段都为我国高新区的发展做出了示范，探索了经验，走出了一条坚持自主创新、发展特色高新技术产业的道路。创办了全国第一家科技企业孵化器——东湖新技术创业者中心，开办了全国第一家民营激光企业——楚天激光，首批获批国家大学科技园，探索出科技成果转化"四级跳"模式，率先开展科技成果"三权"改革试点。

长城战略咨询于2008年与东湖高新区开展合作，并于2011年设立了长城战略咨询第二个外埠业务中心，于2014年共同出资成立了光谷创新发展研究院。可以说，在"中国光谷"建设的不同阶段，长城战略咨询都提供了发展战略和重大事项的决策参考服务，并连续12年开展瞪羚企业培育与创新发展报告研究编制。在接下来的"世界光谷"建设中，长城战略咨询将继续与"光谷"携手同行。

2.4.1 "光谷"的由来与"131"产业体系的诞生

"光谷"一词，最早是在1998年由华中科技大学教授黄德修提出。缘起于1979年时年47岁的赵梓森在武汉邮科院拉制出中国第一根具有实用价值的光纤，这拉开了中国光纤通信事业的序幕，也成为东湖高新区光电子信息产业的起点。黄德修教授起草并以华中理工大学的名义向武汉市政府递交《关于将武汉东湖新技术开发区建设成"中国光谷"的建议》。2000年3月，13名全国政协委员在全国"两会"上提出在武汉建设"中国光谷"提案，这就是具有历史意义的1331号提案。2001年7月6日，国家计划委员会批复在东湖高新区建立国家光电子信息产业基地。至此，"武汉·中国光谷"正式诞生。

其实，赢得"中国光谷"美誉的背后还有一段不为人知的故事。据说，在2001年，同时争取"中国光谷"品牌的地区还有长春市。长春因有中国科学院光机所，科研实力强劲，毫不逊色于东湖。东湖当时有两个产业颇有基础：一个是光电子产业，基础是华中科技大学、武汉邮科院等重点院校和科研机构；另一个是生物医药。当时武汉大学的生物医学基础雄厚，还有一批如红桃K这样的知名企业。产业如何选择，成为当时东湖高新区领导的一个难题。最终，为了突出东湖的光电子产业特色，东湖高新区忍痛割爱，舍弃了生物医药，高举中国光电子产业高地的旗帜，最终赢得了"中国光谷"的重要区域品牌。这个故事后来也成为全国众多园区和区域进行区域产业选择、塑造区域品牌的一个典型的成功案例。

在接下来的七八年间，东湖高新区加快发展步伐，以光通信、激光、地球空间信息等为代表的光电子信息产业在全国占据领先地位，消费电子产业取得突破性发展，集成电路产业蓄势待发，新能源产业快速发展，半导体照明、地球空间信息、新一代通信网络、物联网、智能电网、云计算等产业发展初见成效，光谷生物城加速建设，环保产业已经在全国范围内形成较强竞争力，以数控机床、清洁能源装备为代表的高端装备制造业也形成了较好的基础。光谷软件园、光谷金融港、光谷创意产业基地等一批专业化载体建设迅速。"武汉·中国光谷"区域品牌已经在全球范围内形成了较强的影响力和知名度。

创新高地的创新传奇
Legends of Innovation Hubs

2008年年初，东湖高新区提出，要根据现实的产业基础，结合国家战略要求，重新确定东湖高新区的产业定位及细分产业研究。为此，分管经济发展局的夏亚民副主任提出，委托长城战略咨询来承担这项任务。这是长城战略咨询第一次与东湖高新区管委会的项目合作。长城战略咨询也确定了以赵荣凯为项目经理，王志辉、段浩等同事参加的团队。经过近半年的研究，项目组完成了东湖高新区五大产业规划，即以光电子信息产业为龙头，以清洁技术、生物技术、现代装备制造、研发与信息服务为重要支撑的"1+4"产业结构。这个项目为长城战略咨询深入了解东湖高新区发展状况、加强双方合作关系奠定了良好基础。

2009年12月8日，国务院正式批复同意武汉东湖新技术开发区建设国家自主创新示范区，要求组织编制示范区发展规划。湖北省委省政府、武汉市委市政府明确提出要高起点、高水平编制武汉东湖国家自主创新示范区发展规划及产业规划。产业规划研究采用"1+10"模式，包含编制产业发展规划纲要和10个专项课题研究。10个专题分别是：全球高技术区域借鉴、战略性新兴产业发展研究、产业空间布局研究，以及光电子、生物、消费电子、新能源、节能环保、现代装备制造、高技术服务业等重点领域研究。基于前期"世界一流园区实施方案研究"合作基础，东湖高新区委托长城战略咨询作为牵头单位，联合赛迪顾问股份有限公司、台湾拓墣产业研究所、国务院发展研究中心、中国机械科学研究总院等4家机构共同参与，其中长城战略咨询作为统筹方，负责总体产业规划研究编制，以及产业空间、生物技术产业、高技术服务业等课题研究。

通过这10个重点产业领域的研究课题也可以看出，在这个阶段东湖高新区面临着重要的发展方向选择，是坚持打"光谷"牌，继续做大做强光电子信息产业？还是多头并进、平均使力，培育发展生物、环保、装备等产业？每个产业底下的细分领域如何选择？

我们经过深入研究，认为东湖高新区要做到以下几点。一是要坚持特色发展，重点跨越，进一步突出光电子信息在园区经济发展中的核心地位。依托光电子信息领域的科技和产业优势，全力支持光电子产业前沿创新，以重大技术突破带动产业发展，着力塑造"光谷"的品牌，以此确立东湖示范区的全球竞争优势。二是坚持全面推进，积极培育新的产业增长点。充分结合东湖示范区在生物、环保节能、高端装备的科研、教育、人才和产业优势，结合战略性新兴产业发展的要求，通过大力发展生物、环保节能、高端装备等产业，形成多元化的经济发展动力。三是要把握全球领先的高新区从制造向研发、创意、服务转型的趋势，大力发展高技术服务业，使之成为引领"光谷"未来十年甚至更长时间发展的先导性产业。

基于以上思考，我们提出未来十年，东湖高新区要全力打造以光电子信息为核心产业，以生物、环保节能、高端装备为战略产业，以高技术服务业为先导产业的"131"产业架构。其中，"1"光电子信息产业，要发展光通信、激光、光电显示、半导体照明、光伏太阳能等光电产业，大力发展消费电子、集成电路等光电关联产业，积极培育地球空间信息、物联网、新一代移动通信、云计算等光电新兴产业，将东湖示范区建设成为全球光电子信息技术创新和产业发展高地。另外，"1"高技术服务业，重点布局软件及服务外包、动漫创意、移动互联网等信息服务业，大力发展研发设计、科技中介服务等科技服务业，培育发展现代物流、教育培训、健康管理、科技会展旅游等新兴城市服务业，将其建设成为我国高技术服务业发展的战略高地。

"131"产业架构的提出，符合当时国家的战略导向，同时跟东湖的实际情况比较吻合。所以，东湖高新区按此产业架构发展十年，大力打造光电子信息产业。目前，光电子信息产业已发展成为代表国家参与世界竞争的优势产业，习近平总书记2022年6月28日考察东湖高新区时指出，湖北武汉东湖新技术开发区光电子信息产业独树一帜。

2.4.2 A版东湖国家自主创新示范区规划

2009年12月8日，继中关村之后，国务院正式批复同意东湖高新区建设全国第二家国家自主创新示范区，目标是使其成为推动资源节约型和环境友好型社会建设、依靠创新驱动发展的典范，同时同意东湖高新区使用支持中关村科技园区的有关政策措施，包括开展股权激励试点、深化科技金融改革创新试点、支持新型产业组织参与国家重大科技项目、组织编制发展规划等。

怎么来组织这次重要的规划，是摆在东湖高新区领导面前的重要大事。由于跟长城战略咨询有过一次良好的合作，同时也得知长城战略咨询深度参与北京中关村国家自主示范区的规划研究工作，所以东湖高新区管委会负责牵头的经济发展局跟我们取得联系。记得第一次对接时，认识了陈华奋、李世庭、钟复平三人，后来成为关系非常好的朋友。对接时我就建议，要重视这次规划，要加强战略研究，要全面学习中关村示范区规划编制的经验。于是，东湖高新区管委会就委托我们制定这次规划编制的工作方案。

2010年5月，东湖高新区管委会、长城战略咨询、武汉大学等9个成员单位分别组成了规划纲要编制小组，围绕东湖高新区战略定位、产业发展、创新能力提升、机制体制创新、合作开放等方面提出了8项专题研究，为规划纲要编制提供重要的基础和理论支撑。长城战略咨询和武汉大学作为A、B角分别承担了战略研究工作，这也是此次战略研究的一个创新。华中科技大学、湖北省社会科学院、中南民族大学等单位的老师也分别承担了部分专题研究。正是在这次规划研究中，个人非常有幸认识了武汉大学湖北发展研究院的李光老师，华中科技大学公共学院的钟书华老师和经管学院的赵玉林老师，这些前辈皆是大师，为人谦逊，知识渊博，为后来长城战略咨询在武汉、湖北工作的开展提供了非常大的帮助，他们也成为我学习的楷模。

在研究中，我们坚持继承延续，突破创新；全面研究，重点规划；立足当前，着眼长远；面向全球，彰显特色。此次规划，着重解决了3个问题。

第一个是发展定位，提出打造享誉世界的"光谷"。东湖高新区在中国高新区发展历程中能够载入史册的突出贡献是诞生了中国第一家孵化器，建立了"武汉·中国光谷"。当年全国有十几个地方在提"光谷"，比如长春、广州、西安，但是只有武汉坚持下来了，而且成为我国高技术产业的一面旗帜，在我国以光电子信息为代表的高新技术创新与产业发展中具有重要的战略地位。下一步，到2020年园区的发展方向和定位是什么，这是我们需要解答的问题。经过多轮讨论，我们认为，要继续打"光谷"牌，提高品牌的国际影响力，打造享誉世界的"光谷"。

第二个是发展目标，提出到2020年实现企业总收入达3万亿元。当时提出3万亿元的目标，一是按园区收入增速来计算。自主创新示范区"十一五"期间年均收入增速达到30.57%，以2010年2918亿元为基数，到2015年总收入达1万亿元，到2020年总收入达3万亿元。二是考虑自主创新示范区推动"一区多园"管理，统计范围有所扩大，同时总部型企业会逐渐增多。三是与中关村、张江两个自主创新示范区比较，中关村2010年总收入为1.6万亿元，2015年总收入要达到3万亿元，到2020年总收入要达到10万亿元；张江自主创新示范区总收入在2010年的基数为5800亿元，2015年总收入要达到4万亿元，到2020年总收入要达到10万亿元。现在回头看，制定这样的一个目标当时受中关村的影响是巨大的。后来，中关村和东湖的目标在2020年都没有实现，中关村的完成率为72%，东湖的完成率为40%。

第三个是发展路径，要着眼于未来发展，放在全球的维度上进行比较分析，对标硅谷，实施创新与产业双轮驱动，推进自主创业，培育新兴产业，实现内生增长。2009年9月，我和王德禄所长、赵慕兰老师受邀参加武汉光谷发展研讨会，会上东湖高新区管委会主任刘传铁、副主任夏亚民等就高新区重点需要突破的地方进行了深入交流。在王德禄所长的博客《"光谷"学习硅谷》中，记录了他当时重点讲的关于如何学习硅谷的内容。

东湖更适合多方面学习硅谷的模式。虽然目前中关村已经做得很好，但它不是东湖学习的榜样，只有学习硅谷的模式，才能在一些发展模式上取得突破，才能建成真正的一流园区。硅谷可以学习的经验主要表现在以下几个方面。

第一，一流大学与一流园区的对接。硅谷大学和企业之间技术通道是畅通的，这里面既包含大学的知识在教师和学生之间流动起来，也包含怎样通过学校有组织地实现技术转移，还包含大学和企业之间经常互动合作的因素等。

第二，天使投资。在从小企业成长为大公司的过程中，融资非常关键，其中最关键的就是实验室面向市场的第一次融资，即天使投资。硅谷的天使投资主要是个人投资，而且是成功人士投资。我们国内在这一方面很欠缺。

第三，产权清晰。我说的天使投资的主体实际上是成功的创业者，成功的创业者的产权清晰，不管是成功上市还是卖过企业，都跟个人紧密相关。新竹为什么能够成功，很重要的一点在于抛弃了台湾的家族企业，通过创业者获得风险投资再创业，因而发展很好。

第四，系列创业。一个人创业成功以后，不是为了做大企业，而是成功后卖掉企业，然后再去创业。这往往是风险投资或者天使投资最看重的。他们有了失败和教训后再投资，然后再成功，从而使市场的灵敏度和创业的灵感得到增强。

第五，移民企业家。移民企业家实际上链接了硅谷和其本国的新兴产业发展的人脉渊源，包括新兴企业。

第六，改变世界的商业模式和大企业。在硅谷，一个优秀的创业企业经过5~6年就能成长为一个世界500强企业，这是天使投资、风险投资和企业共同作用的结果。

第七，加强产业主导权。"光谷"有很高的愿景，但做了十年，光电产业主导权还不够强。我们要使得东湖光电产业走在世界前列，并出现全新面貌。东湖高新区要围绕光电领域吸引全球的企业家，涌现出新产业和细分产业。

2010年10月和2011年3月，中国工程院院长周济分别组织30位、25位知名院士对规划纲要进行了两次系统咨询。随后，科技部征求了国务院相关部门意见，并组织相关专家对规划纲要进行了综合评审。2012年3月9日，国务院批复同意《东湖国家自主创新示范区发展规划纲要（2011—2020年）》。

正是基于前期的良好合作基础,东湖高新区管委会诚挚邀请我们到"光谷"设立分支机构,双方共同出资共建了光谷创新发展研究院。根据我们的建议,在"光谷"成立了天使投资俱乐部,启动了光谷瞪羚企业培育。自此,拉开了双方深度合作的序幕。

2.4.3 我总结的东湖10条发展经验

"光谷"的前10年发展更加重视"光"的品牌塑造。从2012年自主创新示范区规划纲要批复以来,"光谷"积极加强创新主体培育、创新要素汇聚、体制机制创新与创新环境营造。2013年12月5日,湖北省省委书记李鸿忠在东湖高新区调研并现场办公时强调:"作为全省科技智力密集区和高新技术产业聚集地,要进一步强化光谷在'光'更在'谷'的理念,继续围绕打造'体制区、开放区、创业区、产业区',把重点放在体制机制创新上,营造有利于创新创业的'谷地效应',为全省加快实施创新驱动发展战略做示范、当表率。"东湖高新区以此为目标,加强"谷"的建设与内涵塑造。2016年,李克强总理考察湖北武汉时,对"光谷在光,更在谷"表示赞赏并指出,没有体制机制创新,技术创新就失去了土壤,只有海纳百川的"谷",才能延揽八方人才。

我认为,"光谷"的"谷"核心在于体制机制创新与创新创业生态建设。犹如自然生态一样,一颗种子扔进去,能否快速发芽开花结果,能否从小树长成参天大树,取决于这个区域的自然生态好与不好,取决于这个区域的土壤、阳光、空气和水分。在区域的创新生态中,一个创业团队能否很快成长为瞪羚企业,最终成为独角兽、科技领军企业,也取决于这个区域的创新创业生态好与不好。什么是创新生态中的土壤、阳光、空气和水分呢?如果用类比的方式,可以将创新平台理解为土壤,将创新政策理解为阳光,将创新氛围理解为空气,将创新服务理解为水分。所谓的"更在谷"就是要不停地搭建创新平台,营造良好的创新创业氛围,出台便于创新创业的政策,集聚高水平高质量的创新服务机构,从整体上塑造优越的创新创业生态。

在此基础上,我总结和归纳了东湖建设国家自主创新示范区的10条经验。这10条经验有力推动了东湖自主创新示范区的创新发展,也为全国其他区域的自主创新示范区建设提供了经验借鉴。这10条经验分别是以下内容。

第1条经验:扩区,区域发展逐渐从4平方公里拓展到518平方公里。东湖高新区经过6次区域调整,管辖面积从最开始的4平方公里逐步演变为518平方公里,并于2013年在武汉市委市政府的大力支持和协调下,江夏区将东湖高新区托管范围内的所有管理职能全部移交高新区，实现了高新区518平方公里的统一管理。我认为扩区是一项对"光谷"发展起了重大作用的决策，有效解决了东湖高新区发展空间承载力不够等发展瓶颈问题，有利于东湖高新区按照518平方公里的范围，统一规划、统一建设，一张蓝图干到底。

第2条经验：加强产业迭代升级，打造中国互联网第四城。东湖高新区积极认识自身在互联网领域的短板和潜力，聚焦产业领域大力发力，在全国率先成立了"互联网+办公室"，专门发展互联网及有关产业，并摸索出"吸引互联网企业的第二总部"的产业发展路径。2016年，东湖高新区出台《关于促进"互联网+"发展的若干政策（试行）》，依托自身在成本、人才、区位等方面的独特优势，积极吸引以运营中心、客服中心为主要内容的全国第二总部，并加大力度鼓励"互联网+"各领域的创新创业。目前，东湖高新区已经集聚了小米、奇虎360、去哪儿、摩拜单车、小红书等60多家中国名企的第二总部，涌现出斗鱼、卷皮、盛天网络、宁美国度等一批优秀的"互联网+"独角兽企业。

第3条经验：打造未来科技城。为贯彻落实国家相关人才计划和东湖高新区建设国家自主创新示范区两大国家战略，2010年7月，中组部、湖北省政府正式决定在东湖高新区规划建设武汉未来科技城。建设初期，未来科技城以创新创业为核心，重点承载产业生成、高端服务、文化培育、生态示范的功能，经过多年发展，形成了大企业大项目集聚、高端创新资源集聚、体制机制不断创新的格局。为适应经济和科技的发展形势，未来科技城开始围绕"创新+产业"双生态，加快构建"两心一城"——科技创新中心、产业创新中心、智慧生态新城，促进双生态良性融合互动。

第4条经验：特色功能区，实行区园两级管理。东湖高新区根据区域发展需求，对内设机构进行灵活调整，内设机构数由1995年的7个，逐步演变为如今的19个。为进一步提升园区管理效率，2013年，东湖高新区按照产业特色与产业空间集聚特点，将518平方公里的空间划分为8个专业园区，分别是光谷生物城、武汉未来科技城、武汉东湖综合保税区、光谷光电子信息产业园、光谷现代服务业园、光谷智能制造产业园、光谷中华科技园、光谷中心城，并且在园区内设立了园区建设服务中心，主要负责产业培育与企业服务工作。区园两级管理有效提升了园区的运行效率，提升了企业的获得感，这一管理体制沿用至今。

第5条经验：积极建设工研院。2012年以来，东湖高新区深入落实武汉市创新改革试验，采用"依托院校、市场主导、政府支持、社会融资、产业支撑"的建设模式和运行机制，联合在汉高校院所和龙头企业，整合相关优势学科资源，共建了光电、生物、新能源等工研院，围绕创新链中存在的难点、重点问题，解疙瘩、搭平台、促融合。工研院具有独立法人资格，投管分离、自负盈亏，采取科研与产业化结合的战略，形成了适应自身发展的经营运作模式，打破了身份、地域的界限，有力促进了科技成果转化，有效促进了创新链与产业链的对接，加快将良好的科教优势转变为经济优势。

第6条经验：打造青桐计划、青桐汇、青桐学院"三部曲"。为留住大学生资源，激发创新创业活力，武汉市推出大学生创业刺激计划——"青桐三部曲"，在优环境、建平台、育人才等方面相继发力，致力于将武汉打造成大学生的"创业梦工厂"。2013年12月，东湖高新区联合武汉市科技局、《创业家》杂志推出首期光谷·青桐汇活动，至今成功举办110余期，路演项目超过900个，参与投资机构近1000家，观摩人数超10万人，并在西安、成都、合肥、襄阳、宜昌等地成功复制推广。光谷·青桐汇有效激发了百万大学生创新创业，并成为全国可复制可推广的"光谷双创模式"。

第7条经验：率先在全国启动瞪羚企业培育计划，打造"光谷瞪羚源"。为加快培育一批创新性强、增长速度快、发展前景好的瞪羚企业，2011年，长城战略咨询与东湖高新区启动瞪羚企业培育计划。针对瞪羚企业融资成本高、发展空间不足、创新投入大、战略方向不明晰等问题，出台针对性政策措施，在贷款贴息、房租补贴、创新支持、战略咨询补贴等方面予以支持。目前，东湖高新区联合长城战略咨询连续12年开展光谷瞪羚企业培育工作，先后3次修订瞪羚专项培育政策，打造光谷瞪羚源平台，开展瞪羚企业专题培训、头脑风暴、场景打磨、融资路演等高端活动。目前，东湖高新区累计培育1500家光谷瞪羚企业，从中走出7家独角兽企业和20家上市企业。

第8条经验：推进政策创新，开展先行先试。东湖高新区不断完善创新政策环境，围绕创新创业、成果转化、人才引进等方面，研究出台"黄金十条""新黄金十条""创业十条""光谷人才11条"等政策，开展"免申即享""金关保"等惠企政策试点，推进赋予科研人员职务科技成果所有权或长期使用权、"投贷联动""一业一证"等改革试点的建设。除积极推动政策创新外，东湖高新区在先行先试上也发力，自2014年以来围绕行政审批与服务、科技创新、科技金融、扩大开放4个方面开展改革创新，2014—2016年累计推进改革事项154项，形成制度性成果115项；自2016年获批中国（湖北）自由贸易试验区武汉片区以来，累计形成238项制度创新成果。

第9条经验：管理体制创新，省政府派出机构，省市充分授权。省委省政府、市委市政府针对东湖高新区在不同阶段的发展实际，在权限下放、发展空间、管理模式等方面给予大力支持，最终建立了封闭式管理模式，实现了办事不出园区。东湖高新区行使武汉市人民政府经济与社会管理权限，设有一级财政，全面负责园区社会事务和城市管理；高新区管委会为湖北省人民政府派出机构，委托武汉市进行管理，机构规格为正厅级，长期以来，党工委书记由市委常委担任；支持东湖高新区根据发展和管理需要，在核定的内设机构总量内，按照科学、高效的原则，自主设立、调整工作内设机构，拥有完全的人事任免权。完全授权式管理体制使得东湖高新区具有相对独立的行政管理、监督职能，具备较强的自主性，事务处理效率更高、更便捷，保障了东湖高新区的快速发展。

第10条经验：发挥智库作用，建设光谷创新发展研究院。2011年，长城战略咨询在东湖高新区设立了外埠业务中心，2014年2月，东湖高新区出资10%与长城战略咨询共同组建光谷创新发展研究院。成立以来，光谷创新发展研究院围绕东湖高新区不同阶段的发展战略和重大事项，提供了相应决策参考服务，先后承担了武汉未来科技城战略研究、光谷2035战略研究、光谷国际化规划、光谷科学岛规划、光谷人才"十四五"规划等战略研究课题，研究编制了光谷"黄金十条""创业十条""开放十条""光谷人才11条"等重大创新政策，连续10年编制《东湖高新区创新发展报告》。同时伴随"光谷"成长，光谷创新发展研究院在省内得到广泛认可，通过开展战略研究、产业研究、创新规划等方式，将"光谷"经验带向全省。

2.4.4 "黄金十条"政策的创新

获批自主创新示范区以来，东湖高新区大力开展政策先行先试，推进政务服务特区、创新创业特区、科技金融特区、对外开放特区建设，陆续出台了"黄金十条""创业十条""互联网+十条""瞪羚十条""创新创业创造十条""硬核科技十条""高企十条"等一系列具有突破性的重大创新政策。其中，"黄金十条"最为知名，在全国形成了很大的影响力。

东湖高新区科教资源密集，但是科教资源优势如何转化为地方科技产业与经济发展的优势？这是东湖高新区一直在思考和探索的问题。为加速科技成果转化，激发区域创新活力，2011年，东湖高新区联合长城战略咨询开展促进科技成果转化和产业体制机制创新的若干意见研究。具体来说有4个方面的需求：一是针对制约东湖高新区科技成果转化和产业创新发展的若干关键环节，在现有政策继续执行的基础上，对政策进行提升或设计新政策；二是秉承内生增长的理念，扩大创业源头、释放各类主体创新活力，把培育创新型企业作为带动区域发展的主要途径；三是重在服务创新，通过创新服务模式为创新主体提供专业化、个性化服务；四是注重可操作性，以切实可行的政策达到体制机制创新的目的。

经过大量的资料研究、实地调研和专家研讨，2012年8月，武汉市人民政府正式印发《关于促进东湖国家自主创新示范区科技成果转化体制机制创新的若干意见》（"黄金十条"），这是推动科技体制创新、促进科教资源转化为经济优势的重要改革举措，其含金量和突破尺度引起社会广泛关注与认可（表2-2）。

表2-2 "黄金十条"政策要点

序号	政策要点
1	允许和鼓励在汉高校、科研院所与事业单位科研人员留岗创业。支持科技人员流动，鼓励科技人员在企业与科研院所、高校之间双向兼职。鼓励在汉高校允许在校学生休学创业
2	开展国有知识产权管理制度改革，在汉高校、科研院所知识产权1年内未实施转化的，在成果所有权不变更的前提下，成果完成人或者团队可自主实施成果转化。至少70%的转化收益归成果完成人或者团队所有
3	支持高校、科研院所在东湖开发区建设新型产业技术研究院。支持企业建立研发机构
4	对在东湖开发区登记注册的科技型内资企业（不含1人有限公司），注册资本100万元以下的，允许注册资本"零首付"。企业登记注册实行"零收费"
5	对在东湖开发区注册的科技型企业，符合国家科技型中小企业创新基金申报条件的，给予不低于30万元的资金支持
6	每年遴选100家具有一定规模、增长速度快、创新能力强、发展前景好的"光谷瞪羚企业"，在政府采购、企业融资、创新平台建设、发展空间拓展等方面给予支持
7	设立首批5亿元的股权激励代持专项资金，对符合股权激励条件的团队和个人，给予股权认购、代持及股权取得阶段所产生的个人所得税代垫等支持。允许将武汉市、东湖开发区所投资的科技型企业中国有股份3年内分红及按照投入时约定的固定回报方式退出的超出部分，用于奖励科技领军型人才和团队
8	对在东湖开发区从事初创企业风险投资的机构或者个人，其在东湖开发区所缴纳的企业所得税或者个人所得税、营业税市级和开发区留成部分，10年内按照100%标准给予奖励。对银行、担保机构为东湖开发区科技型企业提供科技信贷服务所形成的本金损失，最高给予30%的风险补偿，单笔补偿最高可给予500万元
9	在东湖开发区按照规划建设运营科技企业孵化器和加速器，限定租售对象和租售价格的，按照工业用地性质及价格标准供应土地
10	开展非公领域科技人员职称评定制度改革，建立东湖开发区非公领域科技人员职称评审绿色通道

2012年9月3日,《科技日报》头版头条报道《武汉出台"黄金十条"新政条条剑指光谷科技创新》时提出,"黄金十条"新政极具突破性,力度领衔全国,有些为武汉独创,这是继武汉东湖高新区出台有关"资本特区""人才特区"等创新政策之后的又一重磅利器。

2012年9月27日,中央电视台新闻联播报道《武汉:创新机制 加快科技成果转化》时提出,一头培养项目一头注入资金,让两头更快结合成产业优势。武汉东湖国家自主创新示范区正在通过创新机制体制,破解困扰我国科技成果产业化的这一难题。

2013年,华中科技大学MOST成果以1000万元的价格挂牌转让,其研发团队获得了70%的转让收益,实现了科技成果转让标底国内最大、个人及团队分配比例最高的两个全国突破。

"黄金十条"的出台,也推动了我国科技成果转化法的修订。《中华人民共和国促进科技成果转化法》于1996年出台实施。但是,随着我国经济社会发展和科技体制改革的深入,该法有些内容已难以适应实践需要。"黄金十条"的先行先试为我国修订相关法律提供了生动的地方实践。2015年10月,修订后的《中华人民共和国促进科技成果转化法》正式实施。

此后,我们又参与了东湖高新区多项创新政策的起草,是东湖高新区开展先行先试、政策创新的重要推动者。

2.4.5 光谷2035战略研究

2012年以来,创新驱动发展上升为国家战略。党的十八大明确提出,科技创新是提高社会生产力和综合国力的战略支撑,必须摆在国家发展全局的核心位置。要坚持走中国特色自主创新道路、实施创新驱动发展战略。2016年,我国发布《国家创新驱动发展战略纲要》。该纲要发布以后,东湖高新区管委会领导就一直在思考,东湖高新区应该如何落实创新驱动发展战略,如何在新时期持续保持引领地位,探索出具有光谷特色的创新驱动发展路径?此时,长城战略咨询建议,要开展面向未来15年的战略研究,从未来发展趋势、光谷发展愿景中研判发展路径、提出发展举措。因此,东湖高新区联合长城战略咨询开展面向2035的发展战略研究。

《光谷2035创新驱动发展战略研究》采取"1+6"模式,包括1个总课题和6个子课题。其中1个总课题为《中国光谷2035创新驱动发展战略行动纲要》,6个子课题分别为《东湖高新区新兴产业发展研究》《东湖高新区军民融合创新发展战略研究》《东湖高新区促进技术自由转化策略研究》《东湖高新区创新生态环境建设研究》《东湖高新区众创空间建设研究》《东湖高新区"创业 – 瞪羚 – 独角兽"科技型企业发展机制研究》。东湖高新区管委会为项目委托方，长城战略咨询为课题承担单位。

我们首先成立了 6 个研究小组，2016 年主要开展了 6 个子课题规划的研究编制工作，2017 年，我们在此基础上编制完成了《中国光谷 2035 创新驱动发展战略行动纲要》，并在北京组织了院士专家咨询论证会。

面向 2035 年，首先在发展思路上要有所创新。我们提出了"一个生态、双轮驱动、三条路径、四大经济"的总体部署。"一个生态"是指构建具有光谷特色的全球创新创业生态高地。推动创新思想的高效激发、碰撞与交流，全面提升创新主体洞见能力，建成主体协同高效、要素自由流动、文化开放包容的全球创新创业生态高地。"双轮驱动"是指科技创新和体制机制创新相互协调、持续发力。不断强化科技创新引领作用，加强技术攻关，形成持续创新的系统能力；加快破除一切制约创新的思想障碍与制度藩篱，统筹推进科技、经济、社会治理等改革，最大限度释放创新创业活力。"三条路径"是指实施企业创业成长、科技创新转化、全球开放链接三大路径。鼓励各类创新主体在新技术、新产品、新模式、新业态等方面创新创业；打通科技与经济相结合的通道，增强内生发展动力；坚持扩大开放，增强国际化水平，以全球视野推进创新驱动。"四大经济"是指大力发展智能经济、网络经济、平台经济、健康经济，推动产业交叉创新和跨界融合，培育战略性、引领性、前沿性新兴产业，打造世界级创新型企业，聚合高层次人才、资本、技术等创新要素，优化产业发展生态，打造全球新经济发展高地。

面向 2035 年，要有更加长远的目标，我们提出东湖高新区要从"中国光谷"迈向"世界光谷"。立足东湖高新区实际，我们提出"三步走"战略：第一步，到 2020 年建成全球一流的高科技园区，成为全球创新创业网络的关键节点，"中国光谷"享誉世界，实现"美国有硅谷、中国有光谷"的发展格局。第二步，到 2035 年综合实力进入全球高科技园区前列，成为全球创新创业网络的重要枢纽，基本建成"世界光谷"。第三步，到 21 世纪中叶建成全球领先的高科技园区，成为具有全球影响力的创新创业中心，全面建成"世界光谷"。

为了实现发展目标，需要明确发展任务。我们提出了五大任务，包括建设新兴产业生成中心、厚植企业创业成长沃土、打造科技创造转化高地、构建全球创新创业网络、营造活力创新创业生态。

2018 年 6 月 19 日，经武汉市人民政府审定，东湖高新区发布《中国光谷 2035

创新驱动发展战略行动纲要》，这是全国高新区、自主创新示范区首个发布的面向2035年的创新驱动发展行动纲要，是贯彻落实党的十九大提出的"三步走"战略、建设世界科技强国的"光谷实践"，是推动东湖高新区高质量发展、建设"世界光谷"的重要指引。《湖北日报》《长江日报》对该纲要进行了整版宣传报道。

以"光谷"面向2035年的战略研究为起点，长城战略咨询与科技部及国内多个高新区合作，开展了面向2035年的战略研究。

2.5 西安：硬科技之都

西安古称镐京、长安，历史上先后有西周、秦、西汉、隋、唐等共13个王朝在此建都，闻名于世。20世纪50年代，国家开始布局"西部开发"和"三线建设"，在西安搬建和新建了一大批高校、科研院所和大中型军工企业，奠定了西安科技发展的基础。1978年，邓小平在全国科学大会上提出"科学技术是生产力"，1988年提出"科学技术是第一生产力"。同年，陕西省正式提出了依靠科技进步发展陕西经济的"科技兴陕"之路。在此之后，西安市很快掀起了发展科技的热潮，学习中关村在科研和高校集中的西安城南区域设立了西安高新区，在莲湖、雁塔、碑林等行政区设立了高新科技街区。通过科技政策和制度创新，当时的西安在科技创新方面取得不菲的成绩。如果说西安的创新基因在解放初期就形成，那么在后续的多年发展中，西安始终在改革开放的大浪潮中坚守创新，以西安高新区等为代表的西安在创新驱动发展方面亮点频频，如今的西安成为我国第4个获批建设的综合性国家科学中心和科技创新中心，成为国家创新版图的重要一极。

可以说，西安的发展来自自身的科技基因，更来自改革开放和全球时代变迁的大背景。长城战略咨询作为一家智库机构，始终关注西安发展，把脉西安发展。2018年，我们在西安设立西安新经济发展研究院，根植西安高新区、面向西安、辐射陕西省及西北，致力于成为地区新经济思想的引领者、创新创业生态的建设者。成立5年的时间，我们用脚步丈量西安的每一寸土地，用心把脉西安的发展，为政府提供了大量的科学决策咨询服务。希望在新一轮科技革命与产业变革、新一轮改革开放与新时代高质量发展的背景下，长城战略咨询作为智库，能为这座十三朝的历史古都焕发更多的创新生机贡献智慧。

2.5.1 西安高新区何以闻名于世？

西安高新区全名为西安高新技术产业开发区，是在改革开放的大浪潮下，"863"计划和"火炬计划"的推动下，以及陕西省"科技兴陕"战略的指导下，应运而生的。

创新高地的创新传奇
Legends of Innovation Hubs

1991年3月，国务院正式批复同意西安高新区成为国家高新区。2006年，西安高新区被科技部确定为"建设世界一流科技园区"的6个试点园区之一。2015年8月，国务院正式批复同意西安高新区建设国家自主创新示范区。2020年6月，西安高新区启动创建国家首个硬科技创新示范区。

随着市场经济的不断变化和不同发展阶段需求的变化，西安高新区已经逐步发展成为我国科技、产业、新城融合的典范，主要经济指标长期保持30%以上的高速增长，成为陕西和西安最强劲的经济增长极和对外开放窗口，成为国家高新区发展的一面旗帜。有很多人一直诧异，一个不沿海沿边、区位资源并不丰富的城市，其高新区何以能够跻身于我国高新区的前列，成为科技部和全国其他园区甚为推崇的世界一流园区？其成功的经验又是什么？个人认为，重点有3个方面。

第一，产城融合。西安高新区的产城融合首先从教育抓起，尤其注重小学、中学教育，以此来吸引高素质人才的入驻，高新一中成为西北地区首家"国家安全教育示范基地"、全国知名的示范性中学。在医疗卫生领域，不断加大投入，建设"标准化社区综合服务站"，高标准建设"枫林绿洲社区卫生服务中心"，推进"小病在社区、大病到医院、康复回社区"的公共卫生服务网络建设。同时，建设了高标准的公园广场、各种文化体育娱乐设施。这种高标准的城市服务功能支撑着西安高新区科创生态的完善、产业高端化的发展和就业居住人口素质的提升，这也成为全国各高新区学习的重要经验。

第二，改革创新。在30多年的发展中，西安高新区每一次都在机制、体制和政策先试先行上闯出自己的一条路。特别是在"一次创业"阶段，实施"内部市场化"战略，按照"政策扶持、自筹资金、自主经营、自负盈亏、自我发展"的模式，极大激发了高新区的发展活力。当时，西安高新区在管理体制改革、风险投资、企业孵化等方面的探索走在全国前列，排名仅次于北京、上海，位列全国第三。西安高新区高技术创业服务中心作为一家市场化程度很高的创新服务机构，孵化出了一批高水平的科技创业企业，也成就了一批后来在国内具有重要影响力的高新区管理专家，景俊海就是其中之一。

第三，引进外资。应该说西安高新区"一次创业"阶段主要围绕丰富的科教资源以推进科技人员下海创业，这为西安高新区的起飞奠定了良好基础。在"二次创业"阶段，西安高新区开始强调招商引资，以此推动其规模迅速扩大。虽然这种"两手抓"的做法引起了一些争议，但确实迅速提升了西安高新区的整体实力。韩国三星电子的芯片项目落地西安高新区，是西安高新区发展过程中的一个里程碑事件。

尽管各级政府为此付出了较大的政策成本，但此项目对于西安芯片产业集群的带动性是巨大的。

长城战略咨询作为一家战略咨询机构，2015年有幸参与西安高新区建设国家自主创新示范区的重大方案制定，2018年长城战略咨询与西安高新区合作成立西安新经济发展研究院，深度参与其科技创新、产业培育、企业成长、园区治理等咨询与服务，成为西安高新区创新创业生态建设的参与者之一。

2.5.2 西安国家自主创新示范区规划

2015年8月，国务院正式批复同意西安高新区建设国家自主创新示范区，赋予了把西安高新区打造成"一带一路"创新之都，建设成为创新驱动发展引领区、大众创新创业生态区、军民融合创新示范区、对外开放合作先行区的历史使命。同时，要求西安高新区结合自身特点，在科技成果与转化、知识产权运用和保护、科技金融结合、人才聚集、产城融合等方面进行积极探索。2015年9月，西安高新区管委会开始组织国家自主创新示范区发展规划的编制工作，长城战略咨询成为规划编制承担单位。

当时，西安高新区的营业收入已超过1万亿元，实现了面向世界500强企业的重大项目的引进并成为助推西安高新区发展的巨大推力（截至2014年年底，西安高新区共引进世界500强企业117家），但在全球新一轮科技革命与产业变革和我国经济发展进入新常态的背景下，西安国家自主创新示范区的建设如何支撑西安高新区的下一个1万亿元，成为课题组需要回答的重要命题。

经过反复调研论证，我们提出西安高新区要深刻把握国家自主创新示范区本质要求，抢抓时代机遇，以创新创业和高端引进为双轮驱动谋求新一轮跨越发展。具体而言：一方面西安高新区要以前沿科技创新为引领，提升产业自主创新能力水平，以优化创新创业生态为核心培育创业企业、瞪羚企业、独角兽企业等非线性爆发式成长企业，增强内生发展动能；另一方面也要继续树立开放思维、坚持高端引进与高端辐射并举，面向全球配置产业资源，吸纳全球的资金、技术、人才、企业，融入全球产业链创新链，同时提升西安高新区在西部地区乃至"一带一路"地区资源外溢的市场驱动力，全面增强创新引领、辐射、集散功能，提升发展能级。在双轮驱动的基础上，我们把握创新规律，结合本地实际，又提出了坚持技术创新、商业模式创新、制度创新、开放创新的"四个创新"。技术创新代表的是其硬核的科技实力；商业模式创新其实是新一轮科技革命与产业变革背景下、新的产业组织和模式创新下焕发的产业新活力；制度创新其实是在科技资源统筹、科技成果转化等具有地方特色的制度方面的先行先试;开放创新既体现了西安高新区发展的全球站位和视野,也体现了其辐射带动西部大开发、"一带一路"地区的远大格局。它们既相互独立又形成一个统一的有机体,很好地阐述了西安国家自主创新示范区被国家赋予的"创新示范"的深刻内涵。

当前,世界面临百年未有之大变局,新一轮科技革命与产业变革加速,新技术、新产业、新业态、新模式持续涌现,我国加快实现高水平科技自立自强,构建国内国际双循环发展格局。可以说时代一直在变迁,环境一直在变化,但长城战略咨询当时提出的"四个创新"自始至终都被验证了其正确性。

2.5.3 国家首个硬科技创新示范区

何谓"硬科技"?在当前科技与经济发展形势下,硬科技是指事关国家战略安全的重点产业领域、重大关键产品、重点环节上的关键技术、核心技术和共性技术,其具有战略性、原创性、关键性、引领性、基石性、时代性等6个方面的特点。

西安为什么能建设硬科技创新示范区?首先,西安拥有雄厚的硬科技科教资源优势,科教综合实力全国第三,拥有各类高等院校80多所,8所高校的20个学科跻身"世界一流学科"建设行列。其次,西安有较强的综合研发实力,全市研究与试验发展(R&D)经费投入强度达5.17%,全国排名第二,在航空、航天、新材料等领域涌现出多名院士和领军人才。最后,西安硬科技企业群体壮大,科创板上市企业已经突破13家,西部超导、铂力特成为科创板首批上市企业。西安高新区作为西安市硬科技特色最鲜明的区域,是硬科技的策源地和集聚地,2020年成功获批创建全国首个硬科技创新示范区,全国硬科技示范区建设有了样板可循。

西安高新区获批建设全国首个硬科技示范区,将进一步促进西安夯实硬科技"策源地""聚集地"基础优势,为国家科技自立自强探索高新经验。长城战略咨询作为高新区合作共建的高端智库,有幸深度参与了整个创建过程,编制了《西安高新区创建硬科技创新示范区建设规划(2020—2023年)》,并顺利通过专家验收。后续参加了《西安高新区建设硬科技创新示范区三年行动方案(2021—2023年)》《关于支持硬科技创新的若干政策措施》的编制,联合组织了"硬科技创业"创新双月谈等活动。我们认为西安高新区能够创建成功,主要有以下几个方面的原因。

一是首创精神,先行先试。硬科技概念首次在高新区提出,高新区抢抓先发优势,通过专家论证,2020年6月,西安高新区率先启动了全国首个硬科技创新示范区建设工作,并发布《西安高新区创建硬科技创新示范区建设规划(2020—2023)》,明确了以"123489"的总体思路为指导及到2023年基本建成硬科技创新示范区的"硬"目标，明确了硬科技创新示范区建设的路径和目标任务。

二是硬核举措，全力创建。在推进硬科技创新示范区建设过程中，采取了一系列"硬核"措施、出台了一系列"硬核"政策、实施了一系列"硬核"项目，发动创新引擎，全力加速硬科技创新示范区建设，如出台《西安高新区关于加快推进"硬科技"企业上市工作的实施意见》《西安高新区关于加快推进重点拟上市"硬科技"企业上市的专项政策》，发布《西安高新区打造"硬科技创新人才"最优发展生态10条支持政策》等。

三是模式创新，引领全国。建区以来，高新区聚集了一大批高层次人才、硬科技产业、科研平台等资源，成为硬科技创新示范区创建的有利条件，形成了"苗圃—孵化器—加速器"全链条式创业孵化体系，建成国内首个硬科技孵化平台——中科创星，加速"硬科技"成果从实验室走向产业化。硬科技从西安高新区诞生、蔓延、花开至全国，并上升至国家话语体系，成为引领全国高水平创新的重要模式。

目前，硬科技银行、硬科技社区、硬科技创新研究院、硬科技并购基金、硬科技展馆等一系列与硬科技相关的创新平台、孵化载体建设工作均有序推进，西安高新区硬科技创新示范区建设成效显著，在硬科技创新能力、硬科技企业群体、硬科技产业集群、硬科技创新生态等方面取得了突破。

2.5.4 秦创原总窗口建设发展的路线设计

陕西省是科教大省，但如何解决科技与经济脱节"两张皮"问题，成为摆在政府面前的一道难题。2020年，习近平总书记到陕西考察时提出，陕西要以推动创新资源开放共享为突破，在创新驱动发展方面迈出更大步伐。秦创原，由此应运而生。2021年3月30日，陕西正式启动秦创原创新驱动平台建设，总窗口设在西部创新港和西咸新区，当地高校、科研院所、企业及各市都可参与其中，并致力于把秦创原打造成为全省创新驱动发展的总源头和总平台，建成辐射带动西部地区乃至"一带一路"沿线高质量发展的市场化、共享式、开放型、综合性科技创新大平台。时任陕西省省委书记、省人大常委会主任刘国中表示，要进一步做优秦创原平台，提升聚合力、辐射力，加速催生一批科创企业、科创产业，加快把创新优势转化为发展优势。

秦创原的启动，意味着陕西把"创新驱动"提升到了一个前所未有的高度。西咸新区作为秦创原创新驱动平台的总窗口，该如何定位、如何建设，才能更好地发挥对全省秦创原创新驱动平台建设的创新示范和引领作用，成为西咸新区管委会领导迫切需要去思考和厘清的问题。2022年8月，陕西省西咸新区开发建设管理委员会委托长城战略咨询承担《西咸新区建设秦创原总窗口三年行动计划（2023—2025年）》方案编制。这是秦创原总窗口建设的第一个3年行动方案，方案从秦创原建设的底层逻辑和顶层设计出发，回答了两个核心问题，也基于此基本搭建起了整个行动方案的"四梁八柱"。

一是对秦创原总窗口如何进行定位。我们提出了四大定位。第一，两链融合主阵地。秦创原总窗口的建设首先应解决的问题是如何推动全省的科教资源优势产生创新驱动的"产出效应"，我们提出要统筹高校院所、国有企业、民营高科技企业等优质资源，推动产学研协同创新平台、创新科技成果转移转化机制两条腿走路，促进产业链创新链深度融合。第二，人才创新首选地。创新驱动实质上是人才驱动，要围绕人才配置创新资源要素，促进人才、项目、资金、平台一体化融合发展，衍生集聚更多科创企业，以人才引领创新发展。第三，机制改革试验田。秦创原总窗口的建设一定要发挥"市场主导"的作用，要建立符合市场导向、社会各界共同参与的科技创新体制机制改革与治理体系，全面激发创新创业活力。第四，创新网络总枢纽。我们认为秦创原总窗口的建设应该树立更加开放的思维，走出陕西、面向全国、联通全球，在更大范围内去集成和配置创新资源要素，提升总窗口创新要素聚合力和区域创新辐射力，进而对秦创原品牌产生持续放大效应。

二是秦创原总窗口的示范建设任务是什么。我们认为秦创原总窗口示范建设任务体现在3个方面。第一，要突出总窗口两链融合的示范作用。要围绕产业链部署创新链，在解决产业链条不完善、龙头企业不强等问题方面为全省提供示范，同时要围绕创新链布局产业链，在瞄准前沿领域和前瞻技术发展新技术、新产业、新业态方面为全省提供示范。第二，要突出总窗口"四新"引领作用。我们认为陕西有丰富的科教资源，雄厚的硬科技创新实力，但忽视后端应用场景和科技企业创新氛围营造，未来要打造新场景、新赛道、新物种、新治理的"四新"窗口，催生更多的新赛道新动能，引领陕西经济转型。第三，要全面发挥秦创原总窗口总牵引作用，即要以更高站位，建立与全省各地区、各个功能区（高新区、开发区）的技术、人才、服务、产业等协同机制，调动全省参与秦创原建设的积极性，更好地推动形成秦创原创新驱动总平台引领下的陕西省创新驱动发展新格局。

如今，秦创原设立已经两周年，秦创原总窗口的建设取得了耀眼的成绩。时间在变，但秦创原作为陕西省市场化、共享式、开放型、综合性的创新驱动总平台的总基调不会变，我们相信，随着未来一系列创新驱动发展的举措在秦创原总窗口的不断实施，这里将真正走出一条陕西特色的创新驱动发展道路。

2.6 成都：新经济网红城市

成都是一座很有底蕴和魅力的城市，2000多年以来城址未变、城名未更，自古有"扬一益二"的说法，当今更是享誉全球的美食之都、休闲之都，国际品牌入驻率居中西部地区首位，餐饮人均消费全国第一，茶馆数量全球第一，是西部地区最重要的综合性商业中心，也是西部创新资源最富集的城市。

成都是一座创新之城、创业之都。都江堰水利工程历经2000多年仍发挥重要作用，"蜀锦"是世界上最早的锦缎丝织品，成都是最早发明和使用雕版印刷术的地区，刘备在成都成就"三分天下"，明末清初"湖广填四川"塑造了成都兼容并包、求同存异的移民文化，三线建设时期大批优秀青年和有识之士扎根成都写下艰苦卓绝的创业史，成都也是我国最早推行家庭联产承包责任制的地区之一。

1988年，成都高新区筹建，成都孕育出一颗创新"明珠"。1991年，成都高新区被国务院批准为首批国家级高新技术产业开发区。其发挥科教资源集聚优势，把握西部大开发、国际产业转移等战略性机遇，2006年被科技部确定为创建"世界一流高科技园区"6家试点园区之一，成为我国广大内陆高新区依靠自主创新发展高新技术产业的一面旗帜。

2013年，成都高新区率先提出实施"三次创业"发展战略。同年，长城战略咨询开启了和成都高新区的合作，伴随着成都高新区创建国家自主创新示范区、发展新经济、建设科技城等一轮轮新的成长。

2.6.1 西部第一个国家自主创新示范区

随着2009年中关村和东湖、2011年张江3家国家自主创新示范区的建设被国务院批复，国家高新区开启新一轮先行先试，其他先进高新区特别是世界一流高科技园区跃跃欲试。2013年年底，成都高新区管委会领导邀请长城战略咨询开展对接，我们形成了关于成都高新区申报国家自主创新示范区推进工作的几点建议，包括同时启动调研报告、发展规划、空间规划等的研究和编制工作，并且提出要坚持长城战略咨询"先战略研究、后编制规划"的一贯工作时序。对接非常顺利，成都高新区管委会领导对长城战略咨询在高新区和自主创新示范区方面的认识与经验十分认可，立即邀请我们到成都开展调研，启动相关工作。

2014年1月13日，是农历腊月十三。这天早上，由我和赵慕兰老师、王志辉、周涛等人带队，作为外部专家调研组坐在了成都高新区管委会11楼的会议室里。

管委会副主任傅学坤、科技局局长林涛接待了我们调研组，迅速对调研工作进行了对接和安排。接下来，我们紧锣密鼓地调研到17号，走访了大量的部门、企业、院所和服务机构。

中间有个小插曲，15号在管委会召开了一次更高层次的调研工作启动会。成都高新区管委会主任韩春林出席，王德禄所长参会，科技部火炬中心相关领导及四川省科学技术厅、成都市科技局的领导也参加了会议。王所长在会上有段精彩的发言，他说成都做自主创新示范区要做两个变易：一是通过推动企业商业模式创新创造改变世界的大企业；二是推动产业业态创新催生中国的原创性产业。这两大变易的核心是创业。调研结束时，我对成都高新区的领导讲："我们的思路是不能让成都高新区学习中关村，而应该探索一种新的发展模式，使得成都高新区成为其他城市模仿的新型案例。"

3月底，我们形成了一个对成都高新区的调研报告，还给这个报告起了个名字，叫作"建设新兴的国际创新创业中心"。可以说，这份报告编制的过程，也是成都创新创业形象在我心目中的重塑过程，这座城市有悠然自得的一面，更有创新拼搏的一面。当时我们对成都高新区有5点判断。

第一，电子信息产业成为全球重要一极，成为我国重要的高新技术产业高地。2013年，成都高新区的电子信息产业实现产值超1900亿元，IPAD平板电脑年产能占全球一半以上，全球每两台笔记本电脑的CPU就有一枚是成都造。

第二，创新生态系统优越，成为中西部地区首屈一指的创新创业中心。值得一提的是，成都高新区把"高新区办孵化器"转变为"把高新区办成孵化器"，构建"大孵化"生态系统，政府累计投资超50亿元建设了一批孵化载体。

第三，业态创新活跃，成为内陆地区新经济发展标杆。移动互联网、医药外包、3D打印等业态在成都高新区蓬勃发展，特别是手游，吸引了大量软件人才，尼毕鲁科技、蓝航科技分列苹果应用商店中收入最高的100家App开发者第1位和第3位。

第四，坚持工业化与城市化同步推进，这成为高新区产城融合发展的旗帜。这点相信到过成都高新区的人都会感同身受，其南部园区定位为"现代商务中心、高端产业新城"和成都CBD，各种生活和商业配套非常完善。近年他们又提出"人城产"的发展逻辑，不断把这种优势发挥到极致。

第五，主动融入全球链接，成为内陆地区开放发展的典范。彼时，"一带一路"

倡议刚刚提出，成都高新区已在向西开放的路上走了相当长一段距离，是国际科技园协会（IASP）正式会员，与全球71个国家和地区建立了联系，吸引了92家世界500强企业。

基于这些判断，我们对成都高新区创建国家自主创新示范区的主线已经有了一个比较清晰的想法，就是探索内陆地区创新驱动、国际化发展和产城融合的新路径。事实上，这条主线应该在整个创建过程中得到了发扬和深化。

2015年6月11日，国务院终于发文，批复同意成都高新区建设国家自主创新示范区，成都高新区成为继北京中关村、武汉东湖、上海张江、深圳、江苏苏南、天津、湖南长株潭之后批复的中国西部首个、全国第8个国家自主创新示范区。有趣的是，也是在2014年，成都市的GDP首次突破1万亿元，开启了城市能级跃升的新篇章。

2015年7月15—17日，科技部成立了一个联合调研组，赴成都高新区开展国家自主创新示范区专题调研和宣传活动。调研组由科技部火炬中心杨跃承副主任带队，成员包括科技部办公厅、科技部火炬中心及人民日报、光明日报、经济日报、科技日报、长城战略咨询等。调研结束后，我们形成了一个新的调研报告，题目叫作"构建大孵化　发展新经济"，认为成都建设国家自主创新示范区取得了显著成效，形成了几条我认为在今天仍然具有借鉴意义的经验。

一是管理体制创新是国家高新区取得成功的根本保障，尤其对于大多数仍处于发展初期的中西部地区高新区而言，以及新升级高新区来说尤为重要。二是每一次经济社会变革，既是重要调整期，又是重大机遇期，是后发区域实现跨越发展的重要切入点。三是只有始终坚持国家发展导向，不盲目引进大项目，不单纯追求经济发展速度，而是把培育中小企业、提高经济质量、增强内生增长动力放到与经济发展同样重要的位置上，才能保持园区持续发展的活力与后劲。四是只有坚持开放发展，将集聚和辐射相结合，才能持续汇聚全球资源，实现跨越式发展。西部既要大开发，更要大开放。五是只有深入地推进产城融合发展，做到产业业态与空间形态的高度融合，线上与线下、虚拟与现实空间的高位对接，才能持续不断地集聚高端创新创业要素，才能实现真正的集约集聚发展，而不是盲目地追求地理空间的扩大。

2.6.2　在成都举办世界一流园区论坛

2015年年底，基于和成都高新区在创建国家自主创新示范区工作上的良好合作，我们应成都高新区的邀请向成都派了一支队伍服务当地市场，也在成都设立了长城战略咨询第 5 个外地业务中心，双方合作关系也进一步加深。2016 年，我们和成都高新区合作开展了一项世界一流高科技园区的研究，集中对标借鉴研究了硅谷和中关村，形成了一套对世界一流高科技园区发展的新认知。

2015 年，成都高新区管委会领导拜访法国索菲亚科技园创始人，对方提出希望和成都高新区联合创立世界科技园区的"冠军联盟"。管委会领导把这个建议带回成都，成都市委市政府高度关注，提出建立"世界一流科技园区联盟"，该设想也得到了四川省的支持。

2016 年 6 月 25 日，成都创交会期间，世界一流科技园区圆桌会召开，科技部火炬中心、国内外的代表园区、长城战略咨询、中国科学院政策研究所等都到场参加，会议提出计划在 2017 年建立"世界一流科技园区联盟"。王德禄所长在会上做了《新经济下如何发展世界一流科技园区》的演讲，提出了挖掘区域个性、开展高端链接和辐射、打造创新创业生态等建议。鲜有人知的是，时任成都市市长唐良智主动要求参加了这个圆桌会，还发表了一段讲话。

这次圆桌会提出成立联盟的计划还有一个重要背景，那就是习近平总书记在 2016 年 5 月 30 日全国科技创新大会上对建设世界科技强国工作做了部署，他强调："国际经济合作和竞争局面正在发生深刻变化，全球经济治理体系和规则正在面临重大调整。经济全球化表面上看是商品、资本、信息等在全球广泛流动，但本质上主导这种流动的力量是人才、是科技创新能力。要增强我们引领商品、资本、信息等全球流动的能力，推动形成对外开放新格局，增强参与全球经济、金融、贸易规则制订的实力和能力，在更高水平上开展国际经济和科技创新合作，在更广泛的利益共同体范围内参与全球治理，实现共同发展。"

所以，联盟的成立，也是对习近平总书记讲话要求的落实。一方面有利于搭建国际交流平台，提升我国世界一流园区在全球范围内的竞争力和话语权；另一方面也有利于开展高端链接与辐射带动，持续集聚辐射全球创新资源，打造若干全球创新高地，支撑和引领我国创新型国家与世界科技强国建设。

由于长城战略咨询和成都高新区有研究世界一流高科技园区的合作基础，我们主动参与谋划联盟成立事宜，在 2016 年 8 月递交了成立联盟的初步方案，与成都高新区领导一拍即合。2017 年年初，科技部火炬中心主任张志宏听取成都高新区关于建立世界一流科技园区联盟情况汇报后表示，支持以世界一流科技园区圆桌会为平台，推动国内外园区交流合作。要举办一场国际盛会并不容易，如要设计峰会方案、编制联盟共同宣言等文件、联系国内外园区和机构等，于是在科技部火炬中心和成都高新区指导下，长城战略咨询联合合作机构，很快启动了相关准备工作。

2017年5月10日下午，以"携手共创，领航未来"为主题，由科技部火炬中心、成都市人民政府主办，成都高新区管委会承办的"2017世界一流科技园区联盟圆桌峰会"在成都世纪城国际会议中心胜利召开。科技部火炬中心、成都市相关领导，以及成都高新区、上海张江高新区、深圳高新区、武汉东湖高新区、西安高新区、杭州高新区（滨江）、苏州工业园、法国索菲亚、德国慕尼黑、西班牙巴塞罗那、荷兰阿姆斯特丹等国内外一流科技园区和其他机构代表80余人出席会议。

王德禄所长和我应邀参加了峰会，会议由法国索菲亚科技园CEO菲利普·马里亚尼主持，国内外一流园区齐聚一堂、共建联盟。《世界一流科技园联盟共同宣言》在会上发布，提出"联盟成员将秉持平等协作、互利共赢、共同发展、开放合作的态度，拓展合作领域与合作渠道，积极探索建立园区间的新型交流合作机制，构筑开放式创新合作的国际典范。"

王德禄所长在峰会上的发言题目是"世界一流科技园区新方向"，他指出："世界一流园区将创造人类的新生活、新经济和新科技，建设世界一流园区将影响人类未来生活、新经济发展及企业、社会的存在形态。通过成立世界一流科技园区联盟形成全球高端连接，开展跨国创业、硬科技创业、大数据创业，全面改善创新创业环境，营造一流的创新创业生态。通过产业跨界和新经济制度供给探索，培育独角兽企业，实现世界一流园区的高成长和爆发式成长。"

回过头来再看我们2014年服务成都高新区创建国家自主创新示范区时对其的判断，承办这场盛会更印证了成都高新区确实在内陆开放合作方面闯出了一条道路。

2.6.3 谋划新经济的"网红城市"

地处中国内陆西南方向，紧挨"胡焕庸线"右侧的成都是中国西部地区经济最发达的城市，作为四川省省会，其经济实力通常是全省排名第二的七八倍。但是，在新一轮科技革命和产业变革孕育兴起、城市之间竞争持续深化的背景下，成都在全国产业版图中的影响力还不够，还未形成自己的特色标签产业，还没有"成都生"的独角兽企业。2017年伊始，成都迎来一位十分重视创新经济的市委书记范锐平，其在这个人口超2000万的超大城市开启了一段新的探索之路。

成都新经济之路酝酿于独角兽出走。成都的新经济战略始于一家本土独角兽的出走，2016年贵阳有一家名为"货车帮"的企业，上榜了长城战略咨询的独角兽榜单，而这家企业居然是从成都搬迁至贵阳的，当时成都独角兽企业还是零的现状与

创新高地的创新传奇
Legends of Innovation Hubs

独角兽弃"成"而走的事件刺激了成都高层,"成都独角兽之问"在越来越多的场合被提及,即成都经济体量不小为何没有独角兽?成都为何被本土独角兽放弃?反问背后是无尽的惋惜与迫切的期待。

长城战略咨询认为以独角兽为代表的新物种企业是区域经济发展活力的代表,发展新经济工作线条庞杂,但培育壮大独角兽企业这一工作犹如"乱麻"前的"快刀",是最明确且高效的先导性抓手。长城战略咨询因为长期研究独角兽企业、发布独角兽企业榜单,成为成都市新经济战略最紧密的合作伙伴,成都也较早地启动了独角兽企业的培育。长城战略咨询于2018年参与了《成都市新经济企业梯度培育》项目,为全市新经济企业培育做顶层设计,当时我们制定了种子企业、潜在独角兽企业、独角兽企业的标准,按照分类管理、按需赋能的原则设计企业培育举措。

《成都市新经济企业梯度培育》在2018年5月发布,后3年每年对政策体系进行更新,3年探索下来,从成都市新经济委员会自己统计的口径看,取得了一组亮眼的成绩,即新经济企业从12.7万家增加到35万家,独角兽企业实现了从0到6的突破,企业年度融资额从40亿元增加到170亿元。我们认为,与具体的数据相比,更重要的是,《成都市新经济企业梯度培育》项目的实施是成都产业发展从招大引强向内生培育转变的重要标志,首次突破服务企业不仅看营收,更看市场估值的先例,为全市做了好的示范。

把成都建成最适宜新经济发展的新型城市。成都新经济战略起航始于成都新经济发展大会,长城战略咨询研究团队在大会召开之前的3个多月就受到邀请,研究国际国内新经济发展的经验和做法,项目组接到研究任务之后迅速以"关于新经济发展的调研报告"为题开展研究,利用不到一周时间系统梳理包括美国、以色列、德国、日本等在内的全球创新高地新经济发展经验,以及包括北京、上海、深圳、杭州等在内的国内先进城市新经济发展特点。然后结合成都新经济发展现状与优势基础,提出了日后成为成都推进新经济战略重大抓手的系列举措,如建设独角兽岛、建立新经济产业指导目录、成立新经济研究院等。

2017年11月10日,成都新经济发展大会如期召开(图2-3)。大会提出,把成都建成最适宜新经济发展的新型城市,大会讲话中大量引用了研究团队的成果,如关于创新高地的新经济发展经验就是原文的大段引用:美国以"原创产业"为主推动新经济发展;德国以"智能制造"为主推动新经济发展;以色列以"创新创业"为主推动新经济发展;新加坡以"政府主导"为主推动新经济发展;北京以创业为主引领发展新经济;上海以"四新"为主引领发展新经济;深圳以电子信息产业为主引领发展新经济；杭州以"互联网+"为主引领发展新经济。

图 2-3　陈文丰参加成都新经济发展大会

成都新经济发展大会起到了点燃全市干部队伍热情的作用，包括后面提出来的六大经济形态、七大应用场景在内，激活了很多公务员发展新经济的热情。长城战略咨询在后来与成都合作的时候，常常听到基层公务员对当年新经济发展大会提出的思想和引发的热情赞不绝口。研究团队能以高速度、高质量完成调研报告，离不开持续倡导、研究新经济近30多年的长城智库，可谓"成都需要的，长城战略咨询刚好都有"。

试图找到成都新经济的"论持久战"。新经济发展大会召开之后，同时发布了《关于营造新生态发展新经济培育新动能的意见》，紧接着就是如何加速落实成都新经济战略，当时新经济委的张新宇主任提出，战争已经打响，有一些具体的举措抓手了，但是发展道路仍迷雾重重，要找到成都发展新经济的"论持久战"。因此，在《关于新经济发展调研报告》的基础上，研究团队启动了更为系统的研究，即《成都市新经济战略研究》。战略研究既要落实新经济发展大会上的相关部署，又要创新地找到一些可突破的举措，长城战略咨询研究团队经过半年的深入研究、修改和迭代，最终破解了一些发展过程中的难点，提出了体系化的建议，回过头来看，有

3个方面的典型结论较为深刻地影响了成都新经济战略走向。

一是雨林式创新生态是新经济发展的底层逻辑。新经济发展看起来路径很多，但有一条底层逻辑，那就是持续不断地优化区域的创新创业生态，这种生态用雨林式创新生态来做比喻是最合适的。我们在方案中提出："雨林式创新生态是全球创新高地发展新经济的'秘密之匙'，提供恰当的生长环境，不预先决定新物种进化路径，包容多种形态的物种出现，源源不断产生意外和创意，有可能演变为改变世界的伟大创意。而与之对应的是农场式创新，其追求计划和控制，将'意外'长出来的作物铲除，如铲除玉米地里长的蒲公英，其难以出现计划之外的创新。"

二是成都应探索以创意经济为牵引的新经济产业体系。产业的发展并不是齐头并进的，与市场更接近的产业带动相关产业壮大和升级是一种更加合乎逻辑的发展轨迹，如杭州电子商务的优先发展，带动杭州的人工智能和大数据的崛起。我们在方案中提出："找到每个城市产业的发展层次，便把握住了产业发展的核心。成都新经济发展大会确定的六大经济形态中，创意经济接近需求，应该成为前台层，来拉动整个生态。共享经济模式引领，应该成为奇点层，推动爆发增长。流量经济和绿色经济是新基础设施，用于服务新经济。数字经济和智能经济是底层技术，用于支撑新经济。"

三是应用场景供给能力是城市发展的新竞争点。场景的主动培育与供给不仅是产业发展的新逻辑，还是城市发展的新竞争点，成都是从顶层提出产业发展场景逻辑的第一城。我们在方案中提出："在新经济时代，拥有'全景化'应用场景的城市变得越来越有价值，主动培育和供给场景的能力成为城市发展新的竞争点。定时发布城市机会清单，通过主动促进城市公共服务科技化、智能化发展带动相关科技产业快速发展，通过释放发展机会促进城市科技招商。"

时代变迁下的"微咨询"。成都新经济发展顶层战略和系统部署基本完成后，长城战略咨询与新经济委合作进入第二阶段，但在新经济战略推进过程中面临的理论和实践挑战还有很多。因此，2018—2020年，成都市新经济委与长城战略咨询研究团队开始了密切的微咨询合作，3年时间开展了18个小课题研究，这些课题涉及的领域较细，在实施过程中有3个特点：一是研究领域很新，有些课题在传统的经济学理论里面找不到答案，如新经济要素、新兴冠军产业、新经济人才、数字赋能治理、数字赋能美好生活等；二是研究时间很短，很多课题都是领导关心重视的问题，基本上是以"三天提纲、五天初稿、两周内结题"的节奏运行；三是双方协同创新，这类课题大多是在甲乙双方高频次"碰撞、写作、碰撞、修改"的循环中完成的，是一个包容开放、相互激发的过程。

在3年的微咨询合作期间，有大量成果获得很好的反馈，如《成都市新经济要素竞争优势比较分析研究》首次将思想、场景、数据、资本、技术、人才、环境、空间八大要素认定为新经济时代经济发展的要素构成。成都市市委书记对该报告给予签批，批示内容为"新经济委党组立说立行，就新经济发展的重大战略优势培育进行科学、系统的调研分析，形成了学术性、前瞻性、操作性很强的研究报告，要充分肯定。印发各地各部门主要负责人研究，力争推一批新政策"。类似的案例还有一些，大量成果有效地影响了新经济发展过程中的高层决策。

上文提到的微咨询，是长城战略咨询应对时代变化推出的一项新的咨询产品，分48小时反馈和2周反馈两种，早已在全国各业务中心推广，在成都新经济的第二阶段获得了很好的市场认可。其背后是长城战略咨询对时代变化做出的咨询方法的主动迭代，即外部信息加速流动，市场对咨询的期待时间越来越短，其考验的是咨询师建立在全所知识共享机制上的敏捷洞见能力。后来这一咨询方法荣获2020年中国科技咨询协会咨询创新奖——咨询方法创新奖。

新场景新赛道跳出成都影响高层。成都发展新经济在全国抢了个先，发展过程中诸多经验成为全国效仿的对象，成都市新经济发展委员会作为全国首家新经济促进机构在后来很长一段时间内成为各地政府考察学习的目的地。站在2023年4月这个时间点，成都新经济最大的亮点还是为全国经济发展探索出新场景、新赛道。

新场景方面，自2017年提出城市机会清单以来，成都逐步构建起"城市机会清单+创新应用实验室+未来场景实验室+场景示范工程"场景体系，不到一年时间各地刮起一股"机会清单发布"之风，成都场景的基层实践和全国各地的纷纷效仿促成2022年8月科技部联合六部门出台《关于加快场景创新以人工智能高水平应用促进经济高质量发展的指导意见》，至此，应用场景从基层探索上升为国家战略。

新赛道方面，成都新赛道部署始于2021年7月成都市委十三届九次全会第二次全体会议，后来陆续提出"前瞻布局未来赛道、重点培育优势赛道、大力支持基础赛道"及"加快新赛道布局、加快新赛手培育、加快新赛场建设"等工作体系，长城战略咨询从2019年开始研究新赛道，对成都市新赛道工作进行了有力支撑。2022年10月16日，习近平总书记在党的二十大报告中强调："开辟发展新领域新赛道，不断塑造发展新动能新优势"。至此，新赛道也从基层探索上升为国家战略。我有幸在党的二十大结束的第一个周末在成都讲新赛道，在讲座中我又提出了深化的观点。"抓赛道就是抓市场，抓赛道就是抓未来""发展新赛道锻造新优势"等观念日益成为各地经济产业部门的共识。新时期按照新赛道的逻辑布局、引导和培育产业，将最大限度与市场这只"无形的手"形成合力，大大提升产业引育速度和成效。

发展新经济涉及的企业培育、场景打造等工作都是跨部门的，工作的深浅与效果取决于城市部门之间的联动效能及城市主要决策者的重视程度。成都的新经济战略以较小的代价和投入，实现了理论的领跑和部分实际成效，成为全国典型的先发城市之一。

2.6.4 中国西部（四川）科学城建设

最初接触到科学城这个词，觉得它极具未来感、科幻感，我心之向往。后来深入研究，发现科学城实际是各地推动创新最核心的载体，集聚高端科研基础设施、多元创新主体和创新服务等创新要素，涵盖基础研究、应用研究、产业共性关键技术创新、新产业新业态培育等功能。世界首个科学城雏形于1951年在斯坦福大学校内诞生。1957年，首个以"科学城"冠名的科技园区名为新西伯利亚科学城。而国内科学城建设起步于20世纪80年代，主要集中于科技园区，经过不断发展，科学城内涵正从"园区"向"城市"转型。2019年，北京、上海、合肥、深圳等根据区域发展阶段自行规划建设科学城，出现北京怀柔科学城、上海张江科学城、合肥滨湖科学城、深圳光明科学城等。

地处我国西部高质量发展"桥头堡"的四川省，2020年迎来首份新年"大礼包"——1月3日召开的中央财经委员会第六次会议中明确提出，"推动成渝地区双城经济圈建设"重大战略部署，明确支持成渝地区以"一城多园"模式共建西部科学城。

2020年5月23日下午，成都市科技顾问团顾问咨询中心组织召开了"中国西部（四川）科学城建设方案专家研讨会"，中国科学院成都文献情报中心主任张志强、四川省社会科学院研究员盛毅、西华大学管理学院教授何东、成都市经济发展研究院副主任李金兆、西南交通大学科学技术发展研究院副院长邓永权及长城战略咨询的相关人员都受邀参加，会上大家热烈讨论了中国西部（四川）科学城建设的重要意义、空间布局、自主创新等问题。

我认为四川建设中国西部（四川）科学城战略意义重大，和其他科学城建设也有许多不同之处。第一，有利于服务国家安全战略，形成国防科技安全强大的战略后方。四川历来都是战略大后方，肩负着支持国家战略的重要使命，拥有我国唯一的中国（绵阳）科技城，是国家重要的国防军工和科研生产基地，在核技术应用、航空航天、新材料等国防战略性领域具有比较优势。第二，国家相继布局京津冀、长三角、粤港澳三大区域协同创新共同体后，西部也需要一个高能级创新极核，以增强成渝地区经济和人口承载能力，助力西部新旧动能转换和经济结构转型升级，打造中国经济发展第四极。

2020年7月，为明确四川推进西部科学城建设的宏观布局和具体路径，我们同四川省科学技术厅、四川（成都）两院院士咨询服务中心合作，开展西部科学城建设方案研究，旨在明确中国西部（四川）科学城建设的重要背景和总体要求，研究中国西部（四川）科学城创新发展之路。

作为项目合作单位，我们对中国西部（四川）科学城建设进行了充分的前期研究，调研组通过走访调研、专题座谈、专家咨询、查阅文献等多种方式对美国"硅谷"、日本筑波、北京怀柔、上海张江、合肥滨湖等5个国内外科学城建设的典型案例进行了分析，对成渝两地拟纳入西部科学城建设的7个重点园区的基本情况进行了分析，在此基础上提出了以"一城多园"模式合作共建西部科学城的内涵。

按照成渝两地以"一城多园"模式合作共建西部科学城的要求，我们重点对重庆科学城、成都科学城、璧山科技城、绵阳科技城、两江协同创新区、攀西战略资源创新开发试验区、渝西现代农业科技城等7个创新园区进行分析，我们发现科学城更注重基础研究、应用基础研究的引领功能，科技城更偏重技术创新、成果转化的裂变功能。

我认为西部科学城的建设不局限于一个城市实体，更在于谋划一种跃升理念，将其作为宏观概念服务于国家科技战略的布局，旨在构建一个科创集合体。这里科技创新资源密集、科技创新活动集中、科技创新实力浓厚、科技成果辐射范围广阔，在国家创新网络中处于枢纽地位和发挥引擎作用。

受益于在中国西部（四川）科学城项目中积累的经验，我们也成功和宜宾开展合作，参与《宜宾科创城五年发展规划》项目。这个项目的客户是宜宾市科教集团，它是宜宾科创城的建设单位之一。项目前期对接十分顺利，客户认为长城战略咨询在科学城研究方面有深厚的积淀，且之前有宜宾高新区升级等项目基础，因此合作迅速展开。

我到宜宾科创城深入调研之后，发现宜宾的科创城建设在西部是独树一帜的，它的经验不仅被《四川日报》等一些重要媒体表扬，更得到央视的赞许。我想这背后是对西部三四线城市举全市之力大力发展科技创新，以科技创新推动产业升级、城市更新的一种认同和鼓励。

在该规划中我们提出，宜宾科创城建设的总体目标是建设"中国新能源科创城"，定位为全球领先动力电池创新高地、全国产教融合发展示范区、川南科技成果转移转化标杆区。

宜宾通过举办 2022 世界动力电池大会等方式积极抢抓新赛道，大力发展新兴产业，迅速推动产业链与创新链深度融合，使得科创城不再是"空壳子"。2022 世界动力电池大会是由汽车动力系统专家、中国科学院院士欧阳明高牵头，集聚动力电池领域高端的资源，成功组织举办。科创城善于调动引进的科研机构、创新人才、龙头企业等，并和外部广泛合作，形成良性生态循环，促进科创城在造势的同时产业也得到快速发展。建设科创城、举办城市大会这一做法，可以为西部更多城市抢抓产业、实现弯道超车提供一个好的思路。

2.6.5 王德禄所长在成都首创"哪吒企业"

对于长城战略咨询而言，从识别独角兽企业、潜在独角兽企业，到发现和定义"哪吒企业"，实现了对新经济主体的一次认知升维——对新经济条件下诞生的新型市场主体形成了更体系化、更深刻的认知。

2019 年 11 月 21 日，周涛陪同王德禄所长去成都出差，我由于在新疆乌鲁木齐给高新区做培训，错过了此次成都之行。当晚所长办理完入住手续后，与成都业务中心管理层同事吃饭，席间聊起近期很火的动漫电影《哪吒之魔童降世》，该片改编自中国神话故事，讲述了哪吒虽"生而为魔"却"逆天而行斗到底"的成长经历。所长受到《哪吒之魔童降世》及其制作团队启发，结合早些年对硅谷创业企业的研究，发现硅谷的很多企业在创业早期就获得了非常多的融资，这些企业像中国的哪吒，起点很高。后来所长和主创团队沟通，他们说这个电影倡导的核心精神就是"我命由我不由天"，所长听了以后非常受触动，觉得中国人都很信天，哪吒就专门反其道而行之，非常有特点。于是，当即让同事基于这几年长城战略咨询积累的独角兽企业和潜在独角兽企业库，梳理出中国创业期天使轮融资超过 1 个亿的企业。

第二天一早，知识管理部经理王涛就发来了几组数据。从全国层面来看：首轮融资在 1000 万～5000 万元的企业数量有 1997 家，5000 万～1 亿元的有 373 家，超过 1 亿元的有 391 家；剔除有任何舆情问题或法律纠纷的，发现当年就有 100 多家首轮融资超过 1 亿元的企业。从成都市来看：1000 万～5000 万元的企业数量有 42 家，5000 万～1 亿元的有 6 家，超过 1 亿元的有 11 家。

所长觉得这个现象非常特别，这部分企业代表了中国创业企业最强生力军，当即提出"哪吒企业"的定义：成立时间 3 年内、A 轮（含）前获得 1 亿元以上融资的创新企业。

所长认为：与瞪羚企业、独角兽企业不同的是，"哪吒企业"的概念源自中国文化，"哪吒企业"的提出和壮大将改变创投市场由西方话语体系主导的局面，随着中国新经济加速发展，"哪吒企业"有望成为"源自中国、影响世界"的企业标准与品牌。哪吒"我命由我不由天"的创新和拼搏精神，在国家实施科技自立自强战略的当下具有独特意义。

2020年10月18日，在淄博新经济发展大会上，长城战略咨询发布了《2020年中国哪吒企业发展报告》，公布了中国首份"哪吒企业"名单，名单中显示2019年中国"哪吒企业"达163家。2021年，由于新冠疫情的影响，未发布中国"哪吒企业"发展报告。2022年9月1日，在互联网岳麓峰会专场——2022中国（长沙）哪吒创新发展大会上，长城战略咨询合伙人、企业咨询总监马宇文发布了《中国哪吒企业发展报告2022》，显示截至2021年12月31日中国共有"哪吒企业"323家。同年9月，我们还撰写了题为"哪吒企业——新经济中的高能级创业"的内部出版刊物，依靠大量研究积累，从3个方面总结了"哪吒企业"的卓越基因。

一是梦想伟大，价值驱动：拥有伟大梦想的"哪吒企业"，能够不仅关注自身企业的发展，也关注其行业价值，致力于改变行业，改变世界，创造人类更为美好的生活；二是科技创业，场景驱动：创办"哪吒企业"的科学家们从应用场景入手，以场景创新倒逼研发，有效整合技术、资本与产业资源，在场景创新中创业者们不仅做实验室里面的纯研发，也以满足真实的应用场景为研发目的，实施原创技术研发和技术集成创新，并且不断推进技术创新迭代，以科技改变现实中的生产和生活；三是大企业孵化，生态驱动：大企业平台化发展，通过释放自身的势能进行外溢和共享，寻找新兴业务方向、拓展产业链条、建立新的组织方式，同时也孵化出了大量优质企业，推动区域经济高质量发展。

2.7 杭州：天堂硅谷

大家所熟知的杭州是一座美丽的旅游城市，因"上有天堂、下有苏杭"而闻名于世。而现在大家津津乐道的杭州，则是因为其独领风骚的互联网经济和数字经济。曾几何时，浙江是我国民营经济最为发达的省份，其代表是宁波和温州，这两个城市的制造业发展和民营经济的腾飞，让省会城市杭州有很大压力。然而，风水轮流转，现在因创新驱动而崛起的杭州在经济总量、产业结构、企业群体和营商环境等多个方面一路领先，让宁波和温州等地自叹不如。

杭州高新区，又称滨江区，是杭州领先发展的一枚重要棋子。面积不大，接近80平方公里，但就是在这80平方公里的土地上涌现出了海康威视、大华、网易等一批领军科技企业，又因创业氛围良好被誉为"创业天堂"，亦被称为"天堂硅谷"，单位面积创造的经济价值长期是浙江第一。其是科技部世界一流高科技园区建设试点之一，长期位居全国高新区第一方阵，名列前十。

长城战略咨询与杭州高新区（滨江）接触较早，但合作时间较晚。其中，最主要的合作内容都是围绕世界一流高科技园区建设而展开的。2018年，长城战略咨询在杭州高新区（滨江）设立子公司，成立杭州新经济研究院，这是深化与杭州高新区（滨江）合作的关键一步。

2.7.1 杭州高新区（滨江）进入世界一流序列

2018年4月27日，国家高新区"创新双月谈"第11期会议"世界一流园区2035发展愿景"在杭州高新区（滨江）举办，10家世界一流园区再聚首，共商2035发展愿景。这是国家高新区"创新双月谈"首次走出北京，来到杭州。

国家高新区"创新双月谈"活动，由中国科技体制改革研究会国家高新区改革专委会、科技部火炬中心共同举办，由长城战略咨询承办。其主要目的是针对国家高新区重大、关键和核心问题，专家学者、各国家高新区主要领导进行研讨，为高新区发展提供参考意见。从2016年开始，到这次会议之前，共举办了10次活动。涉及的主题包括高新区管理体制改革、产业集群、瞪羚主体培育、科学城（科技城）建设等。科技部原部长徐冠华、科技日报社原社长张景安、北京市原副市长胡昭广等都参加过其中的活动，很多国家高新区的领导也踊跃参加。其实，国家高新区之间原本有一个交流的平台，那就是国家高新区协会。每年协会都会组织一些多方参与的活动，后来不知何因，国家高新区协会解散了。"创新双月谈"活动从某种意义上来讲，是弥补国家高新区协会解散后的空白，前面10次活动都是在北京举办的。

2018年是中国改革开放40周年，也是国家高新区成立30周年。国家高新区的主管部门很早就在思考，未来30年高新区该如何发展？定位在哪儿？路在何方？所以，这一期"创新双月谈"的主题就确定为发布《国家高新区2035发展愿景》。国家高新区的第一方阵也是世界一流高科技园区的建设试点单位，共10家高新区参与了本次活动。其中，中关村、张江、深圳、东湖、西安、成都、苏州和杭州8个园区是一流园区建设的老面孔，而在这次会上，新参加的合肥高新区和广州高新区则意味着正式进入建设世界一流高科技园区的序列。这也是对这2个园区多年来坚持创新驱动、高质量发展的高度认可。

会上，科技部火炬中心与10个世界一流园区共同发布了"世界一流高科技园区发展宣言"，明确了"勇当国家高新区高质量发展的排头兵、强化引领前沿的源头供给能力、大力发展新经济、营造涌现爆发式成长的创新创业生态、积极抢占全球创新和产业的制高点、激发和保护企业家精神"等战略方向。

长城战略咨询代表执笔单位，发布了《国家高新区2035发展愿景》报告的主要成果。报告提出了"四区一带"战略愿景："世界原始创新的引领区、全球前沿新兴产业的原创区、率先实现国家治理体系和治理能力现代化的首善区、辐射区域平衡协调的增长极增长带、中国参与全球治理的先行区"；明确了发展目标："到2035年，中国国家高新区实现GDP 50万亿元"；设计了六大关键议题："面向未来的前沿新兴产业、彰显中国原创的首位创新、科学家和企业家引领的硬科技创业、爆发式增长的瞪羚独角兽、以人为本的社会治理、惠及全球的共同经济"。

在这次会议上，我们认识了很多新的朋友。加强了与杭州高新区（滨江）主要领导的沟通，也为下一步设立分支机构打下了良好基础。与合肥高新区和苏州工业园区的领导也有较好的交流。另外，这是第一次在京外举办国家创新区"创新双月谈"，办得很成功。这就增强了我们继续在京外举办"创新双月谈"的信心。

2.7.2 参加杭州高新区（滨江）硅谷创新论坛

2018年12月21日，杭州新经济发展战略研究院正式挂牌成立，落户杭州高新区（滨江）。杭州高新区（滨江）领导很重视，专门找了一个独门独院的两层小楼作为研究院落户地址，濒临小湖，风景绝佳。滨江区委副书记、代区长李志龙，王德禄所长共同为杭州新经济发展战略研究院揭牌。该研究院（长城战略咨询杭州业务中心）致力于打造环杭州湾湾区重要的新经济思想策源地与高端智库，全面支撑杭州高新区（滨江）建设为世界一流高科技园区，它是长城战略咨询在浙江省布局的第二业务中心，是长城战略咨询在浙江省的"双城记"。

杭州及杭州高新区（滨江）鲜明的新经济个性深深吸引了长城战略咨询。2018年，杭州高新区（滨江）在科技部最新国家高新区评价结果中，综合排名位居全国第三，正在全面推进建设世界一流高科技园区。独角兽的大量涌现成为杭州高新区（滨江）最突出的新经济区域个性。2017年杭州独角兽企业有17家、2018年有18家，杭州是中国独角兽第三城，且超六成集聚在杭州高新区（滨江）。可以这么说，挖掘和培育独角兽是长城战略咨询在"天堂硅谷"践行新经济理念的重要举措，长城战略咨询率先从美国硅谷引进瞪羚企业、独角兽企业标准，率先开展瞪羚企业、独角兽企业等高成长企业服务，长城战略咨询希望助力"天堂硅谷"超越硅谷。

2018年12月21日,我在参加完杭州新经济发展战略研究院揭牌仪式后,参加了杭州高新区(滨江)硅谷创新论坛专题报告会,围绕"从对标深圳南山看新时期滨江建设世界一流园区"主题,从"世界一流高科技园区的新使命""主要指标审视杭州高新区发展""2035看杭州高新区建设世界一流园区"3个维度分享了我的看法和建议(图2-4)。

培训过程中,我将杭州高新区(滨江)跟深圳南山进行了详细的横向比较,发现杭州高新区(滨江)尽管取得不错的成绩,但是仍然有较大的进步空间。两者面积相差不大,杭州高新区(滨江)建成区面积近80平方公里,南山区建成区面积110平方公里。但从全国百强区排名来看,深圳南山区第1位,杭州滨江区第84位;从2017年新登记注册企业数来看,深圳南山区有81 734家,杭州滨江区有8207家,创业活力存在数量级的差距;从上市企业数来看,深圳南山区有108家,杭州滨江区有40家,差距不小;从规上工业增加值来看,深圳南山区是1860亿元,杭州滨江区是502亿元;从全年进出口总额来看,深圳南山区是3425亿元,杭州滨江区是531亿元。总的来看,杭州滨江区跟南山区的发展差距为8~10年,也就是说此时的滨江区相当于8~10年前南山区的发展水平。

图2-4 陈文丰参加杭州高新区(滨江)硅谷创新论坛专题报告会

针对这种情况,我提出,杭州高新区(滨江)建设成世界一流园区需要以营造创新创业生态、发展新经济为主线,通过树立"换场思维"、"未来思维"与"生态思维"三大思维,以全新的面貌迎接新时期。通过将杭州高新区(滨江)与深圳南山区进行全面对比分析,以及把握世界一流园区2035年景象,结合案例,我提出杭州高新区(滨江)建设成世界一流园区的八大抓手,即培育面向未来的新兴产业、建设硬科技创业、开展应用场景布局、推进大企业平台化和生态圈建设、大企业平台化与生态圈、营造创新氛围与文化、完善创新服务体系、打造科产城人融合的高技术社区等。

2.7.3 率先启动"企业创新积分制"试点

2021年，由发展改革委主管的中国经济体制改革杂志社发起的《中国改革2021年度地方全面深化改革典型案例》正式发布，张家港市全国首创的"企业创新积分制"经验从全国1500多个案例中脱颖而出，成功入选。2015年，张家港市在全国率先探索实施"企业创新积分制"。采用指标量化的办法对企业创新行为按类打分，将积分结果与政策、荣誉表彰、人才住房补贴、金融支持等挂钩，有效破解科技创新"评价难""申报难""兑现难"等现实困境。2021年，张家港市进一步推广应用企业创新积分制。一是动态调整计分项，设置涵盖"科技创新投入能力""科技创新管理能力""科技创新产出能力""科技创新环境能力""扣减分"五大类别、153个计分项的企业创新评价体系。二是强化积分结果应用，首次发布"张家港市产业链创新积分榜单"，与江苏银行等金融机构合作开发"积分贷"产品，对获得创新积分的企业给予信用授信额度、贷款利率优惠。三是持续放大积分效应，探索与智慧芽、银行三方的深度合作，建立"政府+市场"的评价体系，全面评价企业创新能力，不断放大金融对科技型中小企业的支持力度。张家港企业创新积分制的做法在全国取得重大反响。有专家将此项创新做法反馈给科技部，获得科技部领导的高度关注和重视，随即在全国部分地方开展试点。

2020年年初，杭州高新区（滨江）为破解科技创新企业融资难等问题，结合科技部"关于试点推广创新积分制的若干建议"信息，委托长城战略咨询开展创新积分体系和实施的研究，以便更好地制定扶持政策、挖掘优质企业。根据科技部工作部署，在科技部火炬中心具体推动下，2020年9月8日杭州高新区（滨江）在全国率先启动"企业创新积分制"试点，2020年12月，科技部火炬中心基于杭州高新区（滨江）经验，在广州、西安、成都、合肥、昆山等全国13家国家高新区启动首批推广试点。

围绕杭州高新区（滨江）提出的"建立优质企业发现制，破解科技创新企业量多面广，管理服务难难题""建设企业预备库，化解政府部门工作预见性和研判性不足难题""政策条款量化转化成评价指标后，与参评企业精准匹配，提高精准施策能力"三大需求，长城战略咨询在研究设计《杭州高新区企业创新积分试点工作实施方案》中，针对"怎么评""如何用"两个方面进行了设计。其中，针对

"怎么评",研究设计了"创新投入、创新产出、成长性、辅助指标"等四大类、24个具体评价指标,按照企业不同成长阶段分类,对科技企业的创新能力进行全面量化评价,构建企业创新画像。针对"如何用",研究设计了三大应用场景,包括企业创新"一图清"、金融服务"一线通"、创新政策"一键配"等。这套积分指标体系和应用场景,为企业创新积分制在全国推广实施提供非常好的参考价值(表2-3)。

表2-3 五阶段企业评价体系

序号	一级指标	二级评价指标	对应企业发展阶段
1	创新投入	企业当年研发投入规模	种子期
2		企业科研人员比重	种子期、苗木期、成长期、壮大期、成熟期
3		企业研发投入增速	种子期、苗木期、成长期、壮大期
4		研发投入占主营业务收入比重	苗木期、成长期、壮大期、成熟期
5		创始人团队背景	种子期
6		企业当年技术合同交易额	成长期、壮大期、成熟期
7	创新产出	企业主营业务收入增速	种子期、苗木期、成长期、壮大期、成熟期
8		企业累计获得授权的知识产权数	种子期、苗木期、成长期、壮大期、成熟期
9		企业当年申请的知识产权数量	种子期、苗木期、成长期、壮大期、成熟期
10		企业利润率	苗木期、成长期、壮大期、成熟期
11		企业主营业务收入规模	壮大期、成熟期
12	成长性	是否为"双5"企业	成熟期
13		企业成长速度(不同成立时间内的营收规模大小)	苗木期、成长期、壮大期、成熟期
14		社保人数基数	种子期、苗木期、成长期、壮大期、成熟期
15		社保人数增长率	种子期、苗木期、成长期、壮大期、成熟期
16	辅助指标	企业获得市级及以上大赛奖励	种子期、苗木期、成长期、壮大期、成熟期
17		获得国家科技奖励	成熟期
18		企业认定资质	种子期、苗木期、成长期、壮大期
19		获得投融资额	种子期、苗木期、成长期
20		承担各类科技项目	成长期、壮大期、成熟期

续表

序号	一级指标	二级评价指标	对应企业发展阶段
21	辅助指标	承担国家或省级科技人才计划	成长期、壮大期、成熟期
22		企业认定各类创新平台载体	成长期、壮大期、成熟期
23		企业信用评价	种子期、苗木期、成长期、壮大期、成熟期
24		税务零申报	成长期、壮大期、成熟期

企业创新积分制是在高质量发展时代背景下，精准服务科技企业的创新之举，是国家高新区提升现代治理体系和治理能力的新型政策性工具，也是长城战略咨询助推科技企业发展的贡献。

2.7.4 全国数字经济最强区带来的启示

随着数字经济进入快速发展期，人工智能、大数据、云计算等数字技术取得重大突破，信息基础设施实现跨越式发展，实体经济与数字技术融合态势日益显著，2017年，浙江省部署实施了数字经济"一号工程"，杭州也吹响建设全国数字经济第一城的号角。作为在全国157个国家高新区中排名第三的"优等生"，其数字经济"BASIC产业"矩阵（大数据及区块链、人工智能、数字安防及网络安全、IoT物联网及IC芯片设计、云计算等产业集群）已初具规模，多个细分领域如数字视频监控、跨境电商等位居全国第一，形成了较强的产业核心竞争力，下一步杭州高新区（滨江）如何定位，承担什么样的使命等问题提上了议事日程。杭州高新区（滨江）委托长城战略咨询开展调查研究，这是首个全面分析杭州高新区（滨江）数字经济发展的课题。

国内先进地区以特色路径推动数字经济发展，其中，上海市以应用场景为抓手，打造全国数字化城市治理先进示范区；深圳市依托技术创新驱动，推动互联网与产业深度融合，打造全国数字经济发展先导区；北京中关村以前沿技术为引领，打造全球数字经济创新中心。滨江的发展路径、定位是什么？我们研究提出了"聚焦数字技术、数字信息、数字融合三大产业，全力打造全国数字经济最强区——全国领先的数字经济基础设施提供者、有全国影响力的数字经济产业生态体系建设者、国内一流的数字经济创新主体培育者、全国数字经济制度设计政策供给先行者"的发展方向。

以此为契机，长城战略咨询陆续参与了杭州高新区（滨江）全国数字经济最强区行动计划、打造"中国数谷"、建设"数字特区"等相关研究，长城战略咨询与杭州高新区（滨江）一同为数字中国建设探索滨江模式、贡献滨江力量。

2022年11月，我在中国软件谷给全体干部做数字经济相关的培训时，仔细分析研究了滨江区成功的关键因素，并据此对中国软件谷提出建议。我分析了滨江区成功的三大关键因素。

第一，2015—2021年是滨江区规模和质量迅速提升的6年，GDP规模从2015年的800亿元提升到2021年的2000亿元。其中，数字经济领域的五大企业厥功至伟，阿里系企业营收超800亿元，海康系企业营收也超800亿元，大华系营收超300亿元，网易系企业营收超600亿元，新华三系企业营收超400亿元，这五大系企业增加值占全区增加值比重近50%。这既是滨江区在全国数字经济领域亮眼的地方，也是全国其他园区需要学习借鉴的地方。

第二，以创业孵化构建全域孵化"类硅谷"生态，推动"高水平创业"是杭州高新区（滨江）最宝贵的经验。在此过程中，唱响"滨江就是一个大孵化器"，全区拥有市级以上科技企业孵化器、众创空间67个，其中国家级孵化器、国家级众创空间分别有7家、12家。每年新注册企业超过8000家，累计迁出科技企业超过1600家。这充分彰显了杭州高新区（滨江）在全市中创新高地的战略位势。

第三，因承担众多国家战略使得杭州高新区（滨江）具备较高能级。除了国家高新区的名头以外，滨江区获得了首批国家级软件产业基地、海外高层次人才创新创业基地、国家软件出口创新基地、国家自主创新示范区、国家跨境电商综试区、中国（浙江）自由贸易试验区等重量级国家称号，使得杭州高新区（滨江）能够获得更多的资源并为其所用。

2.8 苏州：开放创新的最强地级市

第一次到苏州是在2002年的5月。由长城国际文化广告公司组织的全国开发区培训班邀请我去授课，培训地点就是苏州。当时还有两位授课老师，一位是天则经济研究所的茅于轼教授；另一位是天津经济技术开发区研究室主任王凯老师，这是我第一次见到德高望重的两位前辈。我授课的主题大概是北京高新技术产业的梯度布局之类的内容，因是第一次公开授课，还是比较紧张。第二次到苏州，是在2006年的5月底。我陪所长在上海张江参加完"世界一流高科技园区发展论坛"后，与科技部火炬中心的领导一起到苏州高新区调研。因是驱车前往，恰逢阴雨绵绵，沿途两边的民居尽显江南情调，干净利落（图2-5）。

图 2-5　苏州金鸡湖晚景（陈文丰 摄）

苏州自古就有"上有天堂、下有苏杭"之美誉，物华天宝，人杰地灵，近代以来就是我国东南重要的文化中心和经济中心。改革开放之后，苏州加快发展经济，成为我国重要的工业城市。2022 年，苏州全市 GDP 共 2.4 万亿元，全国排名第六，超过成都、重庆、杭州、南京和天津等城市。苏州经济崛起的原因，除却比邻上海的地理因素之外，园区经济在其中发挥重要作用。苏州共有 12 家国家高新区和经开区，知名的有苏州工业园区、苏州高新区、昆山经济技术开发区等。苏州高新区是长城战略咨询与苏州合作的起点，2012 年我们承担了其"十二五"科技创新规划研究编制工作；苏州工业园区则是长城战略咨询深耕苏州区域市场的切入点，更是长城战略咨询最为重要的战略合作伙伴。

长城战略咨询牵手苏州工业园区要追溯到 2019 年 6 月 4 日，由科技部火炬中心主办的建设世界一流高科技园区工作座谈会在园区举办，会后当时的园区科信局联系王志辉副总沟通科技创新"十四五"、2035 发展愿景研究等合作事宜。我们为园区编写了《苏州工业园区科技创新"十四五"发展规划》，提出园区要以"全面优化创新创业生态、大力培育发展新经济新动能"为主线，围绕抢抓产业跨界新赛道、引育瞪羚独角兽企业、突破产业关键核心技术、构筑特色场景应用中心、强化硬科技创业和前沿科技创业、进一步扩大对外开放合作及探索新经济制度与治理模式等全面发力，推动新技术、新组织、新场景、新业态、新价值落地发展，力争打造世界一流的国际化科技创新高峰。2021 年，我们与苏州工业园区签署协议进一步深化合作。

2.8.1 中新两国合作的典范

苏州工业园区的建设可追溯至1992年邓小平同志视察南方时发表的重要谈话，邓小平提到"新加坡的社会秩序算是好的，他们管得严，我们应当借鉴他们的经验，而且比他们管得更好"，由此掀起了一波"新加坡热"，仅1992年就有近9万人前往新加坡学习，开启了中新合作的第一步。据江苏省委原书记陈焕友回忆，邓小平南方谈话后当年9月便接到外交部通知，新加坡内阁资政李光耀准备到无锡、苏州考察访问，要做好接待。李光耀先生结束访华时透露，新加坡将与中国一同在苏州物色一片土地，用新加坡的经验来发展，使之成为中国其他市镇发展的典范。此后，中新双方围绕合作开发事宜进行了长达近两年的谈判协商和实地考察，最终选址确定为苏州城东金鸡湖畔。1994年2月，李岚清副总理和李光耀代表两国政府签署了《借鉴新加坡经验，合作开发建设苏州工业园区》的协议，苏州工业园区于1994年5月12日正式开工建设。

作为两国政府合作的旗舰型项目，苏州工业园区战略起点高，规划水平高，建设标准高。高位推动优势。中新双方建立了中新两国政府联合协调理事会—中新双边工作委员会—联络机构3个层面的领导和工作机构。由中新财团（由中央、省、市14家国有大企业组建而成）和新方财团联合控股组建中新集团，中新集团作为园区开发主体和中新合作载体，为苏州工业园区开发建设做出了重大贡献。规划优势。苏州工业园区是最早实行"一张蓝图绘到底"的区域，充分借鉴新加坡等国际先进城市规划建设经验，按照"先规划后建设、先地下后地上"的理念，推进规划建设，打破国内开发区"边建设边规划"的惯例，一次性完成70平方公里的新城布局，避免"走一步看一步"的盲目开发，建立"三年一修编、五年一回顾"等约束机制，保证园区发展的先进性和可持续性。"规划是什么样，如今的苏州工业园区就是什么样"成为园区对外引以为豪的一件事。政策优势。在建设初期，国家同意苏州工业园区参照沿海开放城市经济技术开发区的各项政策，实行"不特有特、特中有特"，园区合资企业5年免税，国资企业按15%所得税减免，政策力度空前，高质量的入园企业为园区的发展铺设了一条平坦大路。当然，现阶段苏州工业园区的发展更多靠的是产业生态和创新创业生态的优势。经验优势。借鉴新加坡经验一直是苏州工业园区建设发展的重要内容，在建设初期即确定在城市规划、土地开发利用、企业有序竞争、行政执法、文化教育等方面充分借鉴创新。在管理制度上借鉴了新加坡的裕廊模式，园区管委会与中新集团的开发业务分离，监管与操作的职能分离，同时充分吸收新加坡的亲商服务理念，让园区开发建设者实现从"管理者"向"服务员"的角色转变。

在垦荒、开园、辟城的历史进程中，园区在开发建设层面采用市场换技术的方法，从模仿到实践，成功学习国外先进园区开发技术与经验，走出了以产聚人，以人兴商、以人为本的园区开发之路，以生机勃勃的城市生态，让老苏州、新苏州、洋苏州共同演绎现代化园区的多面精彩。

园区规划展示馆内陈列着两张对比图，分别是 1994 年编制园区总体规划时设计师手绘的效果图、2019 年园区的实景图，现在看来，两者基本一致。园区早在 1994 年开发建设之初，就以高价聘请中新两国专家编制总体规划。这张在当时被称为"天价规划图"的蓝图，使园区在开发建设的过程中，各种生产要素和资源的配置始终井井有条。

2.8.2 苏州工业园区成为世界一流园区

苏州工业园区是"双面绣"，既是国家级经开区，也是国家高新区。作为经开区，园区的启动建设比首批国家级经开区整整晚了 10 年，但园区创造了一个个"后发先至、后来居上"的记录，仅用"10 年时间"就再造了"一个新苏州"，连续 7 年位列国家级经开区综合考评第一名。作为高新区，2006 年纳入国家高新区管理序列，2018 年纳入世界一流高科技园区建设单位，在国家高新区综合评价排名中上升至第四。经过近 30 年发展，园区已成为全国开放程度最高、发展质效最好、创新活力最强、营商环境最优的区域之一。

有人总结苏州工业园区的崛起就是两条路的故事，苏虹路曾是名震长三角的"IT 产业走廊"，串联起了许多世界名企：诺基亚、博世汽车、艾默生、安德鲁、三星，支撑起苏州工业园区开放型经济的火热光景；当发现外向型经济不足以支撑园区走得更快更远时，出现了后期的仁爱路，其集聚中国科学技术大学苏州高等研究院、苏州大学、中国人民大学苏州校区等高校，还有生物医药产业园、纳米城等，支撑苏州工业园区新旧动能转换，实现了"脱胎换骨"。两条路的故事也就是苏州工业园区把握时代机遇、不断开拓进取的故事，尤其是在第一个阶段获得巨大成功的前提下，提早谋划布局、大手笔落实，实现从外向型经济向创新型经济的成功转型，是值得全国学习借鉴的。

2005 年，苏州工业园区开始启动科技跨越计划，为后续转型升级奠定基础。除了"争第一、创唯一"的精神外，苏州工业园区重点做到了以下几点。建立"大科创"工作体系。在党工委层面成立科技创新工作领导小组，由党工委书记任组长、管委会主任任第一副组长。在原科信局基础上组建科技创新委员会，进一步增强综合协调的职能，负责全区科技创新工作，统筹全区资源并推动各项科技创新政策落地实施,承担三大新兴产业促进工作,打通科技创新链条,形成了"大科创"体系。前瞻性精准布局新兴产业。苏州生物医药产业园的经验被全国争相学习,早在建设初期便差异化布局生物科技方向,招引以海归人才为主的初创企业,不设立税收等经济指标,按照产业生态理念同步建设公共服务平台、招引懂产业的顶尖运营人才,经过多年潜心耕耘,从无到有培育形成千亿级产业集群、超20家上市企业,综合竞争力位列全国之首。苏州工业园区重点发展生物医药、纳米技术应用、人工智能三大新兴产业,产值规模已突破3600亿元,多年保持20%以上的增速。布局顶尖创新平台。采取"一事一议"、分期分档支持等方式引进建设以中国科学院苏州纳米所为代表的"国家队"科研院所15家,形成了源头创新的良好基础。2021年,获批建设国家生物药技术创新中心、国家第三代半导体技术创新中心、国家新一代人工智能创新发展试验区核心区;2022年,苏州实验室作为全国顶尖的科技战略力量之一开始建设运行。虽然与少数创新高地相比仍有差距,但也足以让兄弟园区望其项背。集聚全球顶尖人才。将人才工作作为组织全区科技创新活动的核心抓手,2007年在全省率先实施"科技领军人才创新创业工程",已累计支持项目约2500个,培育诞生了园区60%的上市企业、93%的独角兽企业及准独角兽企业。在领军人才项目带动引领下,园区入选市级以上科技人才数持续保持全国开发区和省市第一,已成为国际高层次人才创业首选地。打造最优营商环境。在与苏州工业园区各位领导的交流中,让我印象最深刻的是林小明主任提到营商环境是园区的"金字招牌",园区企业对辖区的法治环境、产权保护和政策兑现满意度最高。我来苏州后,发现确实如此,很多企业家朋友对园区的营商环境赞不绝口。同时,相对完备活跃的双创生态、产城融合的"洋苏州"城市环境也成为吸引人才集聚的关键。

当前,苏州工业园区正全力推进一流的产业新区、一流的开放名区、一流的创新园区、一流的中心城区建设,以加快建设开放创新的世界一流高科技园区。

2.8.3 中国潜在独角兽大会的召开

伴随着新旧动能转化、新兴产业培育,苏州工业园区培育集聚了一大批科技型企业,在极具竞争优势的产业生态支撑下高速成长。我们在做全国潜在独角兽企业研究时发现,2020年苏州工业园区的潜在独角兽企业数量仅次于北京中关村和上海张江,是全国第三园,同时苏州全市的潜在独角兽企业数在城市层面也位列全国第三。在与苏州工业园区领导洽谈后,双方一致决定,连续3年在园区举办中国潜在独角兽大会,扩大新经济、新物种的品牌影响力。苏州工业园区的潜在独角兽企业数量多、成长快、硬科技属性突出。

2021年6月，中国潜在独角兽企业报告发布会暨苏州合作交流会在园区国际博览中心成功举办，苏州市市委书记许昆林出席并致辞，吸引超200家企业、近500人参会，获得了政府、企业、投资机构等的高度关注。大会设计了路演酒会、闭门座谈会、平行对接会等环节，武文生总经理发布2020年的全国潜在独角兽企业报告和榜单，王德禄所长进行了演讲，我主要负责大会的主持工作（图2-6）。以此次大会为契机，我们与苏州工业园区签署战略合作协议（图2-7），决定联合共建苏州新经济战略研究院，连续3年举办中国潜在独角兽大会，并在智库服务、企业培育、资源链接等方面开展长期合作。随后，长城战略咨询注册成立苏州子公司，组建本土服务团队，发挥高端智库平台优势、全国布局通达优势、生态伙伴资源优势，在服务促进园区创新驱动高质量发展方面开展了卓有成效的支撑合作。

图 2-6　陈文丰主持中国潜在独角兽大会

图 2-7　苏州工业园区管委会与长城战略咨询签署战略合作协议

2021 年，苏州市、苏州工业园区潜在独角兽企业数进一步大幅增长，全国潜在独角兽企业第三城、第三园的地位进一步巩固。但由于新冠疫情的原因，2022 年的中国潜在独角兽大会的时间、形式一改再改，一直到 12 月 23 日才通过线上形式召开，在线观看人次超 430 万，但还是很遗憾未能邀请全国潜在独角兽企业齐聚苏州。线上发布会邀请到了吴庆文市长、科技部成果转化与区域创新司吴家喜副司长致辞，播放了王德禄所长《发展新物种 增加城市认知升维》的视频演讲，这也是所长生前最后一次公开演讲。

2023 年 6 月 20 日，2023 中国（苏州）独角兽企业大会在苏州召开，这是我们第一次将独角兽大会和潜在独角兽大会"双会合一"。参会独角兽企业、潜在独角兽企业总数超 300 家，外地企业近 200 家，企业数量、大会规模均创新高。央视等权威媒体重磅报道，影响力进一步提升。苏州市的客户给予了高度认可，副市长张桥给予了"巅峰平台"的高度评价。最新研究结果显示，苏州工业园区的潜在独角兽企业数继续保持全国第三，独角兽企业数也已增长至 5 家，以潜在独角兽企业、独角兽企业为代表的高成长企业也会成为苏州工业园区的又一个金字招牌。

2.8.4 苏州高新区"十二五"科技规划：打破路径依赖的陷阱

2012 年 3 月，我们接到苏州高新区管委会的委托，承担了"苏州高新区'十二五'科技规划"咨询研究任务。因为这是第一次合作，所里高度重视。项目组制定了详尽的调研方案，随后开展了为期一个月的调研，赵慕兰老师全程参与了调研工作，这也是我经历的调研时间最长的咨询项目。正是因为调研开展得细致，因而对苏州高新区情况了解得很清楚，这为后来规划的研究和制定打下了良好基础。

尽管此时的苏州发展态势如日中天，但苏州高新区的发展还是存在一些问题。主要表现在以下几个方面。第一，发展速度减缓，创新驱动力不足，在区域及全国高新区中的位次下滑。第二，结构矛盾依然存在，外资低端制造依然占据较大比重，与新时期国家高新区所承担的国家使命与区域责任不适应，产业升级转型任重道远。第三，新兴产业发展面临周边地区的激烈竞争，规模优势尚未体现，龙头企业匮乏，仍然需要进一步挖掘产业的创新需求，进一步发挥科技的引领作用。第四，三级孵化机制有待完善，孵化空间有待扩充，尚未将针对科技产业的自主创业放在突出位置，科技型创业企业数量不足。第五，科技金融有待进一步创新、示范，民间资本活力有待进一步激发。第六，政策聚焦不够，高新区在全市的战略地位有待进一步提升，全区的政策合力有待进一步加强。面对这些存在的问题，王志辉给出了一句经典的评价，他形容苏州高新区为"没落的贵族"。

究其深层次原因，在于苏州高新区现阶段创新驱动力不足，对既往发展模式形成路径依赖。表现在以下几个方面。第一，对新时期经济发展模式与手段缺乏足够的认识，对工业经济时代招商引资发展模式与既得成绩形成依赖，尚未将新兴产业发展的核心要素——高端人才、科技创业、产业促进组织等置于最为突出的位置，战略思路调整滞后。第二，本土中小企业对既往盈利模式形成依赖，创新动力不足。大量中小型企业长期依赖于对上海工业的配套，位于产业链低端市场，门槛低、竞争风险小，仅靠上海工业的扩张就能获取收益，主动升级的动力不足。第三，院所资源对传统运营机制依然存在依赖，在人力资源层面，缺乏具有独立研发能力的研发服务团队，仍以原体制内的科研人员为主，落地院所尚未真正焕发活力；在机制层面，仍然是传统科研院所机制的延续，在管理上依托于母体，难以对市场快速做出反应。

同时，在研究过程中，我们在思考一个更宏观的问题，苏州高新区究竟需要承担什么样的国家使命和区域责任？结合国家高新区的战略定位，我们认为苏州高新区的国家使命是培育和发展战略性新兴产业，大力提升自主创新能力，争做科学发展的示范。同时，苏州高新区的区域责任在于既要做产业的升级、要素的升级、功能的升级及形态的升级，又要做好转换发展路径的示范。

按照自上而下和自下而上相结合的逻辑，我们提出了苏州高新区科技创新板块下一步的核心思路：遵循"强力推进自主创业，大力发展新兴产业"与"努力坚持高端发展，加快升级传统产业"两大主线，坚持"一个核心、四个支撑"的总体思路，围绕产业创新需求，积极发挥政府引导作用，促进人才、金融与科技结合，聚集一批高端产业领军人才，做强做大一批具有较强影响力的创新型企业，涌现一批国内领先的技术成果，培育一批国际知名品牌，大幅提升区域创新能力和辐射带动能力，推动苏州高新区的科技创新在未来5年再上一个新台阶，将苏州高新区建设成为苏南地区从以外资为主的工业经济发展范式转变为以创新驱动为主的新经济发展范式的典范。

"一个核心"是指：打破路径依赖，实现从以外资为主的工业经济发展范式向以创新驱动为主的新经济发展范式的转变，为创新资源并不丰富的苏南甚至更广大地区提供一种共性的、可以共享的转型升级模式的示范。在整个研究过程中，"打破路径依赖"始终是最重要的关键词。我们认为，企业、科研机构甚至政府等几个方面的主体都存在路径依赖。

创新高地的创新传奇
Legends of Innovation Hubs

企业要通过自身的努力去摆脱路径依赖有一定难度，需要政府在中间发挥重大作用，核心是通过提升传统产业、企业的运营成本，降低企业盈利，形成对企业的"倒逼"机制，迫使企业转型与升级。我们建议政府做到：①区别性对待传统低端产业与新经济，形成差异性的地价和生产要素；②加大在环保、生态、绿化、用工政策方面的执行力度；③大力营造转型发展环境，扶持产业组织者，如职业经理人、风险投资家、专业服务商等，减少企业转型的成本；④提供优良项目，提供进入新产业的机会。

院所的路径依赖，核心体现在运行机制。由于国家给予了科研机构太多的补贴，其没有在社会上生存的外部压力。应该在运营成本上形成"倒逼"机制，国家一方面要给它"断奶"；另一方面要给其有效市场，从而使得科研机构能够适应市场的要求。我们建议政府做到以下几点。①减少直接给予科研机构的补贴；②加大对企业的研发投入，支持企业委托科研机构研发，建立市场导向的研发制度；③设计政策，以支持研发项目的"带土移植"；④引导产业组织者参与项目运作。

此项目的创新点还有很多，如按照产业需求设计科技创新重点，真正实现了产业链与创新链的融合；设计了高新区"大科技"工作体系，将科技局、创业中心、各专业园区、街道板块的科技工作有机融合在一起。我们的最终研究成果获得了客户的高度评价。后来，苏州高新区"十三五"与"十四五"科技发展规划均委托长城战略咨询来承担，我想肯定与这次合作的良好表现密不可分。

2.8.5　与苏州其他区县板块的合作

苏州拥有 4 家国家高新区和 7 家省级高新区，数量都是全国各城市之最，实现了除姑苏区老城区以外的全覆盖。除苏州工业园区和苏州高新区外，长城战略咨询与太仓高新区、常熟高新区、昆山高新区等区域板块也都有深度合作。

太仓高新区。1993 年年初，经国务院批准太仓撤县建市，当年年末，第一家德资企业就来了，太仓深耕与德合作的序幕由此拉开，成为知名的"德企之乡"。太仓高新区作为太仓与德合作的发源地、主阵地和核心区，是全国德资企业集聚度最高、中德创新合作成效最明显的地区之一，先后被授予中国唯一一个"中德企业合作基地"、全国首个"中德中小企业合作示范区"称号，拥有第一个建在县级市的"德国中心"等 20 多项与德合作的全国第一和唯一，目前已实现从德企单向投资到中德企业双向互动，形成了从产业合作到科教、文旅、环保、公益、城市建设、社会管理等多领域、多方位的交流合作格局，多次获得国家认可"点赞"。太仓高新区综合实力位列江苏省省级高新区第二，在全省的排名超过了 8 个国家高新区，是一家具备"国家队"实力的省级高新区。2016年，长城战略咨询首次对接太仓高新区，承担江苏省太仓高新技术产业开发区（筹）发展战略规划研究及高新区升级咨询项目。2020年，我们服务完成《太仓高新区"十四五"发展规划》《产业发展与科技创新"十四五"发展规划》，提出太仓高新区要紧扣太仓市委"五年再造一个高新区"的指示要求，锚定创建国家高新区的"大目标"，以"构建活力产业生态"为核心，集中力量打造以高端装备制造为主导，以航空、生物医药为特色，以现代服务业为支撑的"121"产业创新集群，前瞻布局4条新赛道，凸显"高新"属性，部署实施产业与科技创新促进提升六大工程，强化培育新动力，创造新供给。同年，太仓市第九届创新创业推进月活动开幕式暨"临沪科创产业高地"建设思想荟举行，我在思想荟活动上作了《全面拥抱新经济》的专题讲座。随着双方合作的深入开展，长城战略咨询陆续承接了"太仓高新区绿色发展五年行动方案""航空航天创新型产业集群培育三年实施方案""企业创新积分制"等项目，协助太仓高新区与长春地区的一汽集团、长春高新区等开展南北合作，并在2023年开启新的战略合作。

此外，长城战略咨询和常熟高新区、张家港高新区、汾湖高新区等也都早早建立了良好的合作关系。

常熟高新区从成立之初的全国第126位一路攀升至第62位，实现"七连升"，是同时期全国排名上升最多的高新区，发展势头很猛。长城战略咨询一直陪伴常熟高新区的建设成长，自2012年起承担升级为国家高新区的咨询工作，到后来承担国家高新技术产业化基地申报、争先进位高质量发展、绿色园区5年行动方案等。

张家港高新区原来是张家港经开区的一部分，区划调整后以塘桥镇为核心开始"从头发展"。与张家港高新区的合作是从2018年开始，合作契机是升级国家高新区项目，后续也承担了高质量发展战略规划、产业规划等项目。现阶段张家港高新区位列全省中游水平，随着在科技创新工作中的不断加码加力，相信未来发展得会越来越好。

汾湖高新区与上海青浦、浙江嘉兴等地被划为长三角一体化示范区先行启动区，战略地位进一步上升。从2016年开始，长城战略咨询为汾湖高新区做升级咨询工作，2017年编制汾湖高新区"十三五"新型半导体光电产业发展规划。最新数据显示，汾湖高新区诞生了吴江区的首家独角兽企业，这也是多年耕耘新型半导体光电产业的硕果。随着长城战略咨询苏州业务中心的落地，在延续前期合作的基础上，其与苏州各板块的联系日益紧密。

2.9 合肥:"科里科气"的创新之都

提到合肥,多数人的第一反应是"最强风投城市""赌城",合肥也一度因为这些封号走红网络,成为其他城市争相学习的榜样。追溯起来,其第一次也是最重要的一次"风投",可以认为是 1970 年中国科学技术大学的搬迁,安徽举全省之力接收中国科学技术大学,落地合肥。正是这次"风投",让合肥积累了科研基础。后来,合肥又通过对京东方、长鑫存储、蔚来汽车等一连串政府主导投资项目,精准地抓住了新型显示、集成电路、新能源汽车等战略性新兴产业机会,伴随中国科学技术大学等高校在量子信息、可控核聚变等有望颠覆未来的原创研究领域取得重大突破,成功从一个名不见经传的三四线城市,跃升为"明日创新之城"。

基于此,合肥展示出了日新月异的变化,以"开挂"般的发展模式与速度击败全国 90% 以上的城市。GDP 排名从 2005 年第 97 名跃升至 2022 年第 21 名,GDP 总量 17 年增长了 14 倍,增速全国第一,实现从"追赶者"到"领跑者"的强势逆袭,成为过去 10 多年中国发展最快的城市。

我们与合肥的合作,起源于 2015 年受邀主导编制合肥高新区"十三五"规划,之后参与编制合肥高新区世界一流高科技园区建设方案,与合肥高新区对于新阶段发展新经济、谋划新路径和新打法的战略认知不谋而合,从此开始与合肥新经济发展结下了不解之缘(图 2-8)。

图 2-8 陈文丰为安徽省厅级干部做培训

2.9.1 合肥高新区进入世界一流园区序列

世界一流高科技园区是代表国家科技发展最高水平、全面参与全球竞争的先锋园区,是引领和带动我国全面深化改革与创新驱动发展,构筑国家先发优势的核心载体和引擎。2001 年,科技部火炬中心提出各高科技园区要实行以自主创新为核心的"二次创业";2006 年,北京中关村、上海张江高新区、深圳高新区、武汉东湖高新区、西安高新区和成都高新区开启建设世界一流高科技园区,科技部火炬中心发布《建设世界一流高科技园区行动方案》,方案中明确将上述 6 家国家高新区作为"世界一流高科技园区"建设试点园区,至此,我国开启了国家高新区建设的新阶段。2015 年 6 月,科技部火炬中心在武汉东湖高新区召开"建设世界一流高科技园区工作座谈会",将杭州、苏州工业园纳入建设体系,至此,一流园区建设体系扩大至"6+2"。此次会议无形之中也向外传递了一个信号,那就是世界一流高科技园区群体可以扩大。

对于 2015 年首次迈入国家高新区前十、位列国家高新区综合排名第七的合肥高新区而言,此次体系的扩大也刺激其开始思考新阶段的历史使命和战略定位,萌生了建设世界一流高科技园区的想法。2015 年,长城战略咨询受邀编制合肥高新区"十三五"发展规划,规划中提出了合肥高新区要建设"财富高新、和谐高新、美丽高新"的"三个高新"美好愿景,探索全新的逻辑和打法。随后,在"十三五"发展新阶段,合肥高新区各项指标突飞猛进,2015—2017 年连续 3 年稳居国家高新区前十,全面开启了创新发展的新征程(图 2-9)。

图 2-9 陈文丰参加合肥高新区创建"世界一流高科技园区"专家研讨会

创新高地的创新传奇
Legends of Innovation Hubs

2017年1月，经国务院同意，发展改革委和科技部正式批准建设合肥综合性国家科学中心，合肥成为继上海之后国家正式批准建设的第二个综合性国家科学中心，标志着合肥在全国创新大格局中占据了重要地位，成为代表国家参与全球科技竞争与合作的重要力量。合肥高新区作为合肥综合性国家科学中心建设的核心承载区，依托综合性国家科学中心建设，筹建国家实验室，引进集聚了一批重大科技基础设施、新型研发机构、协同创新平台、交叉前沿创新平台等一流创新资源，成为国内原始创新能力最强的区域之一。这就为合肥高新区争创世界一流高科技园区提供了坚实的基础。

2017年年底，基于"十三五"规划的合作基础，合肥高新区与长城战略咨询再次达成合作共识，启动合肥高新区建设世界一流园区发展战略研究项目。长城战略咨询经过实地调研、所内头脑风暴、专家研讨论证等，最终形成《合肥高新区建设世界一流高科技园区行动方案》，合肥高新区于2018年8月将其作为建设世界一流高科技园区的行动纲领印发实施。

在方案中，我们提出了"科学中心核心区、新兴产业引领区、创新改革示范区、国际新城先行区"四大定位，并明确了合肥高新区建设世界一流高科技园区的"三步走"战略目标，以及实施"创新尖峰攀登、未来产业领跑、领军企业跃升、开放融通拥抱、改革突破护航"五大行动计划的战略路径，以系统推进世界一流高科技园区的建设。关于"三步走"战略目标在方案中是这样描述的。

第一步，到2020年，世界一流高科技园区建设取得阶段性成效，建成国家科学中心核心区，集聚一批全球顶尖科学家，自主创新能力进一步提升，产业加速迭代升级，培育一批瞪羚、独角兽等爆发式成长企业，城市形象、国际开放实现较大提升；

第二步，到2025年，基本建成世界一流高科技园区，夯实在全国的引领地位，诞生一批具有全球影响力的前沿技术成果，在人工智能、量子信息、精准医疗等细分领域发展水平全球领先，构建充满活力的企业生态群落，形成"世界声谷"全球影响力；

第三步，到2035年，综合实力进入全球高科技园区前列，在全球范围内构筑领跑优势，涌现一批世界顶尖科研机构、龙头企业，形成高度活跃的创新环境和文化氛围，成为全球创新创业网络核心枢纽、全球原创科技和产业的重要策源地，成为我国建设创新型国家的核心力量之一。

2018年4月,科技部火炬中心在杭州召开"世界一流高科技园区2035"工作座谈会,会上宣布将合肥高新区纳入世界一流高科技园区建设序列,这标志着合肥高新区进入创新发展大格局和新阶段。

在合作过程中,合肥高新区作为国家高新区第一梯队,长城战略咨询作为新经济咨询引领者和高新区咨询第一品牌,双方对于产业、创新等理解高度契合,对于新阶段发展新经济、谋划新路径和新打法的战略认知不谋而合,商定在合肥当地成立专门团队近距离开展紧密合作。2018年10月,在合肥高新区管委会支持下,长城战略咨询在合肥高新区成立全资子公司,组建合肥新经济研究院,签订合作协议,将长城战略咨询的洞见研究和地方政府的创新实践相结合,开启长期的战略合作。

2.9.2　在合肥做"微咨询"

当前,随着新经济蓬勃发展,信息资源碎片化、交互方式高效化、组织关系社交化日益凸显,生产组织方式加速向平台化、生态化转型,各行各业的商业环境发生巨大变革。当然,咨询行业也不例外,时代形势与社会生产组织方式的变革直接带来了咨询市场与环境的变化,客户需求也逐渐从大体量、规范化的研究成果向碎片化、即时化、定制化演变,倒逼咨询行业进行商业模式创新。而"微咨询"正是在这种市场形势和客户需求变化下应运而生。通过对咨询服务商业模式的创新与重构,推动传统咨询业务的平台化转型,"微咨询"成为适应新时期咨询市场的新方法(图2-10)。

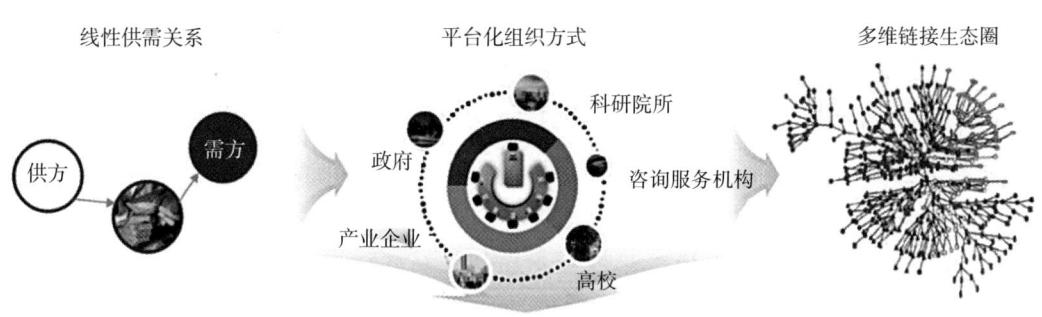

图2-10　社会生产组织方式变革

近年来,长城战略咨询结合实践探索提出:"微咨询"是敏捷咨询、即时咨询、现场咨询的集合体,其关键在于响应速度的敏捷性和交付成果的轻量化,最终对客户形成警醒、顿悟式影响，是新时期咨询服务体现穿透力、表达洞见力、塑造影响力的最有效方式。

较传统咨询而言，"微咨询"实现了突破式创新。在项目运作方面，"微咨询"通过更加扁平化的沟通机制、更加开放化的运作模式、更加灵活机动的资源组织方式，极大地提高了咨询服务的效率与精准度；在成果形式方面，"微咨询"采取微报告、内参等篇幅更加精简、观点更为聚焦的呈现方式替代传统的长篇报告，既有观念指导，又有落地实招，直击发展痛点。在人员培养方面，"微咨询"强调咨询师的个人能力与价值塑造，着重培养咨询师的洞见力，为咨询师的跳跃式成长赋能，助力咨询师的平台化转型和"咨询超人"的诞生。

合肥是长城战略咨询"微咨询"的首个实践地。基于市场形势变化，为快速响应、及时反馈合肥高新区交办的微小型研究、面临的迫切性问题研究和当下新兴机会点研究等需求，2018 年，长城战略咨询与合肥高新区管委会签订补充协议，约定长城战略咨询通过每年向合肥高新区提供 10 份决策内参报告和 4 份微报告，提供可落地可操作的工作建议。一般情况下，内参 3000 字左右、48 小时完成，微报告 1.5 万字左右、2 周完成。此种可以"快准稳"响应客户需求的咨询方式，很快就得到了合肥高新区相关领导的高度认可，并在后续合作中主动要求增加微报告合作数量。合肥"微咨询"的推进，也标志着长城战略咨询咨询方法论创新的真正落地。

而"微咨询"的智库服务方式之所以能够在合肥取得较好的成效，关键在于长城战略咨询分布于全国的咨询触角和实践、近 30 年的新经济理论研究和数据积累，以及前后台的充分协作。在"微咨询"推进过程中，合肥新经济研究院首先发挥前台作用，深入、及时地了解和挖掘合肥高新区的现实发展需求，根据需求定向链接总部或 23 个前台业务中心，借助于长城战略咨询总部的研究积累和业务前台的本地实践，为合肥高新区快速提供行之有效的解决方案。另外，积极链接后台专家资源及与合肥高新区相关部门的主管领导开展业务交流和思想碰撞，通过跨部门人员调配等平台化运行机制，做好合肥高新区相关课题的研究与交付（图 2-11）。完成的《学习借鉴华为协同创新模式，支持企业增强协同创新能力》《合肥高新区掘金计划工作方案》《借鉴先进经验，推动合肥高新区空间拓展》等多篇内参和微报告，有力支撑了合肥高新区管委会的高层决策。

第二章 浪潮之巅：世界一流高科技园区的发展

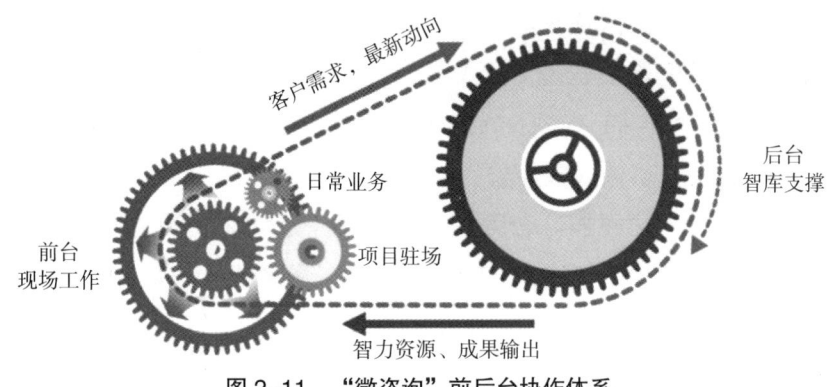

图 2-11 "微咨询"前后台协作体系

2.9.3 关注高成长企业培育

党的二十大报告提出，要强化企业科技创新主体地位，发挥科技型骨干企业引领支撑作用，营造有利于科技型中小微企业成长的良好环境，推动创新链产业链资金链人才链深度融合。近年来，合肥高新区通过实施存量"掘金"计划，探索出一条激发区域创新活力的新路径。这其中，高成长企业梯度培育计划就是最为重要的事情，通过对存量资源的挖掘，梳理高新区产业链、技术和企业家等重要资源，优化现有资源要素配置和组合，激发各类市场主体活力，从而实现"优化存量资源配置，扩大优质增量供给"。

长城战略咨询持续多年深度参与合肥高新区高成长企业梯度培育计划工程，包括大家所熟知的"深科技""爆品""双五""双十"等特色企业培育品牌。

2018 年，合肥高新区联合长城战略咨询在全省率先启动高成长企业梯度培育计划，从最初四级梯度升级至"六纵四横"的面向企业全生命周期的培育体系，每年重点遴选和培育高成长企业数量超千家。2022 年度高成长企业群体以 1.8% 的数量占比，贡献了全区 21.1% 的营业收入和 17.9% 的税收收入，是全区经济发展的核心力量。同时，合肥高新区开展高成长企业培育计划工作的这 5 年，共培育出 11 家上市公司和 5 家独角兽企业。

2020 年 8 月，高新区管委会印发《合肥高新区企业"掘金计划"行动方案》，提出要持续完善企业梯度培育体系，培育"爆品"和"深科技"企业，开展大企业孵化裂变，组建企业家大学等系列重要工作举措。因此，"爆品""深科技""企业家大学"等名词成为合肥高新区高成长企业培育工作的重要品牌。

疫情暴发后，"线上经济""非接触式经济"等新经济形态发展潜能被激发，合肥高新区首次提出"爆品"企业概念，指通过新技术、新产品填补市场空白或创造市场需求，因此呈爆发式成长的科技企业。其既包括呈现爆发成长态势的初创企业，也包括二次创业迎来快速爆发的成熟企业。2020—2023 年，共挖掘培育 9 家爆品企业。其中，第一批爆品企业阳光新能源营业收入从 2019 年的 3.7 亿元增长至 2022 年的 134.4 亿元，培育成效显著。

关键核心技术是国之重器。合肥高新区依托原始创新优势主体，持续突破关键核心技术，超前布局未来产业。2020 年，合肥高新区联合长城战略咨询启动"深科技"企业培育计划，首次提出"深科技"概念，打造"深科技"企业培育品牌。2022 年，合肥高新区共遴选"深科技"企业 236 家，拥有"深科技"技术 394 项、"深科技"产品 584 件。这其中，不少企业实现了"国内首创"和"进口替代"。

长城战略咨询认为，"深科技"是以推动社会整体进步、追求人类共同福祉为价值原点，着眼于世界科技前沿和当前社会重大挑战，致力于为最迫切的全球性问题提供解决方案，具有很高的技术壁垒，需要大量要素投入，具有一定的未来引领性，商业应用后会对社会生产生活产生深远影响。

高成长企业中还有一类非常重要的群体，那就是阳光电源、科大讯飞这类平台型大企业。如何让这类大企业在新旧动能转换中发挥关键作用？合肥高新区联合长城战略咨询于 2021 年开展"合肥高新区大企业裂变研究"课题研究，长城战略咨询早在多年前就持续开展大企业平台化发展研究，我们认为大企业裂变孵化主要有 4 种模式：一是研发驱动型，二是战略投资驱动型，三是生态驱动型，四是市场驱动型。合肥高新区开展大企业裂变孵化研究和培育成效非常显著，阳光电源、科大讯飞、华米科技、科大国创等一批大企业孵化企业超百家。其中，科大讯飞孵化的讯飞医疗已是独角兽企业，估值 70 亿元。

2022 年，合肥高新区发布《合肥高新区源头技术"淘金"计划实施方案》，围绕人工智能、量子信息等五大产业，面向国内一流研究型大学、高水平科研院所启动源头技术挖掘遴选和跟踪转化，构建源头技术发现挖掘—跟踪对接—价值评估—投资转化—孵化加速于一体的技术转移转化体系，提供全过程、全链条、全要素服务保障，支持最新前沿科研成果在高新区转化、孵化，积蓄一批重大成果和种子企业，超前培育增长点。

2.9.4 深化未来产业和新赛道的研究

近两年，未来产业和新赛道成为各地频频提及的"热词"。从各地政府工作报告来看，过半数省份在部署年度工作或未来 5 年工作时，明确提出要前瞻布局未来产业，抢抓新赛道，布局新动能。

那么什么是未来产业和新赛道？基于长期研究，长城战略咨询认为，未来产业是基于前沿重大科技创新驱动，对未来经济社会发展具有全局带动和重大引领作用、最具发展活力和潜力的前瞻性产业，未来需要长周期、持续性支持和培育。新赛道是新兴产业中最具引领力、最具爆发性的领域，卡位新赛道是城市抢占未来发展先机、实现高质量发展的关键。

正是由于未来产业有望形成全球经济新的增长极并驱动经济社会变革式发展，因此也成为大变局时代国际战略竞争的新焦点。美国、英国、德国、日本等发达国家均已出台未来产业相关政策和战略部署，通过构建未来产业研究机制、调动多元化科研力量超前谋划和布局未来产业。

我国也将发展未来产业作为能够和国际创新保持同步甚至实现赶超的为数不多的重大创新机会，以及我国站在新的起点、转换新的赛道去构筑长期竞争优势的战略选择。习近平总书记曾在中关村论坛"前沿科技与未来产业"、中共中央政治局常务委员会、深圳经济特区建立40周年庆祝大会等多个场合，强调抓紧布局未来产业。国家"十四五"规划纲要中也明确提出，要聚焦类脑智能、量子信息、基因技术、未来网络、深海空天开发、氢能与储能等前沿科技和产业变革领域，实施未来产业孵化与加速计划。2021年12月，科技部、教育部联合组织未来产业科技园试点建设工作，并于2022年批复10家未来产业科技园建设试点。

尽管发展未来产业是各地抢占先机的重要举措，但未来产业也绝非无中生有，要建立在已有的科技和产业基础之上。而合肥高新区作为合肥综合性国家科学中心核心区，培育发展未来产业和新赛道具有得天独厚的基础优势。其拥有全国第一个国家实验室，汇聚了中国科学院合肥物质院、中国科学技术大学、中电科三十八所等知名高校院所，集聚了合肥先进计算中心、天地一体化信息网络合肥中心、离子医学中心等一批重点创新平台，取得了一大批具有世界领先水平的科技成果，培育了国盾量子、本源量子、国仪量子、科大讯飞等一批"科大系"领军企业，在量子科技、智能语音等未来先导赛道上抢占世界制高点，成为全市创新资源最为集中、重大原创成果爆发最为密集的区域，为未来产业和新赛道培育奠定了良好基础。

对于未来产业和新赛道的培育工作，合肥高新区也走在了全国高新区前列。2021年，全国高新区层面率先谋划未来产业和新赛道发展，长城战略咨询作为长期服务合肥高新区的智库单位，深度参与。在此过程中，支撑合肥高新区研究编制《合肥高新区未来产业发展规划》《量子未来产业科技园建设规划及实施方案》《合肥高新区新赛道方向研究报告》《合肥高新区以新赛道为引领培育发展新经济实施方案》等系列报告。

其中,《合肥高新区未来产业发展规划》是规范和指导高新区未来产业发展的纲领性文件。该规划提出合肥高新区下一步将聚焦"世界量子中心"战略目标,重点发展量子科技、未来能源、未来生命健康和空天信息产业,超前布局一批未来科技,构筑"1+3+X"未来科技和未来产业发展方向,抢占未来产业竞争制高点。

《量子未来产业科技园建设规划及实施方案》明确提出,将量子未来产业科技园试点建设作为"科大硅谷"重要工程,聚焦"3+2+N"量子科技产业,重点发展量子通信、量子计算、量子精密测量三大量子信息重点方向,延伸发展"量子+AI""量子+材料"两大跨界融合产业方向,关注N个"+量子"技术应用和迭代升级方向,建设极具活力、引领未来、享誉世界的"量子中心"和创新之谷,争创国家未来产业培育发展的探路先锋。

《合肥高新区新赛道方向研究报告》《合肥高新区以新赛道为引领培育发展新经济实施方案》则首次研究构建了合肥高新区"3T-6D-MN"的赛道体系,围绕未来赛道、优势赛道、机会赛道三大类型,按照科技、产业、数字、社会、民生、商业六大方向,重点布局21个主赛道,培育发展新产业、新业态和新增长点,打造新主体、新场景、新要素、新服务、新治理"五新"融合互促的高能级新经济生态,争创具有全国影响力的"新经济尖峰"。

2.9.5 "深杭宁合"四城创新环境的比较

新经济时代,以创新为主题的新一轮城市竞赛打响,国内涌现出一批通过培育新动能、发展新产业、转变经济发展方式等实现创新驱动发展的城市,如深圳、成都、南京、杭州、西安等,其已成为高质量发展的样板。其中,深圳是中国现代化建设的先锋城市。南京、杭州为长三角副中心城市,南京毗邻安徽,发展势头迅猛,创新名城建设成效突出;杭州依托数字经济,打造创业活力之城。而合肥坚持创新驱动发展,2022年成功跻身于世界区域创新集群百强榜单第55位、国家创新型城市第11位,成为近10年快速崛起的创新"黑马"城市,创新已成为城市的基因,内生动力充沛。但创新能量释放不足,在其他城市不断创新崛起的新阶段,面临着大有可为,但不进则退的竞争局面。

在意识到这点后,2020年年底,合肥市发展改革委牵头,联合长城战略咨询开展了"深杭宁合"四城创新环境比较研究课题。拟通过此课题,进行横向比较,对标找差,深入认识合肥在全国新经济发展格局中的方位、优势和劣势,为进一步提升创新发展水平、建设创新之都提供新方向和新思路。此课题主要做了两件事：一是通过研究城市创新生态环境的内涵与趋势，对比分析合肥与其他几城的优劣势，形成《合肥市创新生态环境比较研究——基于与深杭宁城市的比较》研究报告；二是基于上述分析，提出合肥市创新生态环境提升的支持举措，最终形成《关于坚持创新驱动战略打造全球创新枢纽城市政策措施》（建议稿）。

在《合肥市创新生态环境比较研究——基于与深杭宁城市的比较》研究报告中，通过搭建"能力层—动力层—活力层"城市创新生态环境模型，构建涵盖40个指标的指标体系，对比分析四城的创新环境，得出几条重要结论。

一是合肥市经济发展较深杭宁仍有很大差距。合肥市2019年的GDP仅相当于当年南京的67.1%、杭州的61.2%、深圳的34.9%，落后于南京4年、落后于杭州近5年、落后于深圳超过9年。

二是与深杭宁相比，合肥拥有强大的基础科学研究优势、高端创新人才和科学家资源优势、原创性科技成果创新优势、高质量战略性新兴产业集群优势，但也存在高校院所的科教优势未能充分转化为科技创新发展优势、科技创新中市场化力量没有得到充分发挥、创业不繁荣不活跃、高成长和引领型的企业主体培育与集聚不足、新经济场景创新和赛道谋划不足、政策创新和机制创新不足、具有辐射带动性的高能级创新高地建设不足等问题。

三是合肥创新发展面临着城市"抢名号""抢资源""抢赛道"的严峻挑战。报告中是这样表述的：

> 面对建设科技创新强国"三步走"、长三角一体化高质量发展、内循环新格局构建、新技术新产业变革等多重机遇，合肥提出建设具有国际影响力的创新高地是顺应形势需要的必然选择，但也面临主要城市"抢名号""抢资源""抢赛道"的严峻挑战。

"抢名号"：北京、上海、粤港澳大湾区已被明确赋予建设国际科技创新中心使命，南京、武汉、重庆等城市积极主动作为，全球/全国科技创新中心名号争夺战早已如火如荼。

"抢资源"：深圳、上海等城市已率先抢占战略性创新资源，杭州、武汉、西安正加速追赶，高精尖创新资源抢夺战正热火朝天。

"抢赛道"：北京、上海等城市抢先占领新兴产业先机，深圳、杭州等城市积极培育拥有话语权的企业，"赛道"争夺战一触即发。

在《关于坚持创新驱动战略打造全球创新枢纽城市政策措施》报告中，我们从稳固原始创新优势、强化科技成果转化、强化企业主体地位、推动产业高质量发展、构建一流创新创业生态、推进创新治理模式变革6个方面，提出了20条具体举措。

此课题成果得到了合肥市发展改革委的高度评价。基于对长城战略咨询咨询能力的认可，也促成了长城战略咨询与合肥市的场景专项战略合作。

2.9.6 成立首个城市级场景创新促进中心

场景最早用于影视领域，是指电影拍摄的环境和情景，近年来被引入新经济领域，作为具有中国特色、引领未来科技创新和新兴产业发展的一种新范式，场景创新得到了国家、城市、产业界的高度关注，很多城市正在积极推进该项工作。2021年10月18日，习近平总书记主持中共中央政治局第三十四次集体学习会议，明确提出在发展数字经济过程中用好应用场景优势。同年，"场景"写入国家"十四五"规划，在6个篇章中均有部署。2022年，党的二十大报告提出"开辟发展新领域新赛道，不断塑造发展新动能新优势"，场景创新成为支撑新领域、新赛道、新动能、新优势构建与发展的重要抓手。此外，在国家部委层面，发展改革委围绕未来产业、能源，科技部围绕人工智能，工业和信息化部围绕智能制造，商务部围绕新型消费，也积极部署场景创新工作。

长城战略咨询是国内最早启动场景创新研究的智库机构之一，在对场景创新理论、创新实践的长期跟踪研究过程中，我们发现，独角兽、潜在独角兽、哪吒等新物种企业是当前场景创新中最活跃的主体，很多改变世界的伟大场景正是由新物种企业所创意和实践的。研究识别新物种企业的场景创新实践有助于帮助新经济科技企业寻找创新的"切口"与方向，有助于帮助城市场景落地并导入生态资源，因此，我们聚焦新物种群体，开展了持续的场景实践研究。

合肥作为全国综合性国家科学中心、国家新一代人工智能创新发展试验区，正加快打造具有国际影响力的创新高地。长城战略咨询通过将合肥市与深杭宁城市创新生态环境进行比较研究发现，依托高价值场景驱动前沿科技创新、培育未来产业、吸引全球创新资源，是合肥抢抓数字经济发展机遇、开展高水平"双招双引"、实现更高质量发展的重要突破口。这一研究结论得到了合肥市政府相关领导的高度肯定。2021年7月2日，合肥市市长罗云峰会见王德禄所长，就合肥市与长城战略咨询开展"场景创新"合作达成共识。2021年9月10日，合肥市常务副市长王文松带队赴北京市考察调研长城战略咨询及相关场景创新企业，研究部署关于合肥打造"全域场景应用创新之城"事宜,并表示要把合肥打造成"新物种企业的大舞台、场景创新应用的前沿阵地"。2022年1月,长城战略咨询与合肥市政府就城市场景创新工作正式签署合作协议,以合肥市发展改革委牵头,积极动员各部门、各区县、各大企业和创新机构积极参与全市场景创新工作,运用场景思维促进科技创新、赋能产业发展、提升城市治理水平,加快打造"全域场景应用创新之城",积极探索城市场景创新有效路径。

合肥市场景创新促进工作启动之初便非常重视市场化专业力量的导入,将有为政府和有效市场紧密结合,联合长城战略咨询成立了全国首个城市级场景创新促进中心,并于2022年5月26日在合肥市重点产业链首批场景清单发布暨"科技抗疫"场景主题活动上正式揭牌成立(图2-12)。

图2-12 陈文丰和合肥市发展改革委主任为合肥市场景创新促进中心揭牌

合肥在实践中提出场景创新工作的核心是"两找"——为产品找场景,为场景找产品。合肥场景创新促进中心将"两找"作为场景工作的核心主线,从场景创新一般规律出发,围绕场景创新工作顶层设计、清单发布、场景对接、场景路演、场景大会、宣传推广等工作,建立起了全市场景创新工作的关键机制与体系。

在顶层设计方面,牵头编制《合肥市实施场景创新三年行动方案(2022—2024年)》,围绕"全域场景应用创新之城"的愿景目标,提出全市场景创新工作的总体思路与要求,从面向科技创新、产业发展、城市治理、数字底座等七大方向,构建合肥场景创新体系,围绕大科学装置集中区、中安创谷科创社区、骆岗公园自动驾驶等打造一批地标性场景创新活力区,建立从场景征集、发布到宣传推广的工作流程。

在清单发布方面，创新性提出场景机会与场景能力两张清单的工作思路，全面调研市直部门、区县、行业大企业、创新企业、科研院所等多类主体场景需求，全年累计发布3批、100个场景机会；征集打磨全市优秀企业场景能力清单，全年累计推介106个具有优秀场景能力的组织。自合肥实践以来，"两张场景清单"几乎已经成为各地启动场景工作的标配。

在场景对接与场景路演方面，搭建场景需求与能力供给的对接合作平台，围绕智能制造、网络安全、医疗影像、人工智能、智能网联汽车等重点产业领域组织开展了大量场景主题对接活动，帮助场景找产品。组织科技抗疫成果展、场景路演遴选会、一对一企业场景打磨等场景路演活动，帮助合肥优秀产品找场景。

在场景大会与宣传推广方面，在全国双创周期间，牵头组织2022中国（合肥）首届场景创新峰会，通过发布全国场景创新体系报告、合肥场景清单，组织新物种企业场景创新对接与路演等活动，受到了央视网、《解放日报》、《安徽日报》、合肥电视台等全国及省市媒体的广泛关注，成为全国场景创新交流的重要平台，全面提升了合肥在全国场景创新工作中的影响力，"合肥模式"正在成为全国场景创新2.0阶段的新标杆。

2022年，"场景"成为合肥创新发展的新名片，合肥场景创新促进中心通过市场化、生态化的运行机制，协助合肥市全面推进场景创新工作，围绕科技创新、产业发展、城市建设等方面，真正实现了"天天有推介、周周有对接、月月有路演、季季有活动"的场景创新良好氛围。

2023年3月28日，国家发展改革委官方微信以"安徽合肥加快打造'全域场景应用创新之城'"为题，聚焦合肥经济运行亮点，推介合肥"场景创新"经验做法，提出合肥运用场景思维促进科技创新、赋能产业发展、提升城市治理水平，彰显了创新发展无限潜力。

2023年以来，合肥场景创新的内涵不断丰富，发布2批共计165个场景清单，涉及场景资金超30亿元；邀请多家外地独角兽等新科技企业来合肥，并与市领导面对面交流，以推进相关项目合作；围绕重点产业、重点领域、重点片区和重大工程，提前规划、主动挖掘一批带动性强、覆盖面广的"超级""特色"场景，吸引集聚全国创新企业，促进企业与合肥的深度绑定，促进合肥"双招双引"迈入"场景吸引2.5时代"。

2.10 广州：千年商都的创新之路

广州作为华南地区的政治、经济、文化和科技中心，是国家中心城市和综合性门户城市，是我国科教资源最集中、对外开放程度最高的城市之一，聚集了广东省2/3的普通高校、97%的国家重点学科和全部国家重点实验室，拥有具有全球影响力的"中国第一展"——广交会，还有中博会、留交会等品牌展会，连续多年获得"中国最具活力会展城市"称号。

1988年，广州市提出设立广州经济技术开发区天河新技术产业区。1991年，经国务院批准为国家高新区，批复名称为广州天河高新技术产业开发区。1997年，广州市对高新区实行"一区多园"管理，包含天河科技园、黄花岗科技园、民营科技园和广州科学城4个园区，并更名为广州高新区，成立市级高新区管委会。1998年，广州高新区与广州开发区合署办公。目前，广州高新区形成以广州科学城为核心，以天河科技园、黄花岗科技园、民营科技园、南沙资讯园为分园的"一区五园"发展格局，实行与广州市黄埔区、广州开发区深度融合发展的管理体制。

长城战略咨询与广州的渊源始于2011年年底至2012年开展的"建设广州国家自主创新示范区战略研究"项目，这个项目推动了广州业务中心的成立。2012年9月11日，广州业务中心在广州科学城创新大厦正式成立。在扎根广州11年时间里，我们连续10年为广州高新区提供瞪羚企业培育服务，深度参与"十三五""十四五"规划及多项产业研究、产业规划、科技创新规划，成为最密切的合作伙伴。

2.10.1 独特的"多区合一"模式

国家高新区经过30多年的建设发展，在管理体制上形成了几种不同的模式。第一种是基本没有行政授权型，典型代表包括中关村、深圳高新区，管委会作为组织协调机构，没有经济、行政和社会管理权限，也无相关职能。第二种是部分授权型，如天津高新区，管委会作为市委、市政府的派出机构，对4个核心区进行直接管理，对南开、武清、北辰科技园3个政策区进行业务指导，由属地负责具体管理。第三种是完全授权型，如东湖高新区，管委会拥有市级的经济管理权限和部分行政管理权限，实行"小政府、大社会"的职能设置。第四种是政区合一型的，典型代表就是广州开发区、广州高新区，它的管理体制既具有典型意义，同时也和自身的发展历程和脉络紧密相关。

创新高地的创新传奇
Legends of Innovation Hubs

在30多年的建设发展过程中，广州开发区、广州高新区的管理体制经历了几次变革和创新，主要可以分为以下4个阶段。

第一阶段（1984—1997年）：单一功能区阶段。1984年12月5日，广州开发区被国务院批准成为全国首批14个国家级经济技术开发区之一。初期的管理架构是"准政府"架构，代表市委市政府行使对经济工作的管理和审批权限，社会事务由黄埔区负责。广州高新区起源于"广州经济技术开发区天河新技术产业区"。1988年，广州市提出设立广州经济技术开发区天河新技术产业区，作为广州开发区的组成部分，把天河区知识技术密集的优势同开发区的政策优势结合起来发展新技术、高技术产业，管理上以天河区政府为主，同年获得国家科委批复同意。1991年，国务院批准广州天河高新技术产业开发区为首批国家高新区，广州市成立广州天河高新技术产业开发区管委会，作为产业区的决策机构，对市政府负责。经过几年的发展，高新区的地域范围已经扩张到了天河科技园、黄花岗科技园、民营科技园和广州科学城4个园区。1997年，广州市对高新区实行"一区多园"管理体制，将广州天河高新技术产业开发区更名为广州高新区，并成立市级高新区管委会。

第二阶段（1998—2004年）："四区合一"阶段。自1998年广州高新区与广州开发区合署办公以来，开发区先后实现与广州出口加工区、广州保税区的合署办公，2002年实行全国独一无二的"四区合署"型管理体制，广州开发区规划面积由成立之初的9.6平方公里扩大到78.92平方公里。

第三阶段（2005—2014年）：功能区主导行政区阶段。2005年，经国务院批准，在开发区基础上，整合周边农村地区，设立了广州市萝岗区，管辖面积393.22平方公里，下辖5镇1街。开发区和萝岗区实行"两块牌子、一套人马"的组织管理架构，以开发区工作部门为主导，将萝岗区职能相近的部门挂到开发区相关机构，开发区党委、管委会与萝岗区党委、政府的主要领导实行交叉任职，开创了城乡统筹和经济功能区带动辐射行政区快速发展的先例。

第四阶段（2015年至今）：行政区主导功能区阶段。2014年，国务院同意撤销黄埔区、萝岗区，合并成立新黄埔区，2015年8月底，萝岗区正式停止运作，开发区机构和职能从原萝岗区独立出来单独设置。2015年9月1日，新黄埔区正式挂牌成立，黄埔区与广州开发区实行深度融合的管理体制，开启全区经济发展新篇章。

这几次管理体制机制变革和创新的背后体现了开发区、高新区在发展过程中所遭遇的困扰。自1984年国内首设经济技术开发区以来，各种层次、不同功能的开发区不断涌现。一个城市同时拥有好几个不同功能的开发区成为非常普遍的现象，尽管功能不同，优惠政策也各有所长，但招商引资、发展经济是这些开发区共同的任务，这就难免会形成竞争。与此同时，区内、区外的巨大落差，不同功能区的恶性竞争也使开发区呈现出"围墙经济""孤岛效应"的弊病。为了避免恶性竞争，同时充分发挥各种政策优势，广州自1998年开始探索功能区的整合。首先是将开发区和高新区实行合署办公，而后陆续推动其他功能区的整合，实行"四区合一"的管理模式。这种四块牌子、一套管理机构的模式，被认为有效整合了4个区的人员、资源、功能及政策优势，使广州开发区成为广州乃至华南地区享受国家优惠政策最多、外商投资最密集、经济发展极具潜力的高度开放区域。但这样的调整也伴随着因园区空间的扩大而导致的全国开发区普遍存在的通病，即城区配套设施滞后，生活居住配套与商务办公设施缺少，大量就业人口不在区内居住，征地拆迁、失地农民就业、社会保障、教育、卫生、治安等一系列社会管理事务对开发区发展的制约作用日益突出。于是，2005年广州便设立了全国首个由开发区主导转变形成的独立行政区——萝岗区。萝岗区的设立，改变了广州开发区的行政环境，开发区的地域范围由交错于黄埔、白云、天河、增城的4个区、市（2014年增城撤市设区），改为统一划入一个行政区范围。2014年，为加快实施广州城市发展"东进"战略，发挥开发区的辐射带动作用，统筹城乡发展，萝岗区和黄埔区合并成为新的黄埔区，成为全市东进发展战略龙头，走过30年创业征程的广州开发区、广州高新区也揭开了发展新的一页。

广州高新区"五区合一"和"一区多园"的独特管理体制机制有其复杂性和特殊性，但对于我国其他城市创建或改革高新区也有非常重要的借鉴意义。虽然早期科技部对于广州高新区这种多种功能区合并、功能区和行政区合并的管理体制并不满意，但后来也逐渐发生了变化，认为这种管理机制可能是趋势之一。

2.10.2 珠三角国家自主创新示范区规划研究

2009年，中关村成为我国首个国家自主创新示范区。2009年12月、2011年3月，武汉东湖、上海张江分别获批成为国家第二、第三个自主创新示范区。创建国家自主创新示范区已经成为创新资源丰富地区落实国家战略，加快转型升级的一个主要抓手。珠三角地区是我国改革开放前沿地带，2008年的国际金融危机给其带来了巨大冲击，制造业出口面临困境，很多劳动密集型的制造企业纷纷倒闭，区域经济转型在这一时期显得尤为迫切。珠三角地区的城市开始主动或被动

创新高地的创新传奇
Legends of Innovation Hubs

地从传统的工业制造基地向创新型城市转型，在这个过程中如何增强自主创新能力是这些城市需要重点思考的问题。广州作为第4个国家中心城市，要发挥带动作用率先实施转型升级。转型升级的核心动力就是自主创新，广州需要打造一个重点平台来推动自主创新。长期以来，广州高新区积累了丰富的"科学发展、改革创新"经验，走出了一条开放式创新的新路子，建设国家自主创新示范区具有非常好的基础和优势。2011年年底，广州高新区发展改革局、政研室联系到我们，提出委托我们开展建设广州国家自主创新示范区战略研究项目。这应该是我们第一次承接广州高新区的项目。最后，我们研究形成了《建设广州国家自主创新示范区战略研究》《广州国家自主创新示范区建设方案》，并协助编制拟上报国务院的《关于批准以广州高新技术产业开发区和中新知识城为主体建设广州国家自主创新示范区的请示》。

2014年5月，深圳市被国务院批准建设以城市为基本单元的国家自主创新示范区，成为全国第4个国家自主创新示范区，也是十八大后第一个以城市为基本单元的国家自主创新示范区。为了加快珠三角各市协调发展，全面深化与香港、澳门的科技合作，广东省提出以广州为核心，连同珠海、中山、惠州、东莞、佛山、江门、肇庆等7个地市共同建设珠三角国家自主创新示范区，和深圳国家自主创新示范区一道形成"1+1+7"的珠三角国家自主创新示范区建设格局。2015年1月，李克强总理在广东视察工作期间，明确表示支持广东建设珠三角国家自主创新示范区。为了明确珠三角高新区建设国家自主创新示范区的重大意义、发展定位与目标、示范重点等，突出在国家和区域层面具有示范与引领作用的特色、亮点，2015年，长城战略咨询与广东省科学技术情报研究所共同申报了广东省省级科技计划项目"创建珠三角国家自主创新示范区发展战略研究"，其中长城战略咨询主要负责珠三角国家自主创新示范区的战略定位、示范重点、先行先试政策等相关研究，形成了《珠三角国家自主创新示范区调研报告》《珠三角国家自主创新示范区建设方案》。项目组通过对珠三角国家高新区进行广泛调研和深入分析，提出珠三角具备改革开放深入、市场经济活跃、区位优势独特、创新资源集聚、制造基础雄厚、城市之间一体化程度高等七大优势，明确珠三角自主创新示范区的战略定位是打造全球领先的开放式创新创业中心，具体内涵包括开放创新先行区、协同创新示范区、转型升级引领区、创新创业生态区4个方面。围绕"四个深入"和"四个探索"开展重点示范，即深入实施开放式创新，探索建立全球领先的科技、教育和创新中心；深入推动粤港澳大湾区一体化协同创新，探索世界级创新集群建设的范式；深入推动创新型产业集群发展，探索新常态下增强产业活力和加快转型升级的模式；深入推进创新创业生态系统建设，探索"大众创业、万众创新"的环境建设。

2015年9月29日，国务院正式批复同意广州、珠海、佛山、惠州仲恺、东莞松山湖、中山火炬、江门、肇庆等8个国家高新区建设国家自主创新示范区。这是继苏南国家自主创新示范区之后，全国第2个以城市群为单位的国家自主创新示范区。2016年3月，广东省科技厅又委托长城战略咨询承担了"珠三角国家自主创新示范区发展规划（2016—2025）"课题，我们前期承担的"创建珠三角国家自主创新示范区发展战略研究"课题为发展规划的制定提供了基本框架。战略研究解决了创建意义、战略定位、示范重点等关键问题，发展规划重点解决了发展路径的问题，我们提出了建设国际科技创新中心、打造全球一流创业中心、建设世界科技产业高地、构建珠三角协同创新共同体、开创全方位开放新格局、全面推进创新改革试验等六大战略任务。现在来看，我们当时在报告中强调的加强粤港澳合作、打造粤港澳创新湾区、建设国际科技创新等内容还是很具有前瞻性的，也非常契合2019年中共中央国务院印发的《粤港澳大湾区发展规划纲要》。

正是因为"建设广州国家自主创新示范区战略研究"项目，我们与广州高新区建立了长久的联系，当年受广州高新区科技局、政研室的邀请，我们在2012年9月在广州科学城创新大厦设立了广州业务中心。

2.10.3 广州开发区十大产业研究

1984—2012年，广州开发区在国家级开发区序列中长期处于排头兵的位置，这种成功得益于产业的快速发展，从起步阶段以宝洁、百事等国际巨头为核心发展外向经济，到科学城的建设，以培育本土科技型企业为重点发展民营经济，再到中新广州知识城的建设，以国际合作为桥梁发展知识经济，开发区产业在调整和演变中发展壮大。但是，长期惯性发展、路径依赖导致的结构不优化、特色不鲜明、集群不明显等问题逐渐显现，开发区必须进行产业的深度调整。

当时，广州开发区对产业发展状况的掌握仅限于产业总体产值、单个企业数据和个别"明星"企业的情况，从来没有对全区产业发展状况进行过全面的梳理分析，特别缺乏对各个产业的链条构成，企业、行业、产品、技术水平所处位势，以及国内外产业发展趋势的跟踪分析。2013年3月，为了全面摸清产业家底，把握产业发展趋势和面临的环境，明确开发区产业未来总体战略、产业架构与发展重点，围绕当时广州开发区重点培育的电子信息、平板显示、精细化工、生物医药、新材料、知识密集型服务业六大千亿级产业集群，能源与节能环保、食品饮料、汽车制造产业、钢铁制造四大战略性新兴产业和优势产业集群，开发区发改局开展了"广州开发区产业发展专项研究"项目。项目分为4个子包，分别是子包01：电子信息、精细化工、汽车制造项目包；子包02：平板显示、新能源节能环保、新材料、钢铁制造产业项目包；子包03：生物医药、知识密集型服务业、食品饮料产业项目包；子包04：总报告。其中，长城战略咨询承担了子包01和04，华南理工大学承担了子包02，暨南大学承担了子包03。

在6个月的研究过程中，长城战略咨询组建了由我带队，邀请国内公共咨询专家共同参与的11人研究团队，进行了30多次企业调研，并同时参与了华南理工大学、暨南大学负责的其他专项课题组的讨论，形成了《广州开发区产业发展研究总报告》《广州开发区电子信息产业集群研究报告》《广州开发区汽车制造产业集群研究报告》《广州开发区精细化工产业集群研究报告》《广州开发区推进重点产业发展行动方案》《广州开发区重点产业发展指导目录》及相关附件等研究成果。

这是第一次系统全面地把广州开发区十大产业基础梳理清楚，并提出2013—2020年广州开发区的产业架构，为开发区今后产业发展提出了重要建议和参考，也为我们后续与广州开发区发改局建立持续的合作关系奠定了基础。

2.10.4 持续10年的"瞪羚计划"

瞪羚企业这一概念于20世纪90年代在美国首先被提出，用于形容"个头不大、跑得快、跳得高"的高成长中小企业，之后几十年，瞪羚企业的快速崛起和发展在发达国家引起了广泛关注。长城战略咨询在多年前率先将瞪羚企业概念引入国内，并参与了多个地区、创新园区等创新高地"瞪羚计划"的推广或实施。其中，长城战略咨询和广州高新区已经连续合作10年，树立了"黄埔瞪羚"品牌。

2013年，为深入贯彻落实国家创新驱动发展战略，提升区域创新发展能力，广州高新区正式启动"瞪羚计划"，将发现和培育瞪羚企业作为重点工作，成为全国最早开展瞪羚企业培育工作的区域之一。2014—2022年，长城战略咨询受广州高新区科技局委托持续开展瞪羚企业研究服务工作，主要工作内容包括瞪羚企业遴选标准制定、瞪羚企业遴选与认定、瞪羚企业调研、企业年度发展报告编制、瞪羚企业扶持政策制定、瞪羚企业政策兑现、瞪羚企业系列活动等。2017年，广州高新区积极把握新经济发展趋势，启动独角兽企业发现与培育工作，形成了"科技型中小企业—高新技术企业—瞪羚企业—独角兽企业"高成长创新型企业培育链条。从2017

年开始，高新区科技局又委托我们开展独角兽企业挖掘与培育工作，具体包括制定独角兽企业和潜在独角兽企业遴选标准、组织举办启动仪式及系列宣传活动、开展独角兽企业遴选工作、制定独角兽企业遴选扶持办法等内容，目前广州高新区累计认定独角兽（潜在）企业27家。

近10年间，广州高新区瞪羚企业培育政策进行了4次修订升级，2021年年底发布最新的"高成长10条"政策，首次将独角兽企业群体纳入政策支持范围，更加突出高成长创新型科技企业梯次培育，并首次引入"企业创新积分制"工具，作为发现、培育和精准支持创新型中小企业的重要手段。瞪羚企业和瞪羚培育企业（以下统称"瞪羚企业"）数量由2013年的122家大幅增长至2021年的541家，企业数量增长了343%。企业获得的政策扶持资金累计超8亿元，政策支持力度全国领先。在这批瞪羚企业中，涌现出44家上市公司，占全区上市公司总量的60%；9家瞪羚企业成长为独角兽企业、潜在独角兽企业；一批瞪羚企业掌握核心技术，成为全球细分行业单项冠军。在外部环境不确定性增强、经济下行压力持续加大的背景下，2021年度广州高新区瞪羚企业整体仍取得了营业收入三年复合增长率为56%的成绩，成为名副其实的发展"新动能"。同时，为更好地服务区内瞪羚企业、独角兽企业，高新区科技局联合长城战略咨询共同打造了瞪羚企业服务平台——"黄埔瞪羚荟"，瞄准广州高新区瞪羚企业的发展需求和成长痛点，组织开展企业商业模式打磨、投融资路演对接、银企对接、政策宣讲、专题培训等活动，为企业深度链接金融、媒体、产业等资源，充分激发黄埔瞪羚企业活力，助力企业加速奔跑、加速成长。

当前，针对瞪羚企业、独角兽企业等高成长企业的挖掘与培育工作，已成为全国各地培育新发展动能、实践新发展理念的重要抓手，目前我国已有10多个省市、80多个高新区开展了高成长企业培育工作。2021年4月，"当年新晋高成长（瞪羚企业）企业数"被纳入《国家高新技术产业开发区综合评价指标体系》中，成为高新区创新驱动和高质量发展评价重要指标之一。长城战略咨询成立之初即聚焦高成长企业咨询业务，首创"瞪羚独角兽企业挖掘–发布报告–政策制定–资源链接–个案咨询"整套服务体系，连续6年发布《国家高新区瞪羚企业发展报告》，连续6年发布《中国独角兽企业发展报告》，连续3年发布《中国潜在独角兽企业发展报告》等重磅报告，首创"哪吒企业"概念并连续2年发布《中国哪吒企业发展报告》，联合中国标准化研究院等机构起草了《高成长企业分类导引》（GB/T 41464—2022），明确了瞪羚、独角兽等高成长企业的分类标准和指标。未来，长城战略咨询将持续跟踪研究高成长企业，赋能高成长企业，与企业共同成长！

2.10.5 世界一流园区研究

2018年4月27日，由科技部火炬中心、中国科技体制改革研究会高新区改革专委会主办，长城战略咨询及杭州高新区承办的"世界一流高科技园区2035工作座谈会"在浙江杭州高新区举行。会议宣布将广州高新区、合肥高新区纳入世界一流高科技园区建设序列。自2006年科技部火炬中心选择中关村、上海张江等国家高新区作为建设世界一流高科技园区的试点和示范以来，经过10多年的发展，试点和示范单位从最初的6家发展到10家。

广州市委常委、广州高新区党工委书记、管委会主任周亚伟应邀参加会议并做了发言。周亚伟提出，广州高新区的发展取得了重大进步，但是与世界一流高科技园区和兄弟高新区相比，广州高新区在创新体量、营商环境、服务水平、产业化能力等方面还有较大差距。我们在此次会上发布了《世界一流高科技园区2035》研究报告，王德禄所长在会议期间接受浙江卫视、杭州电视台等媒体采访，提出"一高两新"——高质量发展、培育新动能、发展新经济，是国家高新区未来发展的关键。

聚焦建设世界一流高科技园区，广州高新区最突出的区域特点是什么？应该如何去建设它？走什么样的路径？这些都是需要解决的关键问题。因此，2018年11月，广州高新区科技局委托我们开展广州高新区创建世界一流高科技园区建设方案的研究和编制工作。

此时的广州高新区经过28年的发展，成为广州工业最强区、双创生态领先区、营商环境最优区，已经具备很好的发展基础。2018年，实现GDP超3400亿元，占广州市经济总量的15%以上；财税总收入突破1000亿元，排名全广州第一；工业总产值超7600亿元，占广州市半壁江山，在电子信息、生物医药等产业方面有很好的基础。但是长期以来，广州高新区在经开区、高新区两种路径、两种模式中挣扎、徘徊，两种不同的战略与价值选择，决定了两种不同的命运。在过去的发展历程中，经开区的发展模式占据主导地位，并形成了具有经开区基因的外延式发展特征，在取得一定发展成效的同时，也带来了一些亟待解决的痛点。

项目组深入分析了当前世界从工业经济时代迈入新经济时代的特征，借鉴了硅谷、纽约、中关村、深圳高新区、杭州高新区、苏州工业园等国内外一流园区的发展经验，总结剖析了广州高新区发展的现状、可以依托的优势条件和亟待解决的发展痛点，充分结合国家、省、市战略导向和要求，明确了广州高新区建设世界一流园区的总体思路、战略定位、发展目标，提出了相应的重点任务，并邀请了中关村管委会原专职委员赵慕兰，广州市人大预算工委主任沈奎，广东省基础与应用基础研究基金委主任曾路，广东省社科院产业经济研究所所长向晓梅，华南理工大学教授、原党委副书记张振刚，中山大学粤港澳发展研究院首席专家、副院长陈广汉，广州市工业和信息化委员会原副书记、巡视员易鸣，广东外语外贸大学研究生院院长杨励等9位专家组织召开了研讨会，最终形成了《广州高新区创建世界一流高科技园区研究报告》《广州高新区创建世界一流高科技园区建设方案》等成果，对广州高新区建设世界一流高科技园区具有较强的指导意义，也为编制高新区"十四五"发展规划奠定了基础。后来我们又受高新区科技局委托，在研究报告和建设方案基础上，编制形成了《广州高新区建设世界一流高科技园区发展规划（2021—2035年）》。

第三章
百舸争流：奋进中的特色创新高地

目前，我国国家高新区共有 178 家。可以将这些园区大概分为三类，犹如一个金字塔，处于顶端的是世界一流高科技园区，数量不多。处于塔底的多数是 2009 年之后获国务院批复成为的国家高新区，数量众多，产业基础和创新基础相对而言比较薄弱。而处于中间部分的园区多数位于直辖市、省会中心城市、计划单列市或者东部沿海城市，产业基础相对而言较好，创新资源也比较丰富。这部分群体恰恰也是长城战略咨询重要的合作伙伴。

天津高新区、重庆高新区位于直辖市，两者都是当地城市重要的产业增长极和创新资源集聚区。南京高新区、沈阳高新区、济南高新区、郑州高新区、福州高新区都是东中部省会中心城市的高新区，发展势头迅猛。宁波高新区、大连高新区、厦门高新区则是计划单列市的高新区，创新资源丰富。东莞高新区、无锡高新区、佛山高新区、大庆高新区、绵阳科技城、淄博高新区所处的城市要么是新兴工业城市，要么是老牌工业基地，产业基础雄厚。乌鲁木齐高新区、昆明高新区、贵阳高新区、拉萨高新区则是西部省会中心的高新区。

在这些高新区里，有的高新区"无中生有"，创造了奇迹，引领了城市发展；有些高新区提升了位势，扩大了影响；有的高新区充分拉伸长板，突出发展了优势产业；有的高新区则是培育出了新兴产业和未来产业。当然，也有些高新区路径依赖严重，创新意识不足，只能在传统模式里逐步沉沦。

我们在以上大多数的高新区设立了分支机构，深度参与当地高新区的规划、研究和咨询工作。在天津谋划"具有国际影响力的产业创新中心"的定位，在南京推动"南京未来产业促进中心"的成立，在宁波推进"宁波新材料科技城规划"的落地，在淄博首次提出"行业创新中心"，在大庆提出"产业链生成六步法"，所有这些都是大家集体智慧的体现。

3.1 天津：产业创新中心

天津历史悠久，初因军事基地、漕运而兴，后因列强登陆而开埠，成为洋务运动的重要据点。因港口和漕运优势，百货云集，带来了商业的繁荣。直隶总督半年办公于此。租界盛行，大量买办、商贾、银行和领事机构集聚。清末民初，大量朝廷遗老遗少逃往天津卫，寻求暂时的安宁。不少文化名人也集聚于此，极大地撑起了天津的知名度。总而言之，新中国成立前，天津已是我国北方重要的经济中心。新中国成立后，其一度是我国重点布局的重工业基地，改革开放后也有过短暂的辉煌，现如今陷在新旧动能转换的泥潭中奋力挣扎。

创新高地的创新传奇
Legends of Innovation Hubs

开放是天津最显著的特征，也是最强基因。2006年，国务院推进天津滨海新区开发开放，将天津的发展上升到国家战略。2014年，京津冀协同发展战略开始实施，天津又迎来了新的发展机遇。但历史的包袱过于沉重，曾经引以为傲的大制造、大工业、大化工现如今反而成为天津转型发展的掣肘，新旧动能转化的关口在即，旧动能势力越大，新动能越难获得萌芽和发展的机会。

因缘际会，长城战略咨询作为一家北京的咨询机构，其在北京的影响力自然而然能够传导到一墙之隔的天津。历史上，长城战略咨询与天津经济技术开发区有过良好的合作，后与天津高新区建立了全面战略合作关系。在这个过程中，我们深入了解了天津这个城市，也全面参与了天津市的一些重大战略决策的咨询研究。

3.1.1 在天津塑造高端咨询机构的形象

进入21世纪的第一个10年，"滨海新区"一定是个重要的关键词，而长城战略咨询与天津高新区的合作渊源也与此有莫大的联系。2006年5月，国务院印发《国务院关于推进天津滨海新区开发开放有关问题的意见》（国发〔2006〕20号），推进天津滨海新区开发开放上升为国家战略。7月，天津市政府常务会议决定天津高新区管委会参与滨海新区建设，重点建设"滨海高新区"。天津高新区进入融入滨海新区发展的新阶段。

2008年1月，天津市第十五届人大一次会议审议通过《天津市2008年政府工作报告》，将"以建设产业功能区为重点，加快滨海新区开发开放"，作为当年要重点抓好的10个方面工作之首，提出了"建成滨海高新区""完善滨海新区规划体系。围绕功能定位和空间布局，全面完成8个产业功能区规划""提高优势产业集中度。加快绿色能源产业基地等8个聚集区建设"等一系列与天津高新区发展密切相关的要求。长城战略咨询与天津高新区的合作渊源也由此开启。

2008年8月，天津高新区经济发展局局长夏新来访长城战略咨询，我与武文生总经理、刘明明一起接待，夏新局长提出要按照滨海新区总体战略规划要求，面向2020年研究确定天津高新区产业空间布局调整和规划定位，双方商定按照产业空间布局、产业规划研究两个阶段推动工作实施。工作团队快速响应，深入天津高新区现场全面调研基础情况。第一阶段历时一个半月，完成了工业和服务业空间布局规划，并向天津高新区两委进行了汇报。第二阶段重点聚焦新能源、生物医药、装备制造、高端IT等天津高新区优势主导和潜力产业开展产业研究，并编制总体产业发展战略规划，形成"1+4"产业研究和规划体系，于2009年2月完成项目研究任务并结题。

此次针对委托研究项目提出重要研判：天津高新区"产业结构有待优化，产业战略时序需要调整，政府资源的配置方向需要细化"，首次提出天津高新区要打造"具有全球影响力的高技术产业中心"的战略定位，前瞻性提出按照高技术企业、高科技成果转移转化的空间规律确定产业分工协作格局，即构建以"南开功能区为产业基础创新区，华苑和滨海直属辖区为高技术产业化基地，武清、北辰、塘沽功能区为高端制造区"的"一二三"产业空间格局。此外，项目还着重提出要把机制体制创新作为促进产业发展的重要动力加以重视和关注，从规划约束机制、专项发展资金、创新创业体系建设、土地高效利用、园区品牌建设等方面设计提出了具体策略方案。

长城战略咨询与天津高新区的合作，从这次产业空间调整规划开始。研究提出的观点论断、发展定位，以及设计的工作举措，为天津高新区持续打造区域创新高地提供了参考指引。另外，时任高新区经济发展局局长的夏新很认可长城战略咨询，跟我们结下了深厚的友谊。随着他到宁河区任副区长、区长，以及后来在东丽区当区委书记，他都会邀请我们一起去研究一些重大问题。

2009年，我们承担了天津高新区新能源产业规划编制任务，成果受到天津高新区管委会的高度肯定。随后，又承担了天津市新能源产业规划的编制任务，这个成果也得到天津市经信局的肯定。

2012年，滨海新区经信委又提出要加强都市工业研究，要编制滨海新区都市工业发展规划。为了能够邀请到全国最优秀的咨询机构参加，滨海新区经信委专门派了一位处长到北京总部来交流，希望我们能够去参与投标。双方交流得很愉快，我们欣然接受邀请。但在开标当天，我们在已经以最高得分中标的情况下，被经信委处室负责人告知课题研究经费只有20万元，与沟通预期相差甚远，且明显低于长城战略咨询内部对合作报价的管理要求，长城战略咨询同事彭晖现场联系我，我决定放弃参与竞标，这也导致了招采工作未能完成。金东虎主任了解到此事后，颇为意外，联系我说："长城战略咨询是高端咨询机构"云云。自此，长城战略咨询在天津，就一直冠以"高端咨询机构"之名。

3.1.2 具有国际竞争力的产业创新中心

2009年，为应对全球金融危机和经济衰退冲击，出台《国务院关于发挥科技支撑作用促进经济平稳较快发展的意见》（国发〔2009〕9号），明确提出"国家高新区要充分发挥在引领高新技术产业发展、支撑地方经济增长中的集聚、辐射和带动作用"，为进一步推进创新型国家建设，提升国家自主创新能力，2009年3月，国务院批复同意中关村科技园区建设全国第一个国家自主创新示范区，此后相继批复了东湖、张江、深圳、苏南等国家自主创新示范区。

2013年2月，天津高新区筹划申报国家自主创新示范区，草拟了向部委的汇报稿，管委会领导请长城战略咨询对汇报材料提出专家意见。22日下午，王德禄所长、武文生总经理、赵慕兰老师和我等人到高新区管委会与副主任刘力、夏新等，就天津自主创新示范区的示范重点、战略定位进行了深入探讨交流。自此，围绕申建国家自主创新示范区的系列筹划事宜，长城战略咨询与天津高新区共同开展了申请自主创新示范区调研、自主创新示范区创建方案、筹备部际联席小组调研考察、自主创新示范区规划纲要编制等系列工作。2014年12月，国务院正式批复同意支持天津滨海高新技术产业开发区建设国家自主创新示范区，天津自主创新示范区成为全国第6家国家自主创新示范区。

前期申建阶段，长城战略咨询与天津高新区主要就建设天津自主创新示范区的意义、定位和示范任务开展了多轮次方案研讨，我和所领导提出天津自主创新示范区要重点围绕打造中国经济升级版核心引擎、探索"中国制造"转型升级新路径，并与天津高新区管委会领导反复讨论，确定了战略定位是要打造具有国际竞争力的产业创新中心，该定位受到天津自主创新示范区部际协调小组各部委的高度认可。后来夏新经常说，打造"具有国际影响力的产业创新中心"这个定位出自长城战略咨询之手，准确地说，应该是陈文丰提的具体建议。

后期按照国务院批复要求，继续推进规划纲要编制工作，规划纲要进一步研究解析了天津自主创新示范区战略定位的"三个特征"，即市场化、国际化、法制化。"四大内涵"，即产业创新要素高度集聚、创新创业生态活力迸发、新技术新模式新业态蓬勃发展、主导产业竞争优势提升。同时，制定了天津自主创新示范区重点建设任务，并对"一区多园"发展模式与机制进行了设计。规划纲要于2015年12月获得天津自主创新示范区部际协调小组会签同意，并由科技部正式印发。

在支撑天津高新区申建自主创新示范区之前，在时任天津高新区发改局局长聂伟迅的邀请和管委会领导的支持下，长城战略咨询已与天津高新区进行深化合作的初步沟通和设计准备。基于双方在自主创新示范区申建重大事项中的深度合作，长城战略咨询落子天津建设全国第4个外埠业务中心也水到渠成，2015年长城战略咨询在天津高新区正式注册全资子公司"天津智识"（2020年更名为天津长城新经济研究院有限公司）。

2017年，长城战略咨询助力天津高新区成功获批全国第二批双创示范基地等多项荣誉奖励，双方合作更进一步，开始一次性签订3年战略合作协议的深度合作，也尝试探讨以共建产业创新研究院的形式合作，为后续研究院落地探索了方向。这3年，双方合作的广度和深度不断加大，一是合作内容深入到具体细分产业领域，如在新一代信息技术产业领域，聚焦高新区自主可控的优势，协助申报获批全国唯一的网络信息安全产品和服务产业集群。二是合作对象由发改局，扩展到科技局等，支撑科技局成功申报科技部"打造特色载体推动中小企业创新创业升级"的项目。

在双方多年合作基础上，2019年有两个关键节点促成天津自主创新示范区新经济研究院顺利落地。第一个关键点是2019年8月，高新区党委书记单泽峰提出希望长城战略咨询就高新区发展思路和方向，研究编制一份高水平的战略报告。对接过后，立刻组织项目组开展研究，短期内递送了10页纸的新时期天津高新区"三次创业"高质量发展战略咨询报告，得到两委领导认可，后续又联合高新区谋划提出建设"中国信创谷"，支撑高新区树立了首位度产业，并在全国打响知名度。第二个关键点是2020年8月，长城战略咨询王德禄所长和我到天津高新区与单泽峰书记见面会谈，提出通过长城战略咨询新物种企业资源、智库优势、产业促进新打法等为高新区发展赋能，推动高新区做高端生态、做天津市转型的引领者。在双方合作方向、合作目标等方面达成高度一致，加速关于天津自主创新示范区新经济研究院的合作驶入快车道，9月24号，双方签订3年战略合作协议，天津自主创新示范区新经济研究院正式运行。

2020年12月，所长和我到天津高新区参加天津自主创新示范区新经济研究院揭牌仪式，双方共商共谋、互促发展，携手共进开启合作新篇章。目前，天津业务中心已发展成为拥有近30人、综合实力较突出的地方业务中心之一。

3.1.3 "中国信创谷"的提出

"中国信创谷"的建设概念首提于2020年，是基于时势背景及天津高新区信创全生态产业链布局、国家唯一网络信息安全产品与服务集群建设特色优势而提出的发展战略，其核心承载区为天津高新区海洋片区（原"海洋科技园"），辐射区覆盖天津高新区全域。经过全区多年聚力建设，"中国信创谷"已成为支撑天津打造国之重器、打造我国自主创新的重要源头和原始创新的主要策源地的重要落脚点。

为贯彻落实党的十九大关于建设海洋强国的战略部署，2019年年初天津市委市政府对滨海新区提出了"向东向海"的发展要求，滨海新区"向东向海"、打造高质量发展引领区就此拉开帷幕，天津高新区海洋科技园首当其冲成为战略要地。

2019年7月，滨海新区区委书记张玉卓带队深入天津高新区海洋科技园实地调研，提出"把海洋科技园作为主战场，下大力气做好产业定位和区域规划，举全区之力把海洋科技园区打造成为高水平科技园区"等相关指示要求。天津高新区为全面落实"向东向海"发展战略、全面开发建设海洋科技园，由"一把手"牵头组织，委托长城战略咨询开展"中国信创谷"重大发展规划编制任务。

该规划项目重点提出了4个创新点：一是在全国范围内首次提出打造"中国信创谷"，聚焦国家自主可控和信息安全重大关切，打造我国首屈一指的信创产业承载基地，树立区域品牌定位与优势亮点；二是系统研判天津高新区多年来产业特色与基础依托，锁定以信息技术应用创新产业为核心打造首位度产业，牢牢牵住自主创新"牛鼻子"，突破芯片设计、制造，操作系统适配攻关，行业开放应用等关键核心领域"卡脖子"困境，从打造"安芯智业"产业体系逐步破题布局"311信创体系"，全面绘制产业图谱，清晰明确了天津高新区在信创链条布局上的强链补链着力点；三是立足战略清晰、方向准确的思路框架，提出实施主体引聚、平台搭建、场景驱动、金融赋能、群体突破五大工程，培育战略力量，构建政产学研用金服一体化联合创新生态，并配套出台3年行动计划；四是双规充分结合，产业规划与国土空间规划同步开展，以战略定产业，以产业定空间，规划具有较强的可操作性。

3.1.4 两次在天津举办中国独角兽企业发布会

长城战略咨询对独角兽企业的研究缘起于2015年与中关村的合作，时任中关村管委会主任郭洪提出，希望长城战略咨询能够选取一种更能够代表中关村自主创新示范区创新企业发展特色的企业，项目组通过大量的资料梳理后，引进了"独角兽企业"这一概念。双方联合开展独角兽企业研究课题，最后于2016年发布了国内首份独角兽企业榜单——《2015年中关村独角兽企业榜单》，此次发布引起了广泛关注，媒体竞相报道相关内容，后续决定将独角兽企业研究扩展到全国范围。2017—2019年，长城战略咨询连续3年发布《中国独角兽企业发展报告》，研究成果获得中央电视台、新华社、新浪网、网易新闻等众多主流媒体报道。

2020年，之前由长城战略咨询支撑完成的《天津市科技领军企业和领军培育企业认定补助办法（试行）》的支持政策面临调整，天津市企业培育工作也亟待升级，天津市科技局局长戴永康联系到长城战略咨询总经理武文生，希望能够再次支撑天津市科技型企业培育工作，恰逢长城战略咨询正考虑将中国独角兽榜单发布大会走出北京举办，经过双方多轮沟通，天津市科技局有意承办该大会，因此顺利推动了中国独角兽榜单发布会走出北京、落地天津，助力天津市科技型企业引育。

2020年7月28号,天津市科技局与长城战略咨询在万丽宾馆联合举办2020中国(天津)高成长企业发布会(图3-1)。本次发布会持续一天时间,共分3个大的议程,上午由长城战略咨询总经理武文生发布了《2019年中国独角兽企业研究报告》,66家独角兽企业、7家潜在独角兽企业、140位企业家来到现场,以及10多位专家学者、50位投资机构和银行机构代表等参会。下午举办天津经开区、天津滨海高新区、武清区3个区域的对接会和市长闭门会,张国清市长出席并讲话,52家独角兽企业代表参加座谈,云知声、科信美德、百望云、能链公司、首汽约车、医渡云、特来电、中创为量子、水滴科技集团、春雨医生等10家独角兽企业的主要负责人发言,介绍了主要业务、拟在天津落地的项目及政策诉求、对天津引育新动能的建议等。

图3-1　中国高成长企业发布会第一次在天津举办

本次发布会顺利召开且成效突出,30多家企业提出明确来津布局意向,如微医集团提出拟在天津落地整个华北地区的总部、北方联产平台及医保支付改革示范区,水滴科技集团规划将在天津落户区域总部,春雨医生将设立第二总部并落地互联网业务,第四范式计划建立一平台、一总部、四中心和一配套基金以打造人工智能产业服务生态等。12家高成长企业完成现场签约,分别是天津滨海高新区与水滴科技集团、云天励飞、来也科技、农信互联、星环科技,天津经开区与春雨医生、零氪科技、哈啰出行、第四范式、智云健康，武清区与诺禾致源、圆心科技。2020年大会的成功举办让天津科技局的领导下定决心来推动2021年大会继续在天津召开。2021年4月26日，大会如期在万丽宾馆举行。

两次大会在天津召开，感触非常深刻。同样的流程重新走了一遍，只是参加的主角——独角兽企业更多了，这说明独角兽企业作为一种新经济现象得到了更广泛的关注。天津市政府的领导张国清对企业作为创新主体对新旧动能转换的意义非常重视，他曾经说过，"引育新动能要依靠众多高水平高新技术企业支撑"。应该说，天津这一轮对于科技型企业的培育走在了全国前列。历史上，天津就是培育发展科技型中小企业的楷模，其"科技小巨人"企业纷纷被全国其他城市所效仿。这一轮，天津市科技局提出要打造科技型企业梯度培育计划，构建"雏鹰—瞪羚—科技领军企业"的三层梯度，率先提出要打造一批科技领军企业。而在党的二十大报告中正式提出科技领军企业，这也证明天津科技工作的率先性和超前性。

两次大会的召开，对于天津而言，就是一个营造创新生态环境的过程。可以这么讲，天津发展慢有很多因素，其中一条就是缺乏创新创业的思维和意识。天津在过去几年中，通过链接中关村的平台型企业和领军企业，涌现出了几家不错的独角兽企业，如高新区的五八到家等。但总体上还是不够，新经济主体的涌现必定跟区域的创新创业生态密切相关。所以，通过大会的洗礼，为各部门、各区县的发展增添新经济驱动发展的元素，意义重大。

这两次大会在天津召开，对所里同样意义巨大。这是通过市场化方式，让中国独角兽榜单发布大会第一次顺利走出北京，走向全国。在这之后，长城战略咨询就逐渐开始跟全国各个城市接触，探索联合举办中国潜在独角兽大会、哪吒大会、新经济发展大会、新赛道大会、场景创新峰会等系列"城市大会"。比较成功的是2020年9月跟江西南昌市委市政府共同举办"2020年中国潜在独角兽大会"，2021年6月底跟苏州工业园区共同举办"2021年中国潜在独角兽大会"，2021年10月跟南京共同举办"中国新赛道体系大会"，2022年9月跟合肥共同举办"中国场景创新峰会"等。这些大会的召开大大提升了长城战略咨询的品牌影响力、生态影响力。

3.1.5　站在中国经济南北问题的前沿

最近几年，南北差距被频繁提到，尤其是在2018年全国第四次经济普查之后，国家统计局对各省GDP按照统一口径进行了修订。天津、吉林、黑龙江和山东的下调幅度均超过10%，其中天津、吉林和黑龙江超过20%，天津甚至接近30%，河北、山西、内蒙古、辽宁和宁夏的下调幅度也超过了5%。而南方，只有广西和湖南出现下调，且下调幅度都很小。同时与"挤水分"相反，数据上调的省份表明其经济实力被低估，而上调的省份则大多位于南方，这些结果都显示南北经济差距在进一步拉大。

1990年改革开放初期，北方城市排名全国前十的有北京、天津、沈阳、大连4个城市，排名前11至前20位的也有4个城市，分别是青岛、潍坊、大庆和烟台。但到了2019年前十城市只剩下了北京、天津，而到2020年，GDP前十的北方城市只剩下北京一个，天津跌出前十，用坊间的评论说"创下清末以来的最低排名"。

在南北差距中，天津的"落寞"是北方经济发展的缩影。曾经的天津，是民国时期全国第二大城市，有"南上海、北天津"的说法；是新中国工业的摇篮，诞生了飞鸽自行车、海鸥手表、北京电视机、牡丹缝纫机等100多个"第一"。究竟为何"落寞"至此、经济从高位跌落，本质上还是长期积累的深层次矛盾所致，结合多年对天津的认识和了解，我从长城战略咨询扎根服务天津的智库角度，去谈谈自己的理解。

第一，我觉得最大的原因是对传统工业发展路径的较大依赖。改革开放后天津抓住制造业全球化机遇，积极承接摩托罗拉、三星、丰田等一系列大项目落地，同时2006年，建设滨海新区上升为国家战略，靠重大投资拉动经济增长，天津经济进入飞速发展期。与此同时，2008年全国其他地方，尤其是南方都在进行产业升级，转型发展新经济，但以天津为代表的北方，对传统工业发展路径形成了较大依赖，在抢跑数字经济、智能经济等新经济赛道的竞争中"醒得晚、慢一拍"，错过了以互联网为代表的新经济发展大潮，导致目前处于新旧动能转换的青黄不接时期，旧动能支撑不够、新动能培育不足。

第二，我觉得最核心的原因是市场化程度不足。从企业视角来看，天津甚至北方国有企业偏多，民营经济发展不如南方活跃，整体经济发展缺乏活力。改革开放之后，南方依托便利的海运和长江内河航运优势，通过市场化改革大力发展外向型经济，民营经济非常活跃，长三角和珠三角城市之间的辐射效应和联动效应也愈发增强，经济逐渐崛起。而北方国有企业长期依靠要素和投资驱动发展，导致市场化改革内生动力不足，严重阻碍新经济、新动能培育及产业转型升级。

究其根本，还是思想观念、认知的问题。经济的大发展、大转型，离不开思想的大解放、观念的大更新、认知的大升维。天津甚至北方，还是要解放思想，不管是产业转型还是科技创新，都要敢于打破常规、敢为天下先，敢于做制度创新、做新经济试验田，做到"法无禁止即可为"，使得在下一轮竞争中处于主动，夺得先机，实现经济社会跨越式发展。

天津的问题，在全国不是个案。我一直秉持一个观点，新旧动能转换是一个通用性命题，在各个城市都是普遍存在的，只是所谓的旧动能、新动能在不同的城市其内涵和表现形式不一而已。在东北，资源性行业和重型装备是旧动能，济南的大化工与机械制造是旧动能，而到了苏南这种发达区域，低端的、附加值不高的外资则成为旧动能。资源是有限的，只有将有限的资源投入边际效益更高的新动能中去，培育发展更多高成长性企业主体，涌现更多的新领域和新赛道，才能在激烈的区域竞争中获得主动权。

3.2　重庆：科学之城、创新高地

重庆是我国西部的政治经济中心，常闻名于山城风光、巴渝美食和工业经济，在全国创新发展格局中并不占优势。重庆高新区作为1991年国务院批准建立的首批国家级高新技术产业开发区之一，产业基础好，发展势头强，一度成为重庆市经济发展的重要战略平台，位列全国高新区第一梯队。但伴随着全市总体战略的不断调整，重庆高新区经历了几次起落，最后迎来了国家部署建设西部科学城的重要契机，不仅使自身在新的发展阶段焕然新生、扬帆起航，也为重庆市在全国创新版图中争得了一席之地（图3-2）。

图3-2　陈文丰参加重庆全市创新驱动发展专题培训班

长城战略咨询与重庆市科技经济发展，尤其是高新区建设，长期保持着紧密联系。早在2007年，长城战略咨询就曾参与重庆市一小时经济圈专题研究，此后陆续承担了重庆自主创新示范区创建、重庆高新区总体战略等重大课题。2020年重庆业务中心正式落地，开始全面参与西部（重庆）科学城的战略选择、路线设计。在此过程中，长城战略咨询也实现了从见证者到亲历者的角色转变，对重庆科技经济发展有了更加深刻的认识。

3.2.1 最大的跳跃：从九龙坡到沙坪坝

重庆高新区脱胎于1988年成立的沙坪坝科技产业开发试验区，1991年更名为重庆市高新技术产业开发区，后经国务院批准，成为首批27家国家高新技术产业开发区之一。2001年重庆高新区受北部新区委托，代管50平方公里高新园，高新园双创氛围浓郁、环境优美、设施完善，吸引了众多高新区老区的优质企业迁入，也逐步成为高新区当时的发展重心。彼时重庆高新区政策优势、资源条件在全市名列前茅，还一度位列全国高新区第一梯队，被誉为"西部明珠"。

然而在2005年后，随着北部新区管理权限逐步落实，高新区人力、财力、物力流失，"西部明珠"不复昔日地位。2010年，重庆两江新区获批成立，重庆市委、市政府决定将北部新区高新园全部移交两江新区，重庆高新区则交由九龙坡区管理，并在九龙坡西部地区重新明确54.3平方公里进行开发建设，新组建的高新区管委会只行使开发建设和经济管理职能。2013年，高新区规划、国土、税务、公安等部门也交由九龙坡区合并管理，高新区工作效率大大削减。接连几次管理体制和发展空间的调整，使得重庆高新区"元气大伤"，特别是在一路高歌猛进的两江新区面前，显得有些黯淡。

幸而，陷入低谷的重庆高新区很快迎来了转机。2017年，曾主政东湖高新区的唐良智赴重庆工作，将高新区重新摆到了重要位置，在2018年重庆市政府工作报告中提出"推动高新区、农业科技园区和大学科技创新城升级发展"。次年7月，唐良智调研重庆高新区时强调："重庆高新区要以创建国内一流高新区为目标，大力培育和发展高新技术企业。"

这时，我们敏锐地意识到，建设世界一流高科技园区或将是重庆高新区崛起的新机遇。当时，科技部已认定中关村、张江、东湖、成都等10余家世界一流高科技园区，天津、济南等地也在积极开展筹建工作。为此，长城战略咨询受重庆高新区委托，开展了重庆高新区建设世界一流高科技园区战略研究。在这次研究中，我们建议重庆高新区需要在管理体制机制、发展空间、创新资源、场景建设、政策先行先试五大方面积极争取市委、市政府的支持。尽管因各方面原因，重庆高新区至今未能进入世界一流高科技园区序列，但这些建议对重庆高新区的长远发展产生了深刻影响，也在一定程度上促进了后来的重庆高新区发展"升级版"。

创新高地的创新传奇
Legends of Innovation Hubs

2019年，重庆市委、市政府经过长达一年的酝酿，作出打造重庆高新区发展"升级版"的重大决策部署，赋予高新区建设重庆科学城的战略定位和发展使命。根据《关于重庆高新技术产业开发区行政管理事项的决定》，重庆高新区明确为直管园和拓展园两部分，管理范围扩大至1031.2平方公里，其中直管园囊括了西永微电园、大学城等重要载体平台，高新区管委会作为市政府派出机构，授权享有副省级行政职能，实现全面独立运转。时隔20多年，重庆高新区的发展核心再一次回到了沙坪坝，西部科学城版图开始隐现。

在重庆高新区"华丽转身"的关键时刻，长城战略咨询参与了其中两项工作。2019年5月，长城战略咨询受高新区管委会委托，负责编制升级版高新区的发展战略规划和创新生态建设专题研究。5月24日，我带着项目组跟高新区管委会主任做了一次有效的沟通。当时，我重点谈了9个问题：

①规划的出发点和落脚点是重新找回重庆高新区的江湖地位；
②重庆高新区有特殊性，肩负工业化和高质量发展的双重使命；
③15年的战略研究重点是未来研究、想象力、洞见力；
④3年实施方案要强调重大项目、重大平台、重点空间的谋划；
⑤两个子课题是战略规划的重要补充；
⑥做好摸底调研是规划工作的重要基础；
⑦外部专家参与是规划质量的重要保障；
⑧双方共同工作，不是交钥匙工程；
⑨希望能够与重庆高新区共同成长，建立长期战略合作关系。

管委会主任当即做了积极回应，强调要谋长远、重当下，选择下一步重点发展的产业方向。希望我们快速启动，进入程序，做好调研工作。这次沟通效果甚好，为后面双方的战略合作打下了良好基础。

在随后的战略规划研究中，我们提出了几点关键性的认识：第一，升级版重庆高新区要高举科学城旗帜，打造一个以产业技术创新和新兴产业发展为主，兼顾基础研究、新城建设等功能的新型科技园区；第二，升级版重庆高新区要换道新经济，通过营造创新生态、主动抓爆发点构建产业，培育世界级产业集群；第三，"1336"发展设想，即一个愿景、三大路径、三个阶段、六大任务，阐明了升级版重庆高新区的发展路径。

此次研究很好地解决了"如何处理高新区与科学城关系""如何统一规划的前瞻引领性与可实施性"等问题，为《西部（重庆）科学城发展战略规划》和《重庆高新区"十四五"科技创新发展规划》的出台奠定了基础。

3.2.2 重庆自主创新示范区的创建

从 2010 年左右开始，自主创新示范区就成为全国科技园区建设的热点话题，重庆自主创新示范区创建启动较晚。2015 年，重庆市委、市政府在《重庆市深化体制机制改革加快实施创新驱动发展战略行动计划（2015—2020 年）》中提出"以两江新区为核心，高新区、经开区、璧山高新区为载体，加快申报国家自主创新示范区"。创建国家自主创新示范区是当时重庆市推进科技创新工作的重要抓手，时任重庆市委副书记、市长的张国清曾多次作出重要批示。

2015 年 8 月，长城战略咨询受重庆市科委委托，负责编制《重庆高新区建设国家自主创新示范区建设方案》及《重庆国家自主创新示范区发展规划纲要》。当时我们对自主创新示范区的理解与产业功能区有本质不同，自主创新示范区属于政策区，即拥有执行某些政策和先行先试的权利的区域。国务院实际批复的不是一片特定区域，而是同意某个主体去做某些"事"，这个最核心的"事"，就是通过先行先试改革，不断提高自主创新能力，进而发挥示范和带动作用，这些问题成为规划研究时需要重点解决的问题。

经过反复斟酌、研讨，我们最终化繁为简，确定重庆自主创新示范区的总定位是"建成具有重要影响力的西部创新中心的核心区"，并提出"创新驱动引领区、科技体制改革试验区、内陆开放先导区"等 4 个分定位，旨在进一步凸显自主创新示范区在推动改革上的示范作用。

在重庆自主创新示范区的空间布局上，我们尽可能考虑已有的基础条件。照母山片区聚集了大量创新型企业和高端研发机构，并且拥有众多高端写字楼，是推进科技型创业企业成长、"互联网+"创新创业发展的优先选择；重庆科学城则紧扣"科学+城"功能，重点提升原始创新能力，积极建设国家科学中心，大力开展校地协同创新等；石桥铺、二郎片区则突出发挥"数码城"特色，加大制度供给、服务供给、创新要素供给，打造智能软硬件中心。最终确定以照母山片区为主建设科技创新城，以金凤、白市驿、含谷片区为主建设重庆科学城，以石桥铺、二郎片区为主建设创新创业中心，后续将视情况逐步拓展其他区域。

2016 年 4 月，科技部赴重庆调研自主创新示范区创建工作。7 月，国务院正式同意重庆依托两江新区核心区与重庆高新区建设国家自主创新示范区，我国第 17 家、西部第 2 家国家自主创新示范区正式诞生。

长城战略咨询从 2015 年启动工作到 2017 年定稿交付，深度参与了重庆自主创新示范区从申报到创建成功的整个过程，期间经历了领导调整和思路改动，在总体战略选择、空间布局确定、工作任务设计等方面发挥了决定性作用，这次合作也成为长城战略咨询与重庆高新区携手共进的良好开端。

3.2.3 横空出世的西部（重庆）科学城

2020年1月，习近平总书记在中央财经委员会第六次会议上提出明确要求，支持成渝两地以"一城多园"模式合作共建西部科学城。重庆市委、市政府深入贯彻党中央决策部署，以重庆高新区为平台，举全市之力、集全市之智，高标准高起点规划建设西部（重庆）科学城。重新规划后的西部（重庆）科学城以重庆高新区直管园为核心区，拓展区涉及北碚、沙坪坝、九龙坡、江津、璧山等5个行政区部分区域，"一核五区"全域范围扩大至1198平方公里。

随着西部（重庆）科学城的启动建设，各种问题接踵而至：如何统筹科学城与高新区的关系？西部（重庆）科学城应当发展什么科学和产业？如何加快推进科学城建设？这些困惑需要充分借鉴各地区科学城的经验。刚好重庆高新区党工委中心组集中学习暨第二期"高新讲坛"开讲，邀请我去授课（图3-3）。2019年12月11日，我赴重庆高新区做了题为"国内外科学城（科技城）的理论、现状及案例"的培训。其中，我重点阐述了科学城所承担的国家使命及承载的功能，"科学城是以提升原始创新能力为核心，集聚高端科研基础设施、多元创新主体和创新服务等创新要素，涵盖基础研究、应用研究、产业共性关键技术创新、新产业新业态培育等功能，具有数字化形态、高端人才宜居的重要创新载体。"

图3-3 陈文丰参加重庆高新区党工委中心组集中学习暨第二期"高新讲坛"

2020年年初，长城战略咨询首先开始着手《西部（重庆）科学城战略规划》的研究编制。这次战略规划编制工作有几个难点：一是规划要充分结合中央对成渝地区双城经济圈的定位，思考科学城在成渝乃至全国层面的使命和任务；二是规划要主动融入成渝地区双城经济圈建设，尤其是要与西部（成都）科学城加强差异化、协同化，考虑如何通过科技要素的集聚实现创新外溢；三是科学城拓展区涉及重庆5个行政区，科学城战略规划不仅要与行政区保持连贯，更要站在全市视角谋篇布局、突出重点。充分考虑这三大难点后，我们在战略规划中提出了"科学之城、创新高地"总体定位，明确聚焦科学主题"铸魂"、面向未来发展"筑城"、联动全域创新"赋能"发展任务，聚力打造"科学家的家、创业者的城"，在成渝地区高质量发展中展现新作为、作出新贡献。

在编制战略规划过程中，我们也在同步思考几个问题。

第一，科学城应当发展什么科技？我们把重庆自身创新资源禀赋和产业发展需求作为切入点，第一优先选择创新资源基础良好且符合重庆产业发展需求的领域，鼓励其向科学前沿领域探索，开展应用研究，拓展科技价值；第二重点选择创新资源基础良好且有绝对优势的领域，虽然在当前阶段不是产业主要方向，但其经济价值高，鼓励抓住技术成果转化衍生产业的机会，培育一批内生创新型企业；第三补充选择创新资源薄弱，但有产业基础或发展需求且经济潜力大的领域，引导本地高校院所开展关联研究，引入国内外创新资源，开展国际科技合作交流。基于此逻辑，我们最终筛选确定了信息科学、物质科学、生命科学、空天科学四大科学方向。

第二，科学城应当发展什么产业？我们认为，科学城不仅承担着原始创新的任务，也是重庆对未来新型城市形态的探索。科学城建设既要突出城市品质，面向未来城市布局智能化场景，也要聚焦创新驱动，发展高新技术产业。科学城既要做大做强存量产业，也要超前谋划新兴产业。我们对科学城全域进行了深入摸排，结合国内外产业的新趋势，最终确定西部（重庆）科学城应重点打造大健康、新一代信息技术、先进制造、高技术服务四大产业集群。

第三，科学城如何统筹科技创新中心、综合性国家科学中心的概念内涵？我们提出，从功能定位来看，科学城、科技创新中心、综合性国家科学中心均重视科学研究、人才集聚等功能。不同之处在于，从"综合性国家科学中心—科学城—科技创新中心"，是从专一到综合的功能演化。综合性国家科学中心以"研"为重、"产"为辅，科学城注重"人—科—产—城"的全方位结合，科技创新中心的功能则是前两者的总揽。因此，西部（重庆）科学城应把建设综合性国家科学中心作为推进基础研究的核心抓手，把建设科学城作为承载综合性国家科学中心成果转化的核心平台，进而支撑成渝地区建设具有全国影响力的科技创新中心。

在开展西部（重庆）科学城战略规划研究的同时，我们也同步开展了重庆高新区"十四五"规划纲要、重庆高新区"十四五"科技创新规划编制工作。后续陆续支撑了科学城创新生态建设、产业促进、企业培育、活动承办等多个方面的工作，工作效率、成果质量获领导高度评价。历经30余年，重庆高新区几经沉浮，终于在新的发展阶段焕然新生、扬帆起航。

3.2.4　重庆高新区的下一个机遇

重庆自主创新示范区成功创建之后，长城战略咨询开始参与全市高新区的建设发展。2016年，重庆市政府办公厅印发《重庆市市级高新技术产业开发区认定和管理办法（修订）》，全面启动市级高新区的认定工作，旨在打通"市级高新区—国家高新区"的创建通道。当时，全市仅有重庆高新区、璧山高新区两家国家高新区，永川高新区和荣昌高新区尚处于创建初期。

2018年3月，我收到重庆市科委的邀请，赴科委中心组做一次关于高新区管理体制和创新创业生态的培训。这次培训由市科委副书记徐青主持，科委各处室、各事业单位负责人都参加，我讲的题目是"国内园区的成功经验对重庆的借鉴"。在分享了国内优秀园区的经验后，我讲到重庆高新区目前存在的问题，重庆高新区在全国高新区中的位置和影响与重庆作为直辖市及重庆在全国的经济地位是不相符的。并给出建议：市政府要对高新区进行充分授权，出台《下放权力清单》；高新区各部门进行大部制改革；树立对标先进意识，加强对先进高新区的学习和联系；以自主创新示范区统领全市高新区发展；学习江苏经验，出台《重庆市高新技术产业开发区创新驱动综合管理办法》，加强对全市高新区的指导、考核、评价和奖惩。这次培训取得了较好效果，使我们跟重庆市科委的合作关系更加融洽。

2018年，永川科委主任、永川高新区管委会副主任张朝国与我联系，希望长城战略咨询承担永川高新区总体规划的产业与创新部分研究。彼时的永川高新区获批成为重庆第4家国家高新区，对高新区发展方向、路线的认识基本为零。我们经过研究后提出，永川高新区应坚持"三变、三不变"，即坚持产业发展导向、产城融合方向、高端链接手段不能变，同时产业理念要变、创新生态要变、体制机制要变，以"创新驱动智能产业升级，引领全区实现高质量发展"为主线，真正把高新区作为全区实现高质量发展的重要战略性平台来建设。此后几年里，长城战略咨询陆续参与了涪陵、綦江、梁平创建国家高新区的工作，以及忠县、黔江、开州创建市级高新区的相关工作，对重庆市高新区建设有了更深刻的认识。

2019年6月，重庆市委副书记、市长唐良智主持召开了首届重庆市高新区干部大会，强调"高新区肩负着重大使命，承担着重大责任。高新区干部要干实干好共同事业，增强认同感，努力在新时代重庆改革发展中展现新作为、实现新突破"。我们感觉到，重庆市高新区可能迎来了前所未有的重大机遇。当时，重庆全市已经创建了4家国家高新区和8家市级高新区，梯队基础已经成型，但国家队排名下滑、管委会体制不顺、高新区有名无实等问题非常突出。

对此，我们迅速与重庆市科委有关负责人开展研讨，共同谋划了市级高新区考核评价、高新区发展大会等一系列"建章立制"的工作。其目的在于加强全市高新区的统筹管理和支持力度，真正把高新区做深做实，加快以升促建、能级提升、争先进位，成为全市稳经济的主阵地、保增长的主引擎。

3.3 南京：创新名城

南京坐落于长江中下游，沿江而上，不到几百公里就能到安徽宿松。儿时听附近人说外出工作、上学、求医最多的地名，不是安徽的省会合肥，而是周边江苏的省会南京或者湖北的省会武汉。作为六朝古都，南京自然而然有股霸王之气，其优势资源会辐射和影响到华东周边各省份，尤其对安徽影响更大，南京三面被安徽各地市包围，外界戏称南京为"徽京"。

南京是我国少有的科教资源密集区之一。我们以前老说，武汉是全国乃至全球高校在校生最多的城市，2021年在104万人左右，而南京也达到了惊人的95万人，超过了上海。但有段时间，南京被合肥超过，合肥在创新方面的风头正盛。仔细分析后发现，南京的创新资源比较分散，缺乏集聚显示效应，又缺乏国家战略做支撑，因而在与杭州、合肥的竞争中落到了下风。后来，南京创新名城建设吹起号角，一时间南京动作很大，对全国的创业者和前沿科技企业具有非常强的吸引力。

正因为创新资源比较分散，我们与南京几个创新资源比较集中、产业基础比较雄厚的区域都有着比较深入的合作。最近几年，围绕新赛道和一流园区建设，我们跟南京市科技局（南京高新区管委会）有了密切的对接。江宁，南京工业基础最好的区域，创新也很有特色，江宁经开区作为一家新升级的经开区，能在全国经开区体系中排名第六，全靠创新工作有特色所赐。栖霞，仙林大学城、南京经开区皆坐落于此，因而依托大学城建设科技城是我们咨询服务中的一个重点方向。雨花台区,因有中国软件谷而增色不少,自始至终我都认为这是南京双创氛围最好的区域,我们曾就软件产业的发展进行过具体探讨。

3.3.1 "创新名城"中的南京高新区

2017年12月,在创新名城建设启动之初,南京就率先启动了全市科技园区整合设立工作,将分散在各区的83个园区载体整合为15个高新园区,实施"统一规划、统一考核、统一政策、统一品牌、统一服务",对外统称"南京高新区"。至今,南京坚持把高新区作为创新名城建设的主平台和主阵地进行全力打造,南京高新区实现了从"分散式"到"一盘棋"的跨越式发展。正巧,长城战略咨询作为一家聚焦科技创新、新兴产业、高新园区的战略咨询机构,也在2018年年初随着创新名城建设的浪潮被引入南京,成立了分公司,围绕南京高新区的发展承担了顶层谋划、体制机制改革、绿色园区建设等研究工作,某种意义上也算是跟南京高新区共同成长起来的。

追溯南京高新区的发展历程,早在1991年国务院批准设立26家国家高新区之时,南京高新区就已名列其中,成为全国首批也是全省首家国家高新区。随着创新名城建设的持续推进,作为全市科技创新的核心载体,南京高新区在历经"十二五"时期排名持续下滑后,又逐步恢复了往日荣光。借助编制南京高新区"十四五"规划的契机,我们从科技创新、产业发展、园区特色等维度,审视这个存在了30多年的老牌高新区。

南京自古以来就是一座崇文重教的城市,拥有高校53所,是全国科教中心城市,也是全国唯一科技体制综合改革试点城市。位于其中的高新园区天然坐拥着丰富的科教资源,为进一步推动高校成果转化,南京高新区积极与国内外重点高校共建新型研发机构、大学科技园、双创载体、产业服务平台,促进科技成果在园区转化落地。在给时任国务院副总理刘鹤的汇报材料里,南京总结其新型研发机构是构建了"科、技、产双回路",我觉得总结还是很到位的。此外,南京还创造性地提出城市"硅巷"计划,激发鼓楼园、玄武园、秦淮园等主城园区的科教资源活力。

园区的数量之多带来了产业业态的纷繁多样,南京高新区15个园区差异定位、各具特色,同时各出奇招,呈现出百花齐放的发展局面。江北新区叠加国家级新区、自贸区、苏南自主创新示范区等国家战略,聚焦生命健康、集成电路、新金融,打造"两城一中心";新港国家高新园聚焦人工智能产业,打造中国(南京)智谷核心区;江宁开发区国家高新园形成全市最大的智能电网产业集群;玄武园软件信息和医药健康产业实力雄厚;秦淮园面积虽小实力不弱,智能网联汽车是特色；高淳园大健康产业品牌特色突出；鼓楼园智慧医疗场景丰富；麒麟园打出"中科系""高校系"两张"王牌"；建邺园汇聚企业总部形成强大"朋友圈"；鼓楼园在主城高校周边打造"硅巷"；雨花台园挑起全市软件产业发展"大梁"；栖霞园优化营商环境加速资源"落地生根"；江宁园名校名院名企集聚，描绘生命健康产业版图；浦口园依托空域打造无人机特色产业；六合园联合高校打造创新港；溧水园新能源汽车形成产业集群。

我们在2020年给南京高新区做的"十四五"规划，当时南京高新区在国家高新区中的排名在经历了引领发展、徘徊下降、奋力崛起3个阶段之后，重新跃升到了第12名，我们认为，南京高新区已经具备了冲刺世界一流高科技园区的基础和实力，并且与其同年获批的武汉、西安、成都等高新区均已跻身一流园区，所以我们给南京高新区提的"十四五"发展目标就是建设成为世界一流高科技园区，并对此开展了专项研究。

我们研究认为，在国际局势复杂多变的情况下，在科技自立自强、国内国际双循环的国家战略部署下，一流园区呈现出4个"更加"，更加注重创新要素的高端化、更加注重体制机制的灵活多变、更加注重高水平的创新创业生态建设、更加注重高质量的绩效产出，而南京高新区在这4个方面均已作出了一些探索和布局，下一步要重点聚焦和深化建设。我们也分析了北京中关村、深圳高新区、杭州高新区、合肥高新区、硅谷、新竹等对城市引领和带动作用比较突出的一流园区的发展模式，为南京提供经验借鉴。

与"十四五"规划同步开展的，还有南京高新区管理体制机制改革。2020年3月，南京出台"15号文"，提出以优化管理架构、明晰职责、园区更名等六大任务为核心，激发高新区发展的内生动力和活力。4月，又出台"20号文"，提出加快推动园区去行政化改革六项措施，形成"小管委、大平台"的管理机构。于是，15个高新园区掀起一阵管理体制改革的浪潮，各园区纷纷围绕职能定位、运作模式、激励机制、赋能放权等方面进行改革。在5月结束的"五督查一提升"督导工作中，如何设定园区员额配置，受到市区两级相关政府部门的高度关注，成为15个分园去行政化改革的重点内容。于是，长城战略咨询又承担了南京高新区员额配置研究的工作。

我们对南京高新区15个园区员额管理现状和问题进行了深入剖析，把园区规模、园区现状、产业发展、企业培育、科技创新、社会职能列为影响员额配置的关键因素，并设定了相应的关键衡量指标，并将15个园区分为活力园区、创新园区、产业园区三类，最终构建了员额配置模型，对南京高新区提出了员额套改分析与优化建议。

如今，南京高新区15个园区关键性指标均占全市80%以上，高新区真正成为南京科技创新的主阵地、引领性国家创新型城市建设的主战场、创新驱动发展的重要增长极。

3.3.2 给南京"1号文"做评估

2017年年底，南京提出实施创新驱动发展"121"战略，即建设具有全球影响力的创新名城，打造综合性科学中心和科技产业创新中心，着力构建一流创新生态体系。2018年，"创新"首次成为南京"新年第一会"的关键词，并在会上发布了市委创新"1号文"，拉开了建设创新名城的序幕。

2019年，在连续两年发布和实施"1号文"后，南京市委创新推进办公室相关负责人找到长城战略咨询，想让我们对这两年政策的实施成效做个评估，重点对从政策制定到实施的全流程进行验证，看看政策制定得是否合理，执行过程中有没有难点和堵点，政策受众对政策的感受，以及政策最后得兑现情况。在刚开始接到这个课题的时候，所里就组织了一次头脑风暴会，所长、武文生总经理、我、王奋宇院长和赵慕兰老师都参加了这次讨论，最后得出了两个关键结论：一是要建立一个评估模型或者评估方法，这个评估模型或者评估方法要体现一定思想性，也就是要有一把思想性的"尺子"，拿着这把"尺子"才能评估政策具体如何。二是对于"1号文"的评估，要跳出南京看全国，从更高的视野审视它的优劣。

当时我们围绕科技企业、创新平台、创新人才、科技服务、高新园区、国际化、创新环境等7个关键因素，以政策目标是否实现、政策实施的通畅性、政策实施的精准性、政策工具的多元性、政策是否有生命力、政策设计的前瞻性等方面为"尺子"，对"1号文"的每个政策点进行了系统评估。从2018年第一次发布"1号文"起，南京已经连续6年发布"1号文"以推进创新名城工作：2018年重点解决战略聚焦问题，搭框架；2019年重点解决政策导向问题，定方向；2020年重点解决产业落地问题，强改革；2021年重点聚焦如何处理好集成和创新的关系、政府和市场的关系，以及战略和战术的关系；2022年着重突出了科技创新引领、创新主体培育和创新资源配置；2023年重点聚焦如何推动营商环境持续优化。可以说，创新名城"1号文"推动了南京的创新工作从举措创新向制度创新，从科技创新到全面创新，从对标创新向引领创新，从本土创新向国际创新的逐步跨越，提升在全省创新首位度的同时，也让创新慢慢内化为了南京的城市气质。

回顾南京这几年的发展，总体上看，树立了创新名城这个有显示度的品牌，重点抓了新型研发机构建设、瞪羚独角兽企业挖掘、高新技术企业培育、产业地标打造等工作，而每年"1号文"的政策导向，也是围绕这些方面设计的，最后把高新园区作为落实这些工作的主平台和主阵地，全市整合设立了15个高新园区，每个区都至少有一个高新园区。可以看到，南京通过这些年的投入，也取得了不错的成效。南京的地区生产总值跨越了5个千亿级台阶，2020年首次迈进全国大中城市十强，这也是改革开放以来的首次。南京的科技型中小企业数量在2020年首次突破了1万家，2022年突破了2万家，是2018年的6.1倍，创新"蚂蚁"渐成"雄兵"之势。有效期内高新技术企业总数达到了9068家，新技术产业产值占规模以上工业总产值比重达54.5%。全社会研发经费支出占地区生产总值比重超3.7%。国家创新型城市创新能力指数位居全国第二，全国城市创新能力位居全国第四。

南京的"1号文"是加快建设引领性国家创新型城市的一把利剑，有力支撑了南京创新名城建设，使"创新名城"在全国乃至全球获得良好反响。综合来看，"1号文"已成为支撑南京全面创新的重要政策工具，是创新名城建设不可或缺的助推器。我想，未来的南京，在"1号文"顶层政策的引领下，在创新上会更好。

3.3.3 南京打造"新赛道之城"

习近平总书记在党的二十大报告中强调，"坚持把发展经济的着力点放在实体经济上""开辟发展新领域新赛道，不断塑造发展新动能新优势"。"新赛道"一词正式从"民间语言"上升为"官方语言"。所谓"新赛道"，是数字经济和实体经济深度融合过程中涌现的新现象，也是前沿科技突破、原始创新的新领域，具有跨界、爆发式增长、海量市场、动态迭代、面向未来等特征，是引领高质量发展的重要新动能，是经济增长的重要源头。

长城战略咨询从2020年起开始研究新赛道，因为发现爆发式成长的独角兽等新物种企业无法归类到传统的行业分类中去，于是开始研究跨界融合的新赛道。长城战略咨询认为新赛道是产业生态化发展的产物，其发展逻辑与工业经济时代的产业链、产业集群不同，需要用系统性思维、生态化理念去培育，因此构建了长城战略咨询新赛道方法论的架构。"抢抓"和"促进"成为发展新赛道的两大关键词，而核心要义就是以新赛道生态评估为前提的产业促进原理与方法。

新场景—新赛道—新物种—新治理，长城战略咨询以30年区域研究的经验，提出了"四新"的理论体系，这是区域科技创新、产业发展的新逻辑、新打法。其中，新赛道是核心，新赛道的形成机制体现为"新场景赋能—新物种集聚—新赛道形成",新赛道的出现,代表着未来已来,在经济发展中出现了新动能,推动着城市/园区新旧动能转换、现代化经济体系的建设及高质量发展。对于一座城市而言,新赛道之新,不是指其他地方早已有之而在本地属于新产业,而是在全国乃至全球都属于新产业。新赛道将决定城市在未来发展格局中的地位。

长城战略咨询立足咨询服务优势,积极搭建新经济平台,打造开放合作生态圈。在从园区走向城市的转型过程中,长城战略咨询一直推广"四新"的特色产品,包括研究、服务、运营、大会等多重属性,助力区域营造高端创新生态。在天津、苏州、南昌等多地举办独角兽、潜在独角兽、哪吒新物种企业大会;与合肥共建场景创新促进中心,打造政府—行业—科技多种创新要素共创场景的平台,开展应用场景全流程服务;新赛道理论体系的落地服务,则首先花落南京。

2021年7月,所长和我前往南京,与南京市科技局赵成军局长进行了对接,双方一致认为长城战略咨询要在南京举行一个品牌活动,于是明确了要举办中国新赛道大会。次月该内容就写进了南京市的引领性国家创新型城市建设方案中。10月22日,长城战略咨询在南京举办了2021年中国新赛道大会。这次大会实现了4个第一:第一份新赛道体系报告发布,第一个未来产业促进中心成立,第一次与南京15家高新园区签约,第一次新物种企业与15个园区互动。长城战略咨询的新赛道理论体系,进入了一个新的阶段(图3-4)。

图3-4 南京未来产业促进中心揭牌仪式

新赛道大会的成功举办是有"面子"的。大会后的一年多时间里，长城战略咨询帮助全市 15 个高新园区选定新赛道，并针对不同新赛道进行资源链接，累计对接科技企业超 120 家，同时，帮助各园区开展新赛道促进工作，支撑全市在新赛道培育方面走在全国前列。2022—2023 年，南京先后发布《加快培育新赛道发展未来产业行动计划》和《加快培育新赛道发展未来产业六大专项行动计划》，锚定新一代人工智能、第三代半导体、基因与细胞、元宇宙、未来网络与先进通信、储能与氢能等 6 条新赛道。南京这座"新赛道之城"真正具备了"里子"。

南京是中国近代工业的摇篮，整个 20 世纪，南京在中国工业体系中占有极其重要的地位。新中国成立后，相继诞生了中国第一座磷肥厂、第一只国产电子管、第一台国产收音机、第一座无线数字卫星通信站、第一部雷达、第一台全自动洗衣机等。南京的产业发展，基本反映了中国的工业化发展，有着浓重的时代特色。

在技术革命加快演进、区域竞争格局加快调整的背景下，新赛道作为面向未来、有引领力、有爆发式增长潜力的新业态，已成为各地提升产业竞争力、重塑城市竞争格局的关键。对于南京而言，已立足新发展阶段、瞄准未来方向，布局了一批新经济赛道，以更高站位更大格局抢占区域竞争制高点。

3.3.4 江宁：老牌工业强区的转型

江宁是南京经济体量最大、人口最多的新城区，史有"上元之民善商，江宁之民善田，龙都之民善药，善桥之民善陶，陶吴之民善剖厕，秣陵之民善织，窦村之民善刻"之说及"天下望县、国中首善之地"之美誉，制造基因根深蒂固。1992 年，邓小平南方谈话犹如一响炸雷，兴办经济技术开发区成为我国开放创新的伟大创举。1992 年 6 月，江宁县便开始自费建设江宁开发区，当时江宁开发区总公司的牌子还挂在江宁县面粉厂的门垛上，开启了江宁由"织造"向"制造"转变的征程。目前，江宁以占全市 5% 的土地面积，创造出全市 10% 的一般公共预算收入、12% 的地区生产总值、20% 的工业经济和外资外贸总额；打造了汽车及零部件、电子信息、智能电网和高端装备制造 4 个千亿级产业，规上工业总产值突破 4000 亿元，智能电网产业入选首批国家先进制造业集群。在 2022 年全国工业百强区名单中，江宁位居全国第七、长三角首位，连续 3 年名列全国综合实力百强新城区第三。

长城战略咨询从 2018 年起与江宁的合作开始密切起来，给江宁开发区高新园做了战略发展规划。当时的江宁开发区，乃至整个江宁区都面临着同样一个问题：对于江宁这样一个制造业基础如此雄厚的老牌工业强区，该如何实现可持续增长？经过一番研究之后，我们提出，要由规模导向的要素投入向质量导向的创新驱动转变的核心思路。当时我们关注到，江宁的部分龙头企业已经开始结合自身的发展需求，在朝工业互联网方向进行布局，比如菲尼克斯参与海尔开始搭建COSMOPlat，实践大规模定制模式；朗坤智慧专门成立事业部以推动工业互联网发展；科远股份在2012年就推出了"科远智慧云平台"，并进行工业互联网募投项目。因此，我们提出可以把工业互联网作为江宁的主打特色产业，继而实现全区现有制造业产业的联结和全面提升。

以江宁汽车产业的转型升级为例，从最初引进了长福马变速器项目开始制造汽车的零部件，到长安福特马自达、上汽大众整车项目落户，再到长安马自达、福特研发中心设立，再到目前的T3出行、中汽创智两大汽车科技平台和鱼快创领、货车之家、中兴英博超算等一批绿色智能网联汽车项目落地，整个汽车产业的转型升级过程，就是信息技术不断为制造业赋能的过程。每一次转型，实际是提高数字经济与制造业的融合程度，从而实现由"制造"向"智造"的逐步转变。长城战略咨询还参与了江宁的其他一些战略研究，我们总结发现，江宁制造业崛起的背后，其实存在着两个本质逻辑：一是随着高质量项目的不断涌入，尤其是大量外资的融入，倒逼本土企业加速智能化改造进程，与外资企业合力推动产业迭代升级；二是现有企业以龙头企业落地为契机，主动嵌入龙头企业的供应链配套环节，形成产业生态，推动产业优化升级。

我们常说，"织造"是历史积淀，"制造"是江宁当代属性，"智造"是江宁现在正在经历的转变和未来。"织造"主要靠每个江宁人的勤劳苦干；"制造"源于江宁20世纪90年代挣到了第一桶金，依靠龙头企业带动逐步发展壮大。江宁现在也以"智改数转"推动数字经济与实体经济深度融合，一批批制造业企业向"智造"转型，虽然提法不同，但与我们当时提出发展工业互联网理念的出发点高度一致。

2022年，长城战略咨询承担了江宁科技企业研究分析的课题，从区域分布、营收规模、产业领域、创新实力、成立时间、盈利能力等维度，对江宁12 000余家科技企业（包括5500余家营收2000万元以下的小微科技企业）的发展状况进行了系统分析。研究结果显示：江宁的科技企业数以占企业市场主体总数不到10%的占比，贡献了全区规上工业企业超60%的营收。超四成的科技企业集中在信息技术领域，近四成的科技企业集中在高端智能装备、新能源汽车、智能电网等制造业领域，在某些制造业细分领域占据"不可替代"的位置，在龙头企业的产业链配套中发挥着"不可或缺"的作用。

着眼于未来发展，江宁的制造业当前正处于转型升级的关键期，前期龙头企业起到了决定性的作用，而江宁制造业的发展则更多要依靠那些科技企业，通过数字经济赋能实体经济，持续将"软硬结合"作为推动江宁制造业转型的重中之重，不断为江宁这样一个老牌工业强区提供创新活力，我相信，有前面积累的雄厚基础和源源不断新鲜活力的注入，江宁"智造"的发展具有无限可能，江宁的明天更加令人期待。

3.3.5　雨花台区：南京双创氛围最好的地区

在南京，提到软件产业，大家第一个想到的一定是中国软件谷。中国软件谷正式挂牌于2011年，但其渊源可追溯到改革开放初期的20世纪90年代。当时，在土地资源减少、市场竞争激烈的大环境下，雨花台区委、区政府做出了从传统工业向高端技术产业转变的战略抉择，把软件产业纳入强区主导产业规划，自此，中国软件谷的软件产业开始谋划起步。之后中兴、华为的扎根为软件谷的软件产业发展持续加码，带动软件领域各类科技型企业和人才集聚，包括三星、润和、诚迈、满运、浩鲸云等国内外知名软件企业，先后形成通信软件、云计算与大数据、互联网、人工智能、集成电路、信创六大产业集群，软件产业版图日益清晰。2021年，中国软件谷仅用南京市1%、江苏省0.06%的行政区域面积，创造了全市37%、全省20%的软件业务收入。

中国软件谷的另一张名片是"国家双创示范基地"，6年4次获得国务院督查激励。说到双创生态，我总会提到当年湖北省省委书记李鸿忠在第一次视察东湖高新区时提出"光谷在光不在谷"，第二次去又提出"光谷在光更在谷"。"光"是产业形态，"谷"是创新的体制机制，是灵魂。雨花国家双创示范基地是以软件谷为核心、以软件和信息服务业为特色打造的，2022年，长城战略咨询给中国软件谷研究编制了软件谷双创发展报告，总结软件谷的十年是抢抓信息经济机遇快速崛起的十年，是持续推动软件产业迭代升级的十年，是培育龙头打造科创企业森林的十年，是激发市场活力形成内生动力的十年，是厚植创业沃土培育双创生态的十年，创业孵化、科创企业、数字经济、科技金融、创业人才、科技服务、营商政策等各类要素在这里形成集聚并且持续迸发活力。在这样的生态中，雨花科技创业中心孵化出SHEIN（中文名：希音）和运满满两家超级独角兽企业，成就了"一家孵化器、两只超级独角兽"的典型案例。所以我认为，中国软件谷是名副其实的"软件谷"，"软件"是产业形态，"谷"是创新创业的生态和机制，称得上是南京双创氛围最好的地区。

我一直对中国软件谷有个认识：不是国家高新区的国家高新区——没有国家高新区的面子，却有国家高新区的里子。2021年雨花台区GDP超千亿元，可以说，

创新高地的创新传奇
Legends of Innovation Hubs

中国软件谷辉煌的十年再造了一个雨花。现在，雨花台区GDP进入了1000亿元到2000亿元的新发展阶段，我在给雨花台区委理论学习中心组做数字经济专题辅导时提出了"雨花之问"：主城区的出路是什么？1000亿元的增量靠什么？新的空间在何处（图3-5）？

图3-5 陈文丰参加南京雨花台区召开的区委理论学习中心组专题学习会

首先回答第一个问题，主城区的出路是什么？研究表明，中心城区动力演变分为4个阶段：第一阶段是工业化驱动，第二阶段是房地产驱动，第三阶段是金融商务、文化创意驱动，第四阶段是创新和场景驱动。纵观近十年国内外中心城区最新趋势，20世纪中后期，伦敦、纽约、柏林等发达国家的国际大都市中心城区先后进入活力衰退期，进入21世纪后各城市又纷纷启动老城复兴工作，推动人口尤其是"精英人群重返城区、创新回归城市"，国内以上海、深圳、广州等为代表的一二线城市中心也纷纷往创新城区演进，实施空间再造、激活高校创新、布局新兴产业。因此，雨花台区打造创新城区是大势所趋、是形势所迫，当然它也有基础、有条件、有能力。那么，雨花台区如何建设创新城区呢？雨花台区区委区政府提出，打造"全面创新、全域高新"新雨花——"全面创新"就是要以科技创新全面赋能产业发展、创新创业、城区空间、生态文明、社会民生、治理体系，"全域高新"就是要推动高新技术产业在雨花台区全域覆盖。

1000亿元增量靠什么？当前，数字经济在全球范围内进入快速发展新阶段，更成为我国经济高质量发展的新引擎，数字经济与实体经济深度融合，给人类生产生活带来一系列革命性变化和创造性成果。如果说，雨花台区过去主要依靠软件和信息服务业塑造品牌，奠定基础，实现发展，那么未来1000亿元的增量则主要依靠数字经济。长城战略咨询也围绕雨花台区数字经济发展，承担了"十四五"产业规划、新型都市工业、数字经济创新中心建设等一系列研究。"十四五"时期，雨花台区坚定提出要锚定"数字首位"，着力构建"数字引领、软硬结合"的现代产业体系。

新的空间在何处？"打造新滨江、建设数字城"，雨花台区正在用行动回答这个问题。当前，雨花台区正大力开发建设新滨江，新滨江就是新的战略空间所在，将成为延伸创新链条、承载战略性新兴产业、提升服务新能级的关键区域，这也是雨花台区从"秦淮新河时代"走向"长江时代"的重要战略载体。需要强调的是，一个区域的开发需要时间，过去的实践证明，区域开发至少需要十年甚至十五年才能见到真正的效果。新滨江的发展同样需要时间。

2009年，雨花台区宁南大道正式更名为"软件大道"，是南京首条以产业命名的道路。从白天到黑夜，软件大道一方面记录着川流不息的人群，一方面负责接驳花神大道、丰台南路逾30万人从工作地到生活场的轮换栖身。伴随着软件谷十年的发展，雨花台区软件大道也靠着网络安全、人工智能、智慧城市、工业互联网等软件产业优势享誉全国。

2021年，横贯雨花台区的龙翔路正式更名为"数字大道"，成为雨花台区第二条以产业命名的道路。从"软件大道"到"数字大道"，相信雨花台区已然找到了下一个十年创新引领高质量发展的新路径，"数字经济看雨花""最年轻、最雨花"的品牌也将会持续绽放光彩，我想，明天的雨花台区一定会更好。

3.3.6 栖霞：从大学城到科技城

在南京的栖霞区，有一座仙林大学城，集聚了南京大学、南京师范大学、南京邮电大学等12所高等院校。历史上，往前追溯600多年，仙林都是农牧业。20世纪90年代末，仙林也还是一个阡陌纵横的远郊农场，一派"日出而作，日落而息"的田园风光。1999年，南京师范大学仙林校区建成使用；2001年，仙林大学城管理委员会成立，其他院校也陆续入驻，仙林新城区的建设和发展也进入快车道。

2017年，仙林大学城管理委员会委托长城战略咨询做了依托仙林大学城建设仙林科技城的战略研究课题。在研究过程中，我们对标分析了硅谷、奥斯汀、波士顿、中关村等国内外先进科技城的建设模式和经验，提出建设仙林科技城的核心是要实现"两个转变"：一是要从开发建设向内涵提升转变。当时的仙林大学城经过近 20 年发展，可以说它的基础设施已经相当齐全，应该考虑如何提升发展内涵。二是要从科教优势向创新优势转变。当时我们惊讶地发现，仙林大学城的学科优势与周边产业园区所主打的主导产业方向是错配的，这与那些先进地区科技城的成功经验是矛盾的（图 3-6）。

图 3-6　陈文丰参加栖霞高新区招商推介会

所谓"靠山吃山"，如何将仙林大学城的科教优势就近转化为产业发展的驱动力，是当时需要我们重点破解的难题。为此，我们将提升高校的创业活力作为首条举措写进了方案里，想要通过鼓励和支持高校师生创业来促进技术成果的转移转化，从而实现与区域产业方向的衔接。但是这些出来创业的师生资金实力和抗风险能力都比较薄弱，该怎样为他们提供服务支撑保驾护航呢？我们提出，可以在高校周边的"金角银边"闲置土地上建设布局一些载体，而且这些高校集中分布在文澜路两侧，这样就可以通过文澜路将这些载体有效地串联起来，建设形成文澜路双创大街。时任仙林大学城管理委员会主任张连春在听取我们的报告后，表示非常认可，后来还与南京师范大学共同谋划打造了大学科技园。现在文澜路两侧已经有 9 所高校建设了大学科技园。

看到仙林大学城的科教资源和发展潜力，2018 年年底，长城战略咨询在南京设置了业务中心，办公地点就在仙林大学城，也就是这个项目，让长城战略咨询与南京结下了不解之缘。后面我们又陆陆续续做了几年仙林科技城创新发展指数研究的课题，提出了两级指标体系，涉及创新能力、校地融合、创业孵化、企业成长、产业发展、双创环境等 6 个一级指标，涉及高校应届毕业生在栖霞就业比重、高校同栖霞区企业技术合同成交额、高校同栖霞区校地技术转移中心数量等 40 个二级指标。提出这个指标体系，考虑了国内外双创指数的评价体系随着创新创业发展的最新动态，也结合了当时南京重点推动的"两落地一融合"政策，有些指标现在也还在用，对落实具体工作发挥了一定的指挥棒作用。

后来，长城战略咨询也做了很多关于科学城/科技城的课题，针对科学城/科技城的建设发展形成了完整的理论体系和模型。2019 年，我给重庆科学城讲了一次课，介绍了国内外科学城/科技城的理论、现状及案例，提出科技城就是"科技 + 城"，以提升原始创新能力和区域科技创新水平为核心，同时能够提供完善的城市功能。所以，科技城就需要具备两种功能：一是以科技产业创新为重点的核心功能；二是以城市服务为重点的支撑功能。也就是说，科技城不仅是新技术、新产品的发源地，也应该是科技创新成果和产品率先应用的试验场，是面向未来的下一代城市形态。现在回头再看当时研究仙林科技城建设的课题，提出的思路和抓手是符合科学城/科技城实际建设发展逻辑的，未来长城战略咨询也会一同见证仙林科技城的变化，我相信，沿着科技城这条路走，会做出更大成绩。

3.4 沈阳：老工业基地的创新蝶变

沈阳，因地处沈水（今浑河）之北（"水北为阳"）而得名。1988 年 5 月，作为全市创新驱动发展主阵地的沈阳高新区成立了（目前核心区在浑南区，其前身南湖科技开发区位于现和平区和沈河区），1991 年被国务院首批批准为国家高新技术产业开发区。沈阳高新区起步的地方，叫三好街，这里集科技、学院、文艺于一体，这个地区以前只是东北工学院（现东北大学）东门外的一片菜地。后来在这里陆续又建了很多学校，包括鲁迅美术学院、沈阳音乐学院等，还有不少科研机构，重点是中国科学院的三大所（中国科学院金属所、中国科学院沈阳自动化所、中国科学院沈阳生态所）。当时，在这里的各个学校都对学生严格要求，希望他们能够成为"品德好、学习好、身体好"的"三好学生"，后来为了体现此街道与学生和知识分子的关系，便被命名为"三好街"。2022 年，沈阳高新区获得市级支持，启动"一区多园"建设，除了浑南核心区，还纳入了大东、和平、皇姑 3 个分园。

我们长城战略咨询这些年在沈阳的工作，一半以上是围绕沈阳高新区及全市创新驱动发展展开的，可以说是为沈阳创新驱动发展提供陪伴式服务。这些年来，也确实看到沈阳创新氛围越发浓厚，独角兽企业实现了零的突破，"大国重器"企业牵头的"卡脖子"攻关探索出新模式，沈阳浑南科技城、盛京基金小镇、科技大市场、沈阳产业技术研究院等重磅创新载体和平台落地并实现良好运营。我想，这种良好的态势还会继续延续，我们长城战略咨询也会继续为沈阳创新贡献智慧的力量。

3.4.1 持续跟踪辽宁沈大国家自主创新示范区建设与发展

长城战略咨询作为参与中关村国家自主创新示范区战略研究的参与者和见证者之一，在自主创新示范区研究方面有较为深厚的积累。因此，2016年4月，国务院同意沈阳国家高新区、大连国家高新区共同建设辽宁沈大国家自主创新示范区之后，辽宁省科技厅第一时间找到我们，希望我们参与起草编制辽宁沈大国家自主创新示范区的建设方案。正因这个缘故，我们与辽宁沈大国家自主创新示范区、与辽宁及沈阳的缘分也就开始了。我们后续能够驻扎东北落户沈阳分所，我想与该项目有较大关系。

我有幸作为专家参与了辽宁沈大国家自主创新示范区项目，在辽宁沈大国家自主创新示范区建设方案的研讨会上，我发言提到"自主创新示范区有自己的发展逻辑，辽宁沈大国家自主创新示范区有自己的特色与优势，要用符合时代特征的新经济发展范式推动辽宁乃至东北地区创新发展，将自主创新示范区建设成为解决东北问题的试验区"。后来，这个方案在递送到科技部之后，也得到了比较高的认可，现在来看，我们当时提出的重大科技创新平台建设、瞪羚独角兽企业培育、产业技术研究院和产业联盟建设等工作建议都得到了很好的落地。

通过前期研究，沈阳高新区的领导对长城战略咨询有了更深入的认识。先是委托我们编制了"中国智谷"的规划，然后又联合我们举办了"中国智谷论坛"。2018年3月28日，在沈阳高新区举办的"沈阳·中国智谷——汇众智、聚众力，新时代、新经济、新未来创新发展论坛"顺利召开，论坛上我做了主题发言，我认为武汉光谷是建中国光谷、世界光谷，它能够把一个区域的产业品牌和区域品牌融合在一起向全世界推广，沈阳高新区打造"中国智谷"的做法跟武汉一脉相承，和国家的政策方向完全吻合（图3-7）。在大会上，长城战略咨询也和沈阳高新区签署了战略合作协议，长城战略咨询沈阳业务中心（沈阳分所）正式落户沈阳。为了更好地营造辽宁沈大国家自主创新示范区创新创业氛围，我们和沈阳高新区共同创办了双创品牌"青青汇"，取得显著成效，后来也在全市得到了推广复制，这才有了今天全市的双创品牌"盛菁会"的出现。

图 3-7　陈文丰在参加沈阳"中国智库论坛"时接受记者采访

随着辽宁沈大国家自主创新示范区的发展，科技金融问题逐步显现，为打破"投资不过山海关"的论断，沈阳积极布局基金小镇建设，长城战略咨询负责盛京基金小镇的顶层设计和功能谋划。2019 年 1 月 18 日，沈阳基金小镇专家评审会召开，沈阳市副市长彭肇文出席。会上我谈了 3 点想法：第一，基金小镇的本质属性是金融业态，是具有明确空间界限和范围的载体，是兼具金融、城市居住和配套服务的功能区。第二，必须做好"三个结合"，即和科技结合、和高端人才的创业紧密结合、和实体经济结合。第三，最后"三个落脚点"：一要落在瞪羚企业、独角兽企业等创新主体的培育上；二要落在培育新动能、发展新产业上；三要落在创新创业生态的持续改善上。这"三个落脚点"也是紧密关联的。东北首家基金小镇于 2019 年正式落户沈阳高新区，最近发展得非常不错，2023 年还承办了全球 PE 大会，实践表明我们当初的顶层设计和建设思路也具有很强的操作性。

在实际工作中，我也持续跟踪辽宁沈大国家自主创新示范区的发展。2021 年 9 月，辽宁省科技厅召开科技中小企业群体工作推进会。会上我受邀做了题为"营造创新创业生态，培育科技型企业"的主题分享。我提出：培育科技型中小企业的核心是要处理好政府和市场的关系，充分发挥市场化、社会化科技服务机构的力量。一是发现优质企业，积极制定企业培育政策，及时形成企业榜单并发布企业报告；

二是培育优质企业，借鉴苏州工业园做法，建立企业培育库，通过头脑风暴、打磨与路演等方式，主动为企业链接资源。只要工作到位，在省科技厅的支持下，一定会有更多的科技型中小企业在辽宁扎根。

2023年2月，在辽宁省提出三年振兴新突破的背景下，辽宁省科技厅谋划《辽宁省高新区（沈大自主创新示范区）高质量发展新突破三年行动方案》，我受邀参与了专家研讨，说了3点想法：第一，辽宁省高新区建设要关注科技部目前正在做和未来将要做的重点工作，对下一步全省高新区工作，以及想要升级为国家高新区的园区影响会比较大；第二，高新区发展建设的具体工作要找到新的路径和突破点，可以重点学习合肥高新区企业梯度培育工作、南京高新区新赛道促进工作；第三，三年行动方案既体现了国家高新区的要求，也体现了辽宁各个高新区的情况，未来沈阳高新区、大连高新区是否能够进入有世界影响力的高科技园区行列，还取决于全省对高新区建设工作的重视程度。

这些年，我们沈阳团队带着东北振兴这个"大问题"，在咨询实践中，不间断、系统性深度思考，虽然东北经济很难再像新中国成立初期到20世纪90年代一样遥遥领先，但东北仍很有希望成为我国重要的经济中心之一。未来，辽宁沈大国家自主创新示范区还是肩负着东北振兴的重要使命，都说东北振兴看辽宁、辽宁振兴看沈大，我想辽宁振兴的核心是看辽宁沈大国家自主创新示范区能否在新一轮的经济发展中抓住机会，希望辽宁沈大国家自主创新示范区能成为推动东北全面振兴并取得新突破的关键平台之一。

3.4.2 建言沈阳市"十四五"规划

长城战略咨询这些年来持续深耕沈阳，并且承担了浑南区、沈河区、皇姑区等区县的"十四五"规划编制工作，同时北京总部也承担了"国家高新技术产业开发区'十四五'发展规划"等研究工作，基于这样的机会，沈阳市刚好有"'十四五'时期发挥沈阳中心城市辐射带动作用，发展新经济、新业态研究"这样一个课题，要组织座谈会邀请各界人士集思广益、深入探讨。2020年9月，我有幸受邀参加了这次座谈会，与我一起参加会议的有省市相关领导，以及专家学者和企业家代表，会议由时任沈阳市市委书记张雷主持。

会议上，我做了如下发言：

长城战略咨询是一家民营的咨询机构，也是一家特色高端智库，总部在北京，在全国有15个分支机构，总共有接近500名咨询研究人员，主要业务和特色就是专注于促进中国新经济的发展。其中，于2018年在沈阳浑南设立了沈阳新经济研究院，省科技厅还给我们挂了个牌子——辽宁沈大国家自主创新示范区研究院。这两年也干了很多工作，如协助浑南发展高新技术形态的新经济，如协助沈河推动金融、文商旅等服务业全面转型新经济，协助皇姑老城区打造创新城区。也跟省科技厅合作瞪羚独角兽企业培育、新型研发机构培育、自主创新示范区建设等新经济相关工作。

本次讨论的话题之一是沈阳如何发展新经济新业态。所谓新经济，既是科技问题，也是经济问题，但本质是科技与经济结合最紧密的部分，我们理解新经济就是新技术、新业态、新产业、新模式，具体体现为4种经济形态，数字经济、平台经济、共享经济和智能经济。显著特征就是爆发式增长，依托的主体就是高成长企业、瞪羚企业、独角兽企业、这些都是新物种。需要依赖创新创业生态的改善来培育发展。

中央领导对新经济发展有重要论述，国家13个部委最近联合发布了促进新业态发展的意见。各大城市也高度重视新经济的发展，把新经济的发展作为城市新旧动能转换的重要战略来看待。成都市委市政府于2017年10月召开了全市新经济大会，对全市未来重点发展新经济做了系统部署，我个人很荣幸在那次大会上作为专家发了言。2019年，厦门市委市政府也提出，重点发展新经济，重点培育发展三高企业，即高新技术企业、高成长性企业、高价值企业。天津这些年极力推进新旧动能转换，发布了雏鹰、瞪羚和引领企业的梯度培育计划，7月28日长城战略咨询在天津召开了2019年全国独角兽企业榜单的发布会，我们也邀请了全国60多家独角兽企业去了天津，当时的张国清市长高度重视，与独角兽企业专门开了闭门会，进行了很好的沟通。北京、上海、深圳、杭州等城市都在发展新经济、发展新业态方面做了大量工作。

关于沈阳，个人认为，这些年因为营商环境的改善，在发展新经济、发展新业态方面也做了不少的探索。但基本上是在区这个层面上，全市关于新经济发展缺乏顶层设计、缺乏系统谋划，在具体发展路径和发展模式上要进行重大调整。因此，提些个人建议。

第一，召开全市新经济大会，明确未来发展新赛道，系统发布新经济政策。召开新经济大会，就是为了解放思想，统一认识。也是为了更加系统地对新经济的未来走向作出清晰的判断，明确我们应该重点选择的新赛道是什么。南京这3年的战略目标是建设创新名城，在政策上就是每年发布"1号文"，使全国的新经济企业都能感受到南京的创新氛围的改善。

第二，将数字经济作为主引擎，做好与平台经济、共享经济和智能经济的融通发展。从全球技术发展的趋势来看，最大的变化就是信息技术和数字经济的快速发展，这些技术会对各行各业进行颠覆式的改造和提升。今天，我们的传统企业不试图跟数字技术挂上钩，那未来可能会被淘汰。所以，要将数字经济作为主引擎，选择具体的跟沈阳合适的新赛道。同时考虑平台经济、共享经济和智能经济的因素。

第三，以沈阳高新区为主平台，做好各县区的协同创新发展。目前，沈阳高新区也就是浑南区是全市创新资源最为集中的区域，是创新主体最为活跃的区域，也是新经济新业态基础最好的区域。从全国的情况来看，全国绝大多数城市的高新区都是新经济新业态的主战场、主阵地和主平台。所以，要坚持高新区的主体地位。同时，让各个县区都朝这个方向努力。所以，我认为要加强各县区在发展新经济、新业态方面的共识和创新协同。

第四，深入实施高成长企业主体培育计划，重视全国瞪羚独角兽的招引工作。以瞪羚企业和独角兽企业为代表的高成长企业是新经济新业态的核心主体。省科技厅也出台了培育发展瞪羚企业、独角兽企业的相关计划。我们应该把瞪羚企业、独角兽企业的多少作为创新创业生态改善的重要标志。同时，加强对中关村、上海、深圳等地的独角兽企业的招引工作。北京的新经济企业因为成本太高、户籍很难、优质学校不易，企业往外走是大势所趋。例如在天津，天津的5家独角兽企业都是北京的平台性企业把新业务拆分出来放在天津而成长起来的。

第五，推进场景创新，发布全市场景清单，吸引新经济企业积极参与。各个城市都把场景创新作为吸引新经济企业入驻、培育壮大新经济企业的重要手段在推进。上海、成都每年都会发布全市场景清单，把全市发展的各个关键领域都进行开放，吸引新经济企业参与。北京这两年重点在推进大兴国际机场、科技冬奥等场景的创新，吸引大量平台性企业参与，让企业在其中实现技术的快速迭代，也实现企业的快速发展。

第六，打造沈创汇品牌，让双创理念深入人心。创新的关键在于创新的氛围。我们现在的双创有个问题，就是认为大众创业、万众创新是政府的事情，政府搭台、政府唱戏，跟大企业、大学、科研机构没有任何关系。所以，武汉唐良智搞了个青桐汇，寓意是青年才俊聚集在梧桐树下，邀请投资机构、创业服务机构一起来搞活动、搞路演，双创走进大企业、走进大学、走进科研机构。终于把这个地方搞活了，青桐汇成为全球两大创业盛会之一。所以，我认为沈阳也应该把双创的氛围搞起来，让双创的理念深入人心。前期，我们在浑南做了青青汇，核心还是在营造氛围。下一步要继续深化。

至于如何打造东北亚科技创新中心，关键在于在基础研究和原创上下功夫，全国各地的科创中心建设基本模式是建设科学城、科技城，主要依托四类创新平台。第一是大科学装置，中关村、张江、合肥、深圳都在干；第二是国家实验室，但新型的国家实验室是国家战略，可遇不可求；第三是研究型大学；第四是新型研发机构。从这个意义上讲，我们需要把重大创新平台建设好，同时把科学城、科技城建设放在一个重要载体上。最近，大连的英歌石科学城建设提上议事日程。其可能会跟沈阳共同构建东北亚科创中心。

会后，张雷书记表示对我的发言比较满意，安排发改局、科技局等和长城战略咨询进一步对接并深入开展合作。对我们长城战略咨询自身来说，也有两大收获：一是通过这次发言，沈阳市更加重视长城战略咨询，并在"十四五"规划中专门提到"依托长城战略咨询等科技咨询机构创新服务模式开展网络化、集成化的科技咨询服务"；二是当时沈阳市正在做数字经济"十四五"发展规划，我们也提供了一些建议，尤其提出要开展场景相关工作，这也为后来我们能承办沈阳市的场景开放大会并在全国开创了场景招商的这一新模式奠定了基础。

3.5 济南：引领新旧动能转换

2006年8月的某一天，我们项目组陪着武文生总经理一行乘坐飞机来到济南，这是我第一次到济南。2006年京沪高铁还没开通，如果乘坐绿皮火车从北京到济南需要5~6小时，因此那时候往返京鲁，大家第一选择还是乘坐飞机。2008年京沪高铁开通之后，彻底改变了京津冀鲁区域人们的出行方式。我们在市中心一个餐馆吃晚餐，吃的鲁菜，我第一次见识鲁菜的特点，号称"三乎乎"，即黑乎乎、黏糊糊、咸乎乎。这让我很奇怪，为什么鲁菜能称之为"中国八大菜系之一"，而且高居首位。这就是济南给我留下的印象。

济南是山东的省会。山东是我国东部沿海经济强省，有段时间成为我国经济第一强省，长期是第二大省，后来被广东和江苏迎头赶上，位居全国第三。听人介绍，21世纪的头10年，山东的各项指标长期能够占到全国的1/10，当然，现在肯定是退步了。现在有人说，新旧动能转换从东北起步，一路向南，经过天津、河北，再到山东，山东的新旧动能转换已经到了非常迫切的地步。国有企业比重大，民营经济发展不足，科技型企业活力不够，传统制造业占据较大份额，所有这些都成为山东创新驱动高质量发展的重大掣肘。提出要积极推进济南新旧动能转换起步区（简称"起步区"）建设，有人笑称，这是希望旧动能在济南止步，不要继续向南。

长城战略咨询2006年参与济南国家信息通信国际创新园（简称CIIIC）项目建设方案编制时与济南结下缘分，进入济南市场。后因济南高新区"十三五"规划落地，长期参与济南市智库服务工作，至今已有17年，我们重点聚焦省市重大创新高地建设，从济南高新区、新旧动能转换起步区总体规划到各分片区园区定位规划，直至市级省级层面重大规划、方案，致力于把新经济理念、新经济方法传播给这座城市乃至全省。

3.5.1 与济南CIIIC的缘分

21世纪初，"中国制造"开始崛起，逐步暴露出科技创新支撑力不足的问题，2006年1月，在全国科学技术大会上，党中央提出"增强自主创新能力、建设创新型国家"的奋斗目标。12月，科技部发布了《"十一五"国际科技合作实施纲要》，强调要把人才引进工作放在第一位，不分肤色、不分国籍、不惜代价地引进人才。在各项激励政策下，海外高端人才纷纷回国创新创业，其中在电子通信领域形成集聚效应。实施自主创新战略，IT产业发展是关键。为更好地集聚国际IT研发创新资源、带动我国IT产业升级、增强我国自主创新能力，科技部决定筹建国家信息通信国际创新园。

当时，济南是我国经济第二大省——山东省的省会，工业基础较好，连接南北的区位优势突出。济南高新区是国内成立较早、发展较好的园区，尤其齐鲁软件园已发展成为全国最大的软件园。经科技部有关领导决定，CIIIC拟选址在山东省济南市。对此山东省委、省政府高度重视，时任山东省省委书记张高丽作了重要指示，省长韩寓群专门召集会议进行研究，成立由主要领导挂帅的高层次协调领导小组，并建立CIIIC建设专项资金和IT行业专项资金。济南市委、市政府多次专题研究承建事宜，积极筹备。当时，时任高新区管委会副主任的徐群就开展CIIIC建设方案与发展规划纲要编制工作找到长城战略咨询，并提出当时最紧迫的工作是明确CIIIC的内涵、发展愿景和目标，同时明确总体建设步骤和重点推进的工作。而我比较荣幸地成为这一课题的项目负责人，主导了规划编制工作。

在课题研究中，我们首先从国家自主创新战略、国际IT产业转移、国家区域经济战略重点等角度分析了CIIIC建设的外部环境，明确了建设CIIIC的必要性。

接着对济南建设 CIIIC 所具备的区位、产业、空间、科技、生态人文等要素进行了分析，确认了济南具备建设 CIIIC 的基础条件。在此基础上，明确了 CIIIC 四大战略定位，即世界一流的 IT 产业聚集区、整合利用全球 IT 产业创新资源的领航区、实现我国 IT 产业自主创新战略的核心区、推进科技机制体制创新的试验区。同时，我们提出"打造世界级 IT 产业创新集群"的战略目标，指出要重点发展软件、计算机、网络通信、数字装备等四大产业集群，承载"研发创新、孵化加速、产业发展、高端服务、辐射带动"五大功能、搭建"人才保障、融资机制、服务平台、法治环境、政策支持、基础设施"六大支持工作体系。

从方案及规划编制成稿到创建成功，我们历经多次汇报，汇报对象包括济南市市长、山东省科技厅及科技部有关领导等，其中有次汇报对我咨询生涯来说是一个重要的插曲。

课题运行过程中，我向时任济南市市长鲍志强汇报了 3 次，其中一次汇报中的小插曲至今让我记忆犹新，当时我汇报 CIIIC 建设思路遵循 4 个原则——"高端引领、自主创新，需求导向、国际整合，市场主导、政府引导，循环集约、专业发展"。市长提出异议，尤其是对"需求导向、国际整合"这一项不认同，他认为"企业开发产品才以需求为导向，国际整合靠市场导向不行，整合国际资源，只能靠环境创新，生产要素的流动是环境的吸引问题，要想整合国际资源必须创造一流的环境来吸引管理要素、技术要素、资金要素、产品要素等生产要素。"对他的异议，年轻的我以一种不服输的架势，硬着头皮去解释，最后鲍市长说，"你不要狡辩了"。我顿时愣住了，氛围显得十分尴尬，后来我们将原则按照鲍市长的意见修改为"政府引导、市场运作，高端引领、自主创新，环境优化、国际整合，循环集约、集群发展"，这个小故事是我咨询修行路上的一段小插曲，提醒我虑周藻密，使我不断成长。

我们撰写的建设方案和规划最终得到科技部领导的肯定，认为对 CIIIC 未来发展具有十分重要的指导意义。2007 年 6 月，省部共建的 CIIIC 在济南高新区正式揭牌。9 月，由联合国亚洲及太平洋经济社会委员会、工业和信息化部、科技部、中国工程院和山东省人民政府等单位共同主办第四届中国（济南）国际信息技术博览会，吸引 15 个国家和地区 350 家企业参展参会，时任科技部火炬中心副主任的张志宏发表题为"环渤海湾开发与我国 IT 产业创新发展"的主旨演讲，指出科技部将大力支持 CIIIC 建设，集聚国际创新资源，实施环渤海湾区域发展战略，带动我国 IT 产业升级，努力实现我国自主创新战略和创新型国家奋斗目标。时任济南高新区管委会副主任、CIIIC常务副主任的徐群接受记者采访，明确CIIIC要创建世界一流ICT产业集群。展会达成合作意向项目有290项，总投资184亿元。此后，来自欧美、日本、韩国及我国香港、台湾地区的知名信息通信企业、研发机构、中介机构纷纷前来考察，推动一批知名企业落地入驻。

3.5.2 济南高新区"十三五"规划

"十三五"是一个巨大变革期，新一轮科技革命和产业变革正在孕育兴起，世界进入创新全球化阶段，创新资源和生产要素加速流动，新兴区域通过高端链接实现跨越发展。我国经济发展进入新常态，"三期叠加"特征明显，国家提出"创新、协调、绿色、开放、共享"新发展理念，加快实施创新驱动发展战略，"大众创业、万众创新"、"一带一路"倡议、"中国制造2025"、"互联网+"行动计划、供给侧结构性改革等国家战略深入实施。"十三五"时期，山东省成为"一带一路"、"中韩自贸区"、环渤海经济圈、京津冀协同发展战略等多重战略叠加区，山东半岛国家自主创新示范区加快建设，山东省提出"一个定位、三个提升"的要求，要在全面建成小康社会进程中走在全国前列，开创经济文化强省建设新局面。济南市确定"打造四个中心、建设现代泉城"的中心任务。

建区25年，济南高新区通过"大块头"国有经济改制和创业型经济培育两大路径，实现了经济创造能力和科技创新能力的双提升，地区生产总值、地方公共财政预算收入等主要经济指标在"十二五"期间实现了翻倍增长，电子信息、生物医药、装备制造、现代服务业四大产业主导发展的产业发展格局逐步形成，创新创业体系持续完善，高水平创新成果不断涌现，已经成为全市高新技术产业发展的龙头、科技创新的高地和对外开放的窗口，2014年，在科技部高新区综合评价中，济南高新区排名跃升至第13位。在这样一个关键节点，长城战略咨询承接了济南高新区"十三五"规划编制工作。

在规划中，我们结合济南高新区面临的国内外形势，对济南高新区发展阶段做了充分的判断，认为未来5年，将是济南高新区深入推进"三次创业"、建设世界一流高科技园区的关键时期，是支撑和引领全市"四个中心"建设、率先全面建成小康社会的决胜时期，结合这个阶段特征，我们提出了济南高新区要围绕争创世界一流高科技园区的发展目标，重点发展"智能型、创新型、服务型"三大经济，实施"打造创新型产业生态、建设'一区两城两谷'、营造'双创'环境、构建全方位开放格局、增进人民福祉、完善服务保障体系"六大战略任务，努力打造创新创业引领区、新兴产业示范区、高端人才集聚区、开放创新前沿区、智慧和谐新城区。同时，我们输入了很多新经济理念，提出了要前瞻性培育量子科技、3D打印、车联网、卫星导航、医疗机器人、互联网金融等新产业新业态，开展瞪羚企业、（准）独角兽企业等高成长企业挖掘培育，构建大企业生态圈等。目前，济南高新区已在量子技术、空天信息等多个新赛道上引领发展，瞪羚企业、独角兽企业、科技领军企业数量在全省开发区中处于领先地位。

济南高新区"十三五"规划得到济南高新区有关领导的大力认可，2016年9月，济南高新区召开《济南高新区国民经济和社会发展第十三个五年规划纲要》解读会，我重点对济南高新区"十三五"规划纲要的总体框架、核心内容和基本考虑进行了讲解。我主要结合国内外发展形势、全国国家高新区发展趋势及济南高新区规划内容，对"十三五"规划的特殊性、产业生态理论、世界一流高科技园区的目标、培育市场主体、高端链接等20个问题，进行深层次的、全方位的解读，得到济南高新区领导和各级干部的积极响应。

后期，长城战略咨询结合新形势新变化，开展济南高新区"十三五"规划中期评估报告，对规划具体目标做了相应调整，同时提出后期发展对策。最重要的是，之后，我们围绕济南高新区创建世界一流高科技园区的目标，做了大量的对标研究与评估工作，依次编制了《济南高新技术产业开发区建设世界一流高科技园区对标研究报告》《济南高新区建设世界一流高科技园2019年度评估报告》等系列高水平的报告，得到济南高新区管委会有关领导的高度认可。

济南高新区"十三五"规划也直接推动了长城战略咨询济南业务中心的落地，为下一步长城战略咨询深度参与济南高新区相关工作奠定了坚实基础。2016年12月9日，长城战略咨询济南业务中心暨济南高新区发展战略研究院成立，科技部高新司原司长赵玉海、济南高新区管委会副主任寇梅、长城战略咨询所长王德禄、中国石油大学原党委书记郑其绪等参加了揭牌仪式。

济南高新区管委会副主任寇梅发表讲话，她提到：

在这么多年发展中深刻感受到科学决策是高新区能够保持快速发展的重要保证，如何提高决策的科学性也是摆在高新区面前的重要课题。为此，济南高新区在今年开展的体制机制改革中，决定成立"济南高新区区域经济与高端产业发展智库"，将其作为研究高新区发展战略和联系外部智库的机构。今天我们联合长城战略咨询成立的济南高新区发展战略研究院，将进一步推动济南高新区的智库体系建设,加强与全国知名智库的联系和交流,提高高新区发展战略研究的水平。

3.5.3 如何看待济南高新区市场化改革?

济南高新区一直是国家高新区体制机制改革的急先锋,成立32年来,先后经历6次改革,其中,2016的大部制改革和2020年的新一轮改革步子迈得较大、改革也较为系统。长城战略咨询对全国高新区体制机制改革做过深入的研究,也直接参与过很多国家高新区体制机制改革,在开展体制机制改革业务时,曾多次将济南高新区体制机制改革创新作为一个先进案例,推广给其他高新区,吸引众多高新区前来学习效仿。

针对济南高新区市场化改革,我有以下看法。

一是坚持市场化导向,"管委会+公司"模式引领示范。济南高新区经过两次系统化改革,"管委会+高新控股"企业化管理模式逐步成熟,四大片区分别配备园区服务中心、高新控股子公司和街道办事处"三驾马车",对口负责服务企业、项目投融资和社会事务管理,能够在政府引导、市场化资源配置、经济发展等方面发挥更大作用。

二是全力争取自主权限,管理机制呈现"级别高、规格高、权限大"特征。高新区是完全授权型管理体制,行政级别为副厅级,党工委书记、管委会主任分别为济南市委常委、副市长。高新区拥有充分自主管理权限,2016年改革完成后,3480多项市级权限,除法律明确规定不能下放的,其他3250项权限全部下放给高新区,48个部门刻制了"2号章"交高新区使用。2020年新一轮改革之后,高新区新组建审批服务部,又从区内其他部门划转行政权力事项256项,承接省级下放国家级开发区事项38项、省级下放自贸区事项84项,创新性地将发改、规划等事项同步划转到位。

三是勇闯改革深水区,成为全国高新区简政放权的标杆。济南高新区精简机构力度较大,2016年,高新区按照"大部制"思路,组建"大建设""大经济""大服务业""大社会管理""大审批""大审计""大战略""大人力资源"等八大体系,精简至17个业务部门。2020年新一轮改革中,高新区再次精兵简政,部门由原来的17个缩减为现在的9个,管委会人员减少大约1/3,机构设置大幅优化。

四是持续优化营商环境,多个模式成为济南或全国首创。济南高新区在改革中,相继推出"一箱双链"、"即时审批"、"工改黄金19条"、"多测合一"、"证照同销"、建设项目分阶段施工许可等诸多济南乃至全国首创模式,实现企业开办半日办结,不见面审批率超75%，营商环境持续优化，多项改革经验被国家部委和省政府认可复制推广。

五是推行无差别人事管理，全面激活高新区发展活力。2016年改革时，济南高新区制定了岗位聘任、绩效考核、薪酬管理3个办法，构建了"人员能进能出、干部能上能下、待遇能高能低"的选人用人机制。实行"双轨制"运行管理办法，建立全员岗位聘任管理制度，坚持人岗匹配，实现干部人事管理由"身份管理"向"岗位管理"转变。首次引入KPI理念，实行管委会、部门（园区）、个人三级全员KPI指标考核，构建了与KPI考核挂钩的薪酬体系，充分激发干事创业热情。

高新区体制机制改革是一个系统工程，涉及行政管理机构改革、人事制度改革、营商环境优化、平台公司改革等多个方面，在2016年济南高新区"大部制"改革后，长城战略咨询有幸参与了济南高新区平台公司——济南高新控股集团有限公司（简称"济高控股"）"十三五"发展规划编制工作，间接地支撑了济南高新区体制机制改革的优化发展。当时对济高控股来说，管理体制的改革意味着政府平台公司的融资职能将会被剥离或者被削弱，传统融资方式受限，以PPP、产业基金为代表的"开放化合作、市场化运作"模式成为趋势，平台公司需要作为政府和市场的桥梁，发挥资源综合配置作用。改革后的济高控股重新确立为融资建设主体，管委会将高新区国有资产注入济高控股，便于集中融资，同时济高控股成立四大片区公司，以社会资本的身份，与其他企业平等竞争高新区建设项目。

在济高控股"十三五"规划中，长城战略咨询为其明确了具体的发展愿景和定位，就是要树立"市场化，平台化"发展理念，努力打造具有可持续经营能力的产业园区综合开发运营商，成为产城融合主力军、产融结合驱动器和载体运营集成商。同时，我们提出公司要在"十三五"期间实现打造"五个新控股"的发展目标，具体为资本运作纯熟、经济实力雄厚的新控股，体制机制科学、运营管理高效的新控股，业务协同发展、市场化程度高的新控股，人才结构合理、团队素质过硬的新控股，品牌优势明显、社会形象一流的新控股。为了实现发展定位和发展目标，我们梳理形成了济高控股发展的4条路径，并明确提出五大片区布局园区开发、地产开发、资产运营、产业金融四大业务板块，全面支撑济南高新区发展。济高控股"十三五"规划得到集团高层领导及管委会有关领导的高度认可，成为指导济高控股"十三五"时期发展的纲领性文件，有力支撑了济南高新区体制机制不断优化。

3.5.4 新旧动能转换的持续探索

经济结构优化调整是我国一个长期的战略性任务，实现经济结构优化的关键是要推动新旧动能转换。2017年1月，国务院印发了我国培育新旧动能、加快新旧动能接续转换的第一份文件，3月，两会期间李克强总理指出希望山东在新旧动能转换中继续打头阵，4月李克强总理视察山东时提出，"山东省把新旧动能转换做好，对整个国内经济格局都会起到关键作用"。当时，作为经济大省，山东省具有传统动能占比偏高、经济发展层次偏低、能源消耗总量偏大的结构性矛盾，传统产业占工业比重高达70%，重化工业占传统产业比重达70%，科技创新引领不足，规模以上工业企业的研发机构覆盖率仅为7%。于是，山东省委、省政府提出实施新旧动能转换工程、建设新旧动能转换综合试验区的战略决策，这成为统筹山东经济发展的根本遵循。

长城战略咨询很早就关注山东省新旧动能转换情况，2017年，对全省国家高新区做过深入调查研究，撰写了《山东省国家高新区推动新旧动能转换的调研报告》，获得山东省科技厅高度认可。后来，联合省工业和信息化厅参与了山东省首批瞪羚企业、独角兽企业标准制定工作，将新经济方法论带到山东。再后来，我们做的两件事比较有意义、有影响力：一是参与山东产业技术研究院建设方案编制，项目成果成为指导山东产业技术研究院建设的纲领性文件，为全省新型研发机构建设打下样板；二是为济南新旧动能转换起步区提供了"十四五"战略规划、"十四五"产业规划、发布场景建设清单等一系列可持续的服务，把长城战略咨询新经济理念逐步导入起步区。

建设山东产业技术研究院是山东省建设国家新旧动能转换综合试验区的一个标志性工程，时任山东省省委书记刘家义、山东省省长龚正组织党政代表团赴南方先进地区学习。对比先进地区，认为山东最大的差距是创新，特别是科研体制机制改革创新上的差距，因此开始谋划建设山东产业技术研究院，实行科技创新体制机制改革，以技术引领山东新旧动能转换，实现高质量发展。长城战略咨询参与山东产业技术研究院建设方案课题，我们提出按照"坚持一大使命，突出三大导向，打通七大通道"的思路，加快建设以需求为导向、运行机制灵活高效、研发转化体系健全、接轨国际一流水平的新型研发机构。其中，"一大使命"是以打造引领全省创新驱动发展的核心引擎为使命，"三大导向"是突出市场导向、开放导向、激励导向，"七大通道"即打通"政产学研金服用"通道，提高产业创新能力。同时，我们还提出了建设"百千万"工程的目标，即到2025年实现加盟新建科研机构100

家左右，累计衍生孵化企业 1000 家左右，转移转化先进技术 10 000 项左右。自 2019 年 7 月山东产业技术研究院成立，至今已有 3 年，集聚高水平科研创新团队 86 个、创立了科研机构 69 家、孵化高科技企业 377 家、创新转化技术 3000 项，已经在培育空天信息、人工智能、区块链等新动能方面发挥重大作用，逐步成为山东新旧动能转换高质量发展的重要引擎。

济南新旧动能转换起步区是山东省为积极探索新旧动能转换模式而设立的国家级新型战略新区，是继雄安新区之后全国第 2 个起步区。起步区是 2018 年 1 月开始筹建的，6 月落地，2021 年 4 月国务院正式批准设立，8 月正式挂牌。长城战略咨询从起步区筹建期就参与规划服务，充分发挥区域咨询、产业咨询、场景建设等方面的经验优势，对标雄安新区、浦东新区等国内顶级新区建设和发展经验，从国家级新区战略高度为起步区提供了《济南新旧动能转换起步区"十四五"规划》《济南新旧动能转换起步区"十四五"产业发展规划》及配套的《产业正面清单》《重点产业示图》《产业机会清单》《产业准入机制》"四张清单"等课题成果。其中，发布首批产业场景机会清单，2021 年，我们与起步区管委会一起挖掘城市、产业领域中的场景开放合作机会，累计梳理了 5 个方面 36 个创新应用场景，这是山东省首个涵盖全域场景建设的清单，对引导各方主体广泛参与起步区城市建设和产业发展具有重要意义。我们做的系列规划得到起步区的认可，后续，我们将继续服务好起步区，将更多的新经济理念传播到起步区，传播到山东，为起步区引领示范山东省新旧动能转换添砖加瓦，为山东省新旧动能转换贡献智库力量。

3.6 东莞：松山湖成为新名片

东莞是改革开放后崛起的新兴工业城市。历史上的东莞县，曾受佛山专区和惠阳专区管辖，1985 年成立县级东莞市，1988 年升格为地级东莞市，下辖 4 个街道和 28 个乡镇，是全国 4 个不设区县的地级市之一。东莞利用毗邻港澳的地理优势，率先引进全国第 1 家"三来一补"企业——东莞县太平手袋厂，以加工贸易为切入点参与国际分工，形成了外源型经济发展模式，并快速地成为国际性的加工制造业基地及"世界工厂"。

进入 21 世纪后，虽然东莞在经济发展上已经在珠三角脱颖而出，形成了比较大的产业规模，但也在土地、环境等方面付出了很大的代价。东莞开始思考下一步要怎么走，是继续以前的"三来一补、两头在外"的模式，还是要形成自己的工业体系。在此背景下，2001年7月，东莞市第十九次、第二十次市委常委副市长联席会议讨论分析了在大岭山、寮步、大朗三镇交会的松木山水库周边兴办大型工业园的设想，将产业园定名为松山湖科技产业园，并明确指出松山湖是未来东莞的经济科技中心。2001年11月，松山湖科技产业园经广东省政府批准成为省级高新区，并更名为"东莞松山湖科技产业园区"，于次年1月开始奠基。2010年，松山湖升级为国家高新区，2015年跻身珠三角国家自主创新示范区，2020年松山湖科学城正式纳入大湾区综合性国家科学中心先行启动区。

2006年，协助松山湖高新区建设火炬创新创业园是我们与松山湖的第一次合作，后来陆续开展了多项合作，同时我们与东莞市发改局、东莞滨海湾新区管委会也建立了比较密切的合作关系。如今，我们与松山湖正在谋划新一轮的战略合作，以期通过深度参与松山湖新经济生态建设、产业培育，助推松山湖实现新的跨越，实现共同成长。

3.6.1 东莞火炬创新创业园

火炬创新创业园是新时期创新资源不丰富的区域以提升区域创新能力、发展高端产业为目的，通过设立孵化器、加速器，汇聚创业成长型的高科技企业，引进研发机构、生产者服务和专业服务机构，进行技术创新和产业化活动的一种新型空间载体和新型发展模式。2004年，科技部在长春会议上提出了加快创业中心建设与发展的主要任务，号召各地在高新区内以创业中心为核心建设火炬创新创业园，提出尽快将国家高新区提升为"科技创新创业园＋高新技术产业工业园"。在火炬创新创业园内要重点引入高技术企业、研发机构、科技中介机构和科技企业孵化器，企业的生产加工一般都在创新创业园以外的高新区及其周边地区。要在建设和发展火炬创新创业园的工作中积极探索体制创新、机制创新和大力发展具有自主知识产权的高端产业。于是，"十一五"期间，科技部推出"部（科技部）省（省科技管理部门）市（地级市政府）共建国家火炬创新创业园试点"计划。

彼时的东莞依靠传统的"三来一补"发展模式，已成为国际性电脑资讯制造业生产基地，在全球具有较大的影响力，电脑主板、键盘等配件产品在全球市场的占有率在20%～40%，电脑零部件有95%可以在东莞配套齐全，产业聚集程度较高。2004年，电子及通信设备产值占全市工业总产值的38%。但是，全市IT产业还处于价值链的低端环节，附加值低，产业升级需求强烈。"十一五"期间，东莞如何完成产业转型，实现产业升级，将直接影响东莞未来的发展。2006年，东莞市委市政府决定实施科技东莞工程，建设创新型城市，促进"东莞制造"向"东莞创造"

转变。为了充分发挥松山湖科技产业园在东莞产业结构调整和产业升级中的作用，松山湖科技产业园申请列入国家创新创业园计划。

2006年8月，松山湖科技产业园管委会经贸局局长陈晓慧和副局长邓国军到北京和我们交流，委托我们做东莞火炬创新创业园建设方案研究项目，这是我们第一次接触东莞松山湖，这个项目也是我们在东莞做的第一个项目。当时，松山湖正处于开发建设初期，产业基础比较薄弱，创新资源比较匮乏，城市配套功能还比较欠缺，但是空间形态基本出来了，园区生态绿地面积14.25平方公里，占总用地面积的23.98%，人均47.5平方米，是国家标准的6.8倍，湖面面积8平方公里，生态环境优美，是生态型园区的典范。所以我们当时在编制申报国家创新创业园总体建设方案时，重点围绕如何补短板去设计具体策略，比如如何引入科技创新资源、如何促进产业发展等。2007年11月21日，东莞松山湖国家火炬创新创业园正式获批，建成后的创新创业园将成为具有国际竞争力的计算机部件技术极、创新高端服务基地、珠三角工业设计创意产业基地及中国IT产业升级的示范基地。这也是我们当时在建设方案中提出的东莞松山湖国家火炬创新创业园战略定位。东莞松山湖国家火炬创新创业园的建设发展是促进松山湖科技园区内生式发展的重要举措，也为下一阶段松山湖升级为国家高新区打下了坚实基础。

经过这些年对松山湖的了解，个人认为松山湖的发展经验中有几个非常好的、值得学习的做法。第一，定位非常准确。松山湖成立之初，就明确要建设成为东莞科技进步和自主创新的重要载体，成为未来东莞的经济科技中心。正是因为有这个定位，才导致松山湖始终是按照这个定位和方向做全市的科技创新引擎，没有走偏。如果走偏，也去发展大规模制造业，就和全市28个镇一样了。第二，高标准规划，打造我国优秀的生态型园区。松山湖的开发建设采取了"高标准、生态型"的国际水准运作模式，坚持生态、经济和科技相互融合、可持续发展的国际化理念，编制了达到国际水平的高品位、重环保的规划，松山湖各个片区的建设都依托原来的地形地貌，每一处的规划都与局部的生态紧密结合，呈现出"半城山色半城湖"的迷人风貌。第三，"富开发"模式，采用整体性拆迁、一次性征地拆迁到位的模式，这种开发模式是创造性的，当然也只有在政府实力允许的情况下才能做到这种"富开发"。第四，起步阶段不考核GDP，这使得松山湖能够始终坚持它的发展定位和方向，引进符合园区需求的、高端的创新资源和项目，不急功近利。第五，重点导入新型研发机构和高层次创新创业团队，营造良好的创新生态，而这一点也是依托东莞雄厚的财政基础才能够完成的。

东莞松山湖的这种模式极具创造性和引领性，在全国高新区引起强烈反响，被很多科技资源匮乏地区的高新区所效仿，也被科技部相关部门称赞。当然，集聚创新资源、提升创新能力是每个高新区的规定动作，至于导入资源的强度和方式则需要考虑各地的实际情况，不能东施效颦、一刀切，否则可能会事倍功半。

3.6.2 广东华中科技大学工业技术研究院是如何做大做强的？

松山湖科技产业园设立之初，东莞市决策层就明确了松山湖的发展目标和定位是要打造成为未来东莞的经济科技中心。成立的前10年，松山湖便一直致力于集聚创新资源，引进大量的新型研发机构和高层次创新创业团队。2012年年底，松山湖先后与中国科学院、华中科技大学、清华大学、北京大学等国内著名高等院校、科研院所合作，成功创建了广东电子工业研究院、东莞华中科技大学制造工程研究院、清华大学东莞创新中心、北京大学东莞光电研究院等18家新型研发机构，其中典型代表就是东莞华中科技大学制造工程研究院（现更名为广东华中科技大学工业技术研究院），2012年被《人民日报》《焦点访谈》誉为"全国新型研发机构的典型代表"。

华中科技大学作为创业型大学，一向在推动成果转化、服务社会职责方面做得比较好。2007年，华中科技大学与东莞市人民政府签约成立东莞华中科技大学制造工程研究院（简称"华科工研院"）。依托华中科技大学国家级科技创新平台，借力教师长期入驻，围绕数控装备、电子制造、制造信息技术及材料和模具等优势学科方向，面向东莞市产业转型升级需求，开展科技创新、技术服务、产业孵化和人才培养。研究院按照"事业单位、企业化运作"方式运营，具有"三无三有"（无级别、无编制、无固定财政经费，有科研自主权、有经费使用自主权、有充分人事权）的机制特色，实施理事会领导下的院长负责制，并设有技术咨询委员会和企业顾问委员会。下设东莞华科工研高新技术投资有限公司等4家投资平台进行产业化运作。华中科技大学以专利权益部分转让实现成果转移，成果转化及收益分配按照学校规定执行，形成了完善的科技成果异地转化收益分配机制。目前，华科工研院拥有600余人的技术团队和1000余人的产业化团队，累计孵化高科技企业1000余家，其中科技成果转化创办企业70余家，10家持股企业在创业板及科创板主板上市（含过会企业），上市后备企业5家，国家高新技术企业120家，新三板挂牌企业8家。在东莞、韶关、佛山自主打造了10个"华科城"科技企业孵化园区，其中国家级科技企业孵化器4个、国家专业化众创空间4个，为20 000余家企业提供了高端技术服务。

目前，全国类似这样的新型研发机构很多，创新资源匮乏的区域都把引进和建设新型研发机构作为创新驱动的重要手段。据《2022 年新型研发机构发展报告》统计，截至 2021 年年底，我国共有新型研发机构 2412 家。按照省域划分，江苏、湖北、山东、广东、重庆的新型研发机构数量总共 1446 家，占全国总量的 60%，其中广东省有 192 家，排名全国第四。南京、合肥、深圳、苏州等 27 家国家高新区新型研发机构数量加总达到 529 家，占比为 21.9%。全国新型研发机构内的从业人员总量为 22.2 万人，其中研发人员 14.3 万人，占比为 64.4%。

深入探究成功新型研发机构的发展经验，我认为有几个重要因素，可以总结为"1234"。

"1"是打通一个链条，即打通创新链。在中国传统的科技体制里，创新链条是割裂的，每一个环节都有一类主体来提供相关的服务，各个主体间很难完成对接，造成资源的浪费，导致出现科技和经济两张皮、技术和市场脱节等现象。在这种情况下，我们需要新的创新创业的模式，期待出现一类机构能够把这个链条打通，新型研发机构就承载了这种功能，它能够打通行业共性技术和关键技术研发—技术转移和技术服务—企业孵化—人才培养的链条。

"2"是要发挥技术源头和人才源头两个源头作用。在一个园区、一个行业里面，新型研发机构不作为一家企业而存在，它需要对这个领域起到技术溢出和人才溢出的源头作用。比如台湾半导体产业 90% 的技术、90% 的人才来自台湾工业研究院。按照这个逻辑，我们提出了一个标准：新型研发机构对这个区域的技术辐射、人才辐射如果超过 30%，这绝对是非常优秀的新型研发机构；如果在 20%～30%，就算良；10% 左右是一般。

"3"是要储备 3 个基本条件：动力、能力、市场需求。第一，动力，就是能够激励新型研发机构有别于传统的研发机构或科研机构的核心所在。新型研发机构贵在新型，什么叫新型？就是研发机构的造血功能。中国的大学科研机构里面大部分科研成果都不能实现有效的转化，问题在哪儿？就是因为这些研发机构缺乏有效的造血功能，这个造血功能就体现在它有缺乏有效的很好的激励机制和市场化的运行机制，这是打破旧有科研机构的事业单位属性和研发技术导向的一个核心所在。如华科工研院为了激发研发人员的创新积极性，在 2010 年率先出台了无形资产评估激励制度，将知识产权形成的无形资产价值的 50%～70% 归创造该知识产权的团队所有。第二，能力，就是新型研发机构是否具备做研发、技术转让、技术服务其至项目孵化的能力。因此，新型研发机构要有良好的科研设施、精干务实的人才队伍，以及协同的产业创新生态圈和政府的大力支持。第三，市场需求，看区域有没有很好的产业基础。如果没有好的产业基础，新型研发机构就找不到足够大的市场需求。主体多、需求多，产学研合作才有可能海量实现。

"4"是要重视4个注意事项。第一，要有研发功能和研发人员，新型研发机构的核心功能是研发，研发人员占总人员的比例要超过50%，技术转让、技术服务、技术交易等收入要占大头。第二，研究院负责人在原单位要有话语权。一把手能够决定研究院到底能走多远，而且好的一把手能够调配更多的社会资源。比如邵新宇自2008年起连续10年担任华中科技大学工业技术研究院院长，期间分别任华中科技大学副校长、党委书记，能够把华中科技大学各个院系的资源都拿到市场里面来转化，具有海量的、强大的资源调配能力。而且我认为一把手最好不是科学家，而是具有商业思维的管理者。他需要干的就是调配资源的事。第三，要有民间资本参与。民间资本参与进来才能推进新型研发机构的市场思维，要不然走着走着有可能重回老路，又做成了所谓的技术导向。民间资本在项目孵化阶段进入比较合适，新型研发机构可与民间资本联合成立产业基金。如华科工研院联合松山湖控股公司和东莞宝来德资产管理有限公司共同发起设立东莞华科松湖基金，并成立东莞市华科松湖创业投资有限公司专业运营该基金。第四，按照市场化方式运作。新研发与传统研发的区别就在于，新研发在立项的时候就需要资本介入，才能够保证边研发边转化，大幅提高转化的可能性。可以探索成立民办非企业法人+公司的治理结构，目前全国比较成功的新型研发机构的性质主要是两种：第一种是注册为民办非企业法人；第二种是在其下再注册一家公司，由这个公司进行市场化运作。同时，机构队伍的岗位、薪酬、考核也按照市场化运作。

虽然全国各地一窝蜂地推广新型研发机构，但总体来看，新型研发机构仍然是一个新鲜事物，尚未被社会各界正确认识。如何因地制宜地建设新型研发机构，使其真正成为推动地区科技创新和产业发展的重要力量，仍然需要进行多方面的探索。

3.6.3 华为迁至松山湖的意义

2018年8月12日，华为5400名员工冒着瓢泼大雨，从深圳搬至位于溪流背坡村的华为松山湖基地。而此前的7月1日，华为已将"2012实验室"及GTS部门等约2700名研发人员搬入这里，华为接连的动作，让松山湖高新区乃至东莞成为舆论关注的焦点。事实上，华为比较早就布局松山湖了。2005年，华为子公司聚信科技有限公司在松山湖成立。2006年,华为松山湖南方工厂项目开工建设,但松山湖很快发现南方工厂带来的只有生产,园区最想要的科研力量、科研人员的导入及较高的财税收入并没有实现。在此情况下,东莞市领导开始研究如何让华为加大在松山湖的投入,当时松山湖建议市政府再跟华为谈判,给华为更多的土地,吸引它在松山湖做更大的投资。2011—2012年,华为供应链部门大部分迁到东莞。2012年,华为陆续拍下松山湖1900亩地。2014年,华为松山湖欧洲小镇开始动工,投资100亿元,建成之后作为华为的东莞总部。2018年,华为终端总部、研发实验室搬入松山湖,极大地提升了松山湖在全国科技创新中的地位。这也是松山湖从高新区迈向科学城的一个标志性事件。

华为迁至松山湖,对于松山湖乃至整个东莞的贡献是不言而喻的。首先,最突出的是带来了经济的增长,2017年,华为系就一举夺得东莞市实际出口总额、主营业务收入和纳税三项冠军。2018年,松山湖GDP从2017年的386亿元增长至630亿元,实现百亿级"三连跳";贡献税收114亿元,同比增长近55%,占整个东莞税收的40%以上。其次,是产业生态的改变。许多企业因为华为的到来而选择在这里办厂,相关的上下游企业也纷至沓来,大疆(2015年)、中集(2014年)等高科技企业,华勤通讯、华贝电子、歌尔股份、蓝思科技、翔通光电等配套企业,软通动力、中软国际、易宝软件、华微明天、金蝶云科技等华为软件服务商纷纷落户松山湖,形成从基础设备、通信网络、研发、平台、生产、运营管理到应用服务较为完整的新一代信息技术产业链条。更重要的是,华为带来了逾3万名研发人员,这些研发人员的到来对这个区域的生态又是一次极大的提升,也成为未来会改变东莞的关键。

那么,华为为什么会选择搬到松山湖?我想主要是两个方面的原因。第一是深圳的高成本和发展空间不足,使得华为开始寻找更低成本、更广阔的外部发展空间。华为总裁任正非在接受采访时表示,"高成本最终会摧毁竞争力,现在有了高铁、网络、高速公路,活力分布的时代已经形成了,但不会聚集在高成本的地方。"第二是松山湖对华为有更好的吸引力,这个原因更重要。因为虽然深圳中心区域用地不足,但外围区域的土地空间充足、成本也相对较低,那松山湖的吸引力体现在哪里呢?我认为体现在3个方面:第一,良好的创新创业生态。松山湖过去这么多年集聚的重大科技基础设施、科研院所、新型研发机构、创新创业团队已经构成了区域的创新创业生态,形成了类深圳的双创环境。第二,良好的生态环境。松山湖始终秉持"科技共山水一色,新城与产业齐飞""生态与产业并举,创业与宜居并存"

的发展理念,打造了超深圳的生态环境。当时华为的高层领导说了一句话:"其他地方不要钱我们也不去了,松山湖要钱我们也要来。"第三,充足的发展空间和载体。松山湖在用地方面对华为表现出了极大的诚意,当年松山湖常年为华为预备1万亩土地。2012—2021年,华为在东莞拿下32宗工业用地,总占地约397万平方米,充足的载体空间给华为带来了巨大的成长空间。正是这些原因推动了华为与松山湖的联姻。如今,华为与松山湖相互成就,互为名片。

曾经跟东莞科技局领导沟通时我就问,华为对东莞意味着什么?他意味深长地说了一句,无异于东莞的第三次创业。我理解,东莞建市是第一次创业,成立松山湖科技产业园区是第二次创业,华为的入驻则意味着全面开启东莞的三次创业浪潮。

3.6.4 东莞市人工智能和生物技术产业规划

"全国每生产5部手机,就有1部产自东莞。"迈入21世纪的东莞,逐渐形成了以电子信息产业为主导,门类齐全的工业体系。根据东莞统计局的数据显示,作为东莞占比最大的产业,2017年电子信息制造业在手机"三巨头"产量增长较快的带动下实现增加值1148.43亿元,超过全市工业增加值的1/3,增长16.7%,拉动全市规上工业增长5.6个百分点。尽管电子信息产业发展势头正盛,但全市产业发展也面临着很明显的短板:一是全市纺织服装鞋帽制造业、玩具及文体用品制造业、家具制造业、化工制品制造业等传统行业增长乏力,拉低了全市工业增速。二是全市产业层次整体偏低,多数产业仍处于价值链中低端环节,缺乏核心技术和自主品牌,工业增加值率为较低,2016年全市规上工业增加值率为20.2%,在广东省21个地市中排名第17位,转型升级任务迫切。

为加快推动东莞新旧动能转换,谋篇布局新兴产业,东莞市在2018年7月出台了《东莞市重点新兴产业发展规划(2018—2025年)》,提出聚焦发展新一代信息技术、高端装备制造、新材料、新能源、生命科学和生物技术五大新兴领域,突破发展新一代人工智能、新一代信息通信、智能终端、工业机器人、高端智能制造装备、先进材料、新能源汽车、高性能电池、生物医药和高端医疗器械等十大重点产业,加快抢占新一轮竞争制高点。

为进一步明确全市新兴产业发展路径,2018年、2019年,东莞市科技局、发展改革局分别委托我们开展了东莞新一代人工智能、生命科学和生物技术发展规划研究与编制项目。我们先后组织了2个项目团队,对东莞相关政府部门及镇街管理机构、创新平台载体、代表企业、行业协会、高校和科研院所进行了深入调研,全面了解东莞人工智能、生命科学和生物技术产业发展基础。东莞依托雄厚的电子信息产业基础，当时在人工智能产业已经具备一定基础，尤其是在机器人和智能硬件方面发展迅猛，松山湖聚集了机器人及智能装备企业400余家，全市工业机器人研发及生产企业约占全国总数的10%，涌现出固高、李群自动化、拓斯达等一批行业领军企业，由香港科技大学李泽湘教授发起的松山湖机器人产业基地已经形成领先孵化模式。但是该行业也存在产业规模偏小、缺乏龙头企业、前沿研发能力较弱、软件算法薄弱等问题。针对生物技术产业，事实上，东莞很早之前就开始布局，2012年年底东莞在松山湖设立两岸生物技术产业合作基地，正式战略性布局生物产业，并设立国有独资的东莞市生物技术产业发展有限公司对基地进行市场化综合运营。2014年，东莞市政府实行推动莞台生物技术产业深入融合发展的合作计划——"莞榕计划"，计划3年引入20家在台湾（或海外）上市或具有同等实力的优质企业入驻松山湖。截至2017年年底，20家符合"莞榕计划"入选标准的生物技术企业落户松山湖，其范围涉及医疗器械、IVD（体外诊断产品）、保健食品、医学美容等多个细分领域。通过出台支持政策、设立生物产业专项基金、提供专业团队服务等手段，松山湖集聚了东阳光药业、沈阳三生、博奥木华、深圳安科、金美济药业、普门科技、红珊瑚药业、安特高科、博鸿集团等260多家生命科学和生物技术企业，引进了南方医科大学科技园、华南协同创新研究院、东莞中山大学研究院等研发机构，集聚了全市80%以上生命科学和生物技术产业创新资源。但是整体来说，东莞生物技术产业还是处于探索起步期，整体规模偏小。2018年，全市生命科学和生物技术产业的总产值才52亿元，其中，生物医药总产值约27亿元，医疗器械制造总产值约25亿元。

长城战略咨询的两个项目团队通过对全球人工智能产业、生命科学和生物技术产业发展现状与趋势，以及大湾区产业竞争格局进行分析，同时结合产业发展领先区域的实践经验，研究提出两大产业发展的定位、思路与目标、重点发展细分领域、产业空间布局建议及发展路径，最终形成了两大产业发展规划及产业发展政策建议、招商策略建议等成果。基于这两个项目的合作基础，后续我们又参与编制了东莞滨海湾新区的人工智能和生命健康发展规划。

3.6.5 新时期松山湖的国家战略

在中美竞争的背景下，国际科技竞争向基础研究竞争前移，强化原始创新、实现核心技术自主可控愈发重要。全国很多有实力的区域开始布局基础研究，如北京以"三城一区"为主平台建设国际科技创新中心，上海、合肥建设综合性国家科学中心，粤港澳大湾区也开始加强基础研究布局，2018年深圳决定建设光明科学城，一山之隔的东莞松山湖也有自己的部署。自2006年起，松山湖就前瞻布局了中国唯一、全球第4座脉冲散裂中子源。2017年8月，东莞市决定依托中国散裂中子源等重大科技基础设施及松山湖高新区规划建设中子科学城（2020年更名为松山湖科学城）。围绕中国散裂中子源，松山湖持续布局了南方先进光源、先进阿秒激光设施等重大科技基础设施；建设了松山湖材料实验室，这是广东省首批4家省实验室之一；规划建设香港城市大学（东莞）和大湾区大学（松山湖校区）。2020年7月，发展改革委、科技部批复同意以光明科学城—松山湖科学城片区为先行启动区，建设大湾区综合性国家科学中心，松山湖科学城跻身于全国第4个综合性国家科学中心。

目前，松山湖已经集聚了大量创新资源。第一个十年（2001—2011年）围绕东莞的产业基础布局新型研发机构、高端创新资源；第二个十年（2012—2022年）围绕创新源头布局大科学装置、实验室，建科学城。但是集聚的创新资源到底对产业发展起了多大的作用还值得探讨。与国家高新区第一梯队相比，松山湖在新物种企业和高水平创业企业的数量、新兴产业方面仍然存在较大差距，下一步，如何让科技创新资源更好地支撑产业和区域的发展是松山湖要解决的关键问题。

结合松山湖的发展实际，我认为有两条实现路径。第一就是打通科学—技术—企业—产业这条路径，但是这条路径是否走得通，仍然是一个正在探索的问题，而且是一个全国性的命题。打通科学—技术—企业—产业的路径不是一天的事情，需要很长的周期，因为原创技术有很多不确定性。但是，在这个过程中，能不能把创新生态构建好非常关键，创新生态加强了，确定性也就加强了。第二条路径就是面向新经济，走新物种、新场景、新赛道的内生路径，发展新兴产业、培育未来产业。新赛道是数字经济和实体经济深度融合过程中涌现的新现象，也是前沿科技突破、原始创新的新领域，具有跨界、爆发式增长、海量市场、动态迭代、面向未来等特征，备受投资机构关注，是引领高质量发展的重要新动能，是经济增长的重要源头。经过研究发现，现在所有新物种企业基本都是在新赛道领域，松山湖可以重点瞄准新物种企业，通过开展新物种企业培育计划、召开大会等内培外引方式，培育、引进一批新物种企业，从而培育形成新的赛道、新的产业。而新场景作为新时期推进技术创新的重要手段，为新赛道的形成提供基础设施，场景把人才、资本、技术、政策等与创新相关的要素及供需有机结合起来，形成了新赛道涌现和发展所需的新生态环境。新物种企业基于洞见和创意，找到解决问题的小切口，联合投资人共同解决难题,实现场景创新,进而又带动更多新物种企业继续场景创新并涌现集聚和爆发式成长。当今时代处于由需求导向转向创意导向的大变革,要靠新场景、新创意来引导时代发展,新赛道将孕育更多新场景,新场景的突破推动新物种加速涌现、形成新赛道。场景创新也是推动松山湖下一步创新发展的一种重要方式。

我始终认为,东莞是一个主动加压的城市。东莞之所以能够每隔10余年就进行产业升级换代、始终站在时代潮头的根本原因,在于东莞人强烈的改革意识、忧患意识和创新意识。改革开放初,建立我国第一家"三来一补"企业,开历史之先河。21世纪初设立松山湖科技产业园区,始于对高科技产业替代传统产业的初衷。而要在环境更为复杂的大背景下进军基础研究和产业原创,则更是主动服务国家战略的责任担当。老话讲"穷则思变",而东莞则是"富中求变""变则思通",以"变"求得更大空间的发展空间。

当然,对于地方政府进军基础研究领域,现在社会上对此有不同认识。我认为有两点很重要:一是包容,地方政府进军基础研究也是新生事物,我们要"让子弹多飞一会儿",试试效果;二是地方政府也需坚持统筹原则,把国家战略和地方需求结合起来,把技术原创和产业发展结合起来,打通从基础原创到产业发展的通道,让科技创新真正能够做到"四个面向"。

3.7 无锡:湖湾创新城

历史上的无锡人文荟萃,人杰地灵。改革开放后的无锡,依托区位优势,乡镇经济迅猛发展起来,与苏州、常州共同创造的"苏南模式"盛极一时,成为各地追捧和效仿的对象。随着时间的推移,"苏南模式"的内涵也在变化。在这个过程中,无锡总是能够主动求变来适应外部环境的变迁。

我第一次到无锡是2006年5月在上海张江参加"世界一流高科技园区"主题论坛后,先到苏州,再到无锡。5月的无锡同样风景迷人,气候适宜。这一年,无锡"530"计划实施,尚德风头正盛,一夜间无锡成了培育发展新兴产业的代名词。

无锡高新区(新吴区)是我们重要的合作伙伴,2019年双方签署了战略合作协议,随后我们在无锡成立了分支机构。江阴是无锡重要的经济板块,长城战略咨询因江阴高新区的升级而与之结缘,后又因产业规划、一区多园管理模式、霞客湾科学城而加强合作(图3-8)。

图 3-8　长城战略咨询与无锡高新区签署战略合作协议

3.7.1　"苏南模式"的演变

"苏南模式"最早是由社会学家费孝通先生在《小城镇·再探索》中提出的。它是中国经济市场化过程中所涌现的成功模式，它的发展对江苏甚至全国实现经济转轨及开启现代化新征程具有较强的示范价值。经过改革开放40多年的实践，以江苏的苏州、无锡、常州等地为代表的苏南地区成为我国经济社会较发达、现代化程度较高的地区之一。

因各阶段的主体不同，"苏南模式"的内涵经历了3次演变，从乡镇企业崛起到外资壮大再到创新经济体的发展，这既是外部环境变迁的体现，也是苏南地区主动求变的结果。

"苏南模式"形成初期是以20世纪80年代为背景，随着党的十一届三中全会的召开及1984年中央1号和4号文件的发布，乡镇企业的地位和作用得到高度肯定。乡镇政府主导企业发展，集中兴办乡镇工业，乡镇企业"异军突起"，以工业化带动城镇化。苏南乡镇企业起步背后依靠的是以上海作为龙头城市的辐射，上海的技术、资本、人才和市场发挥重要作用，上海工厂和企业的"星期日工程师"便是明显的佐证。

到20世纪90年代末，外资经济得到快速发展，浦东成为重点开发、开放区域，苏南主动与浦东开发、开放相呼应，先后建立起了大批各类开发园区，苏州、无锡、常州等地的国际性高新技术开发区即是在这一时期建立的。通过开发区引进外资，使之成为吸引外资发展外向型经济的重要平台，并迅速成为我国外商投资企业和台资企业最为密集的区域，外向型经济逐渐明显。

到 21 世纪，在以往外向型经济发展中，苏南地区主要依靠"两低一高"（低工资、低土地成本、高污染）来支撑经济高速增长的模式带来了一系列负面影响，加之 2008 年"全球金融危机"的爆发，把整个苏南地区逼到了改革的十字路口。苏南地区开始谋求内生发展、创新驱动之路。苏南地方政府通过搭建各类创新载体和创新平台，鼓励高层次人才创新创业，大力发展高科技产业，从而实现了区域经济的跨越式发展。

从乡镇企业、外向型经济发展到创新型经济，外资、民资和股份制企业竞相发展、充满活力，这一时期也被称为"新苏南模式"。

说起"苏南模式"，自然绕不开其发祥地——无锡。居太湖之滨，大运河穿城而过，吴侬软语叙古城往事，无锡自古就是鱼米之乡。作为百年工商业名城，无锡更是中国近代民族工业和乡镇工业的摇篮，工业发展可追溯到 100 多年前，以荣、唐、杨、薛四大家族为代表的民族工商业，创办面粉、棉纱、毛纺、丝及纱等工厂，开创无锡近代工业先河，带动无锡经济发展。20 世纪八九十年代"苏南模式"兴起，乡镇企业集结，机械工业及各类制造业兴起。20 世纪 90 年代，依托西方产业转移而发展的村镇工厂在全球一体化的大潮中开始陷入产业低端困境，技术没有竞争力、企业制度掣肘、资本非常薄弱。无锡政府也意识到只有更加开放，才能做大资本，只有升级技术，才能扩大市场。于是开始建立高新产业园区，发展高新产业技术，1992 年，经国务院批准设立无锡国家高新区。进入 2000 年，无锡不断抓住世界经济转型发展的风口，进行产业科创化模式，探索走科技含量高、经济效益好、环境污染少、资源消耗低、人力资源优势充分利用的新型工业化道路，实施先进制造业和现代服务业双轮齐转，转型发展构建现代产业体系。并且大力发展物联网产业，拿下全国唯一的国家传感网创新示范区，成为"感知中国"中心。产业发展是"筋骨"，科技创新是"灵魂"。

时隔 10 多年，我于 2018 年在无锡高新区做了题为"科技创新领航新时代国家高新区高质量发展"的专题培训。这次无锡之行，让我感受到了无锡在"新苏南模式"下的华丽转变：这一时期的无锡坚持创新驱动，提出"产业强市"的主导战略，依托自身产业基础构建以战略性新兴产业为先导、先进制造业为主体、现代服务业为支撑的现代产业发展体系，并且大力发展物联网产业，成为物联网领域唯一的国家级先进制造业集群。同时，在生物医药、智能装备等高端科创产业谋篇布局，使无锡成为具有国际竞争力的科创中心城市之一。再观无锡高新区，历史上很辉煌，曾经的优等生，但在园区活力和内生动力上仍有待进一步提升。

着眼于未来的发展，无锡高新区如何做才能适应"新苏南模式"？在"科技创新领航新时代国家高新区高质量发展"的专题培训中，我提出了以下几点建议：一是做好观念领先，以新经济生态理念指导未来发展；二是确定新兴产业的战略地位，努力实现赶超；三是建设好新型研发机构，切实发挥技术、人才双源头作用；四是做好挖掘与培育，实施新型创新主体倍增计划；五是发挥大企业作用，推进大企业平台化和生态圈建设；六是导入市场化机构，搞好"锡创汇"，营造良好双创氛围；七是近学苏州，远学深圳，对标找差，力争上游；八是加强与中关村、深圳等地的端资源链接；九是建设新型智库，提升决策的科学性、敏捷性和针对性；十是瞄准"法定机构"，做好体制创新，提升活力和效率。我相信，做到以上几点，无锡高新区将会实现凤凰涅槃、华丽转身，成为我国具有重要影响力、辐射带动东部地区发展的创新创业中心！

3.7.2　太湖湾科创带（无锡高新区）横空出世

2018年11月，习近平总书记在首届中国国际进口博览会上宣布，"为了更好发挥上海等地区在对外开放中的重要作用，决定将支持长江三角洲区域一体化发展并上升为国家战略。"2019年5月，习近平总书记在中共中央政治局会议中再次强调，长三角一体化发展具有极大的区域带动和示范作用，要紧扣"一体化"和"高质量"两个关键，带动整个长江经济带和华东地区发展，形成高质量发展的区域集群。同年12月，中共中央、国务院印发了《长江三角洲区域一体化发展规划纲要》，指出要形成区域协调发展新格局、加强协同创新产业体系建设、创新一体化发展体制机制等。随着长三角洲区域一体化发展的国家战略地位不断上升，"长三角一体化"主题在"十四五"规划纲要中独立成节，强调要加快建设产业创新带、推进基础设施互联互通、创新一体化发展体制机制、推进更高水平协同开放。

长江三角洲（以下简称"长三角"）地区是我国经济发展较活跃、开放程度较高、创新能力较强的区域之一，在国家现代化建设大局和全方位开放格局中具有举足轻重的战略地位。推动长三角一体化发展，增强长三角地区创新能力和竞争能力，提高经济集聚度、区域连接性和政策协同效率，对引领全国高质量发展、建设现代化经济体系意义重大。

此外，中共中央、国务院在2018年出台了《关于建立更加有效的区域协调发展新机制的意见》，提出要建立以中心城市引领城市群发展、城市群带动区域发展新模式，推动区域板块之间融合互动发展。习近平总书记强调，各地区要立足自身优势，结合产业发展需求，科学合理布局科技创新。"十四五"指出，支持有条件的地方建设区域科技创新中心，使之成为世界科学前沿领域和新兴产业技术创新、全球科技创新要素的汇聚地。

其实早在2011年，无锡就已经提出了"一体化"发展的概念，出台了《关于推进锡澄一体化发展的实施意见》，以产业协同、城市功能互补为目标，拉开了以无锡市区为一体，江阴、宜兴为两翼的"一体两翼"发展格局序幕。如今"锡澄宜一体化"成效显著。比如，近年来，无锡着力打造"一体两翼"集成电路产业格局，确立了"设计制造在无锡、封装在江阴、原材料在宜兴"的发展规划，达成了产业协同深度融合，带动了无锡、江阴、宜兴的科技创新协同发展。无锡太湖湾周边地区逐步发展，支撑带动了无锡建设成为创新驱动与高质量发展的科技高地、产业高地、人才高地、城市地标、生态湿地。

为积极响应长三角一体化发展战略、积极推动沿沪宁产业创新带建设等重要举措，将无锡建设成开放创新之城的生态中枢、引领苏南国家自主创新示范区建设重要地标，无锡市委、市政府在2020年正式启动太湖湾科创带（无锡高新区）建设，并把太湖湾科创带（无锡高新区）建设作为无锡开启"十四五"高质量发展新征程的"头号工程"。

当时的无锡正在逐渐走出近10年的发展低谷，进入通过坚定不移地纵深推进"产业强市"主导战略，重振实体经济雄风，回到正确发展轨迹的过程中。2020年，全市GDP突破1.2万亿元，稳居全国前列；进出口总额保持全省第二；科技进步贡献率保持全省第一。但当时全市GDP站上万亿级台阶不久，规上工业总产值还在2万亿元的门槛外；市场主体不满百万户，千亿级产业集群数量还只是个位数；同时新冠疫情导致难以预见的挑战层出不穷，可以说，无锡创新驱动的持续发展必须有新的重大举措。

要想实现创新驱动的可持续发展就必须推动基础研究和原创技术突破，提升基础科学能力和产业技术创新能力，克难攻坚。因此无锡市科技局在2020年的时候委托长城战略咨询承担"无锡太湖湾科技创新带发展规划（2020—2025年）"课题。

在2018年左右，我国的很多区域都纷纷提出要建设科学城（科技城），长城战略咨询为科学城发展建立了"2345模型"："2"指国家战略、区域发展两大使命；"3"指前瞻性技术研究突破、关键核心技术自主可控、新兴产业培育3个目标；"4"

指大科学装置周边区域、高校院所集聚区周边地区、高新区、城市功能完备地区4类；"5"指创新生态、前沿科技创业、新型研发机构、自由流动的人才环境、智能生态宜居的城市环境五大支撑。

基于以上长城战略咨询对于科学城的研究，针对无锡当时的发展情况，我们在"无锡太湖湾科技创新带发展规划（2020—2025年）"的课题中，确定了无锡"全面建成拥湖生态标杆区、科产城人融合示范区、新兴产业策源地、科教智力集聚地、创业创新首选地"的"两区三地"战略定位，并主要围绕空间统筹、开放包容、产业主导、人才引领、创新驱动、服务支撑、城市赋能、制度改革等8个方面部署重点工作。

这份规划按照"协同联动、点面结合、产城融合"的布局理念，围绕新兴产业策源地与城市高端功能区建设，优化空间布局顶层设计，重点构建"一核、十园、多点"拥湖发展的空间格局：

"一核"即太湖新城。打造无锡产业技术创新的"中枢"和"内核"。

"十园"即太湖湾科创带（无锡高新区）沿线各市（县）区发展潜力较强的园区平台。推动重点园区围绕主导产业，以造链、强链、补链、延链为核心，率先打造标志性现代化产业链。

"多点"即太湖湾科创带（无锡高新区）沿线的高校、科研院所、重点实验室、工程技术研究中心、企业技术中心、创新中心、新型研发机构等创新资源。按照"多点联动、高端集聚"的发展要求，实现"突破一个、带动一片"的引领和示范效应，推动形成载体平台互联互动、功能定位合理清晰、组织建设高效持续的发展格局。

提出太湖湾科创带（无锡高新区）建设无论在当时还是现在，都是非常具有战略性且成功的。不仅推动了无锡主动对接长三角一体化国家战略，深度融入上海大都市圈合作体系，还推进了长三角科技创新共同体建设，推动了创新水平由跟跑向并跑、领跑跨越，为抢占关键核心技术和先导产业制高点奠定了基础。

随着太湖湾科创带（无锡高新区）建设的开展，为全面融入和服务国家创新驱动战略，着力提升区域创新体系，无锡高新区（新吴区）、宜兴、江阴也加快了科学城规划建设的进程，且均委托我们长城战略咨询开展相关课题研究。

3.7.3 无锡高新区：太湖湾科创城建设

无锡高新区是1992年11月经国务院批准的国家级高新技术产业开发区。2015年12月，经国务院、省政府批复，成立新吴区，实行高新区、新吴区"区政合一"

管理体制。无锡高新区（新吴区）地处无锡东南部、长三角几何中心，区内机场、高铁、高速、港口等交通基础设施一应俱全。经过30年发展，无锡高新区已成为无锡市重要的经济增长极、对外开放窗口、科技创新基地和转型发展引擎，成为苏南国家自主创新示范区"8+1"建设框架的重要组成部分，获批国家传感网创新示范区、国家创新型园区、国家生态工业示范园区、国家知识产权试点园区、国家进口贸易促进创新示范区。

2018年，无锡市副市长、新吴区区委书记、无锡高新区党工委书记王进健来到长城战略咨询北京总部。我们共同交流了无锡高新区当时存在的问题及下一步重点工作，也是当年，和无锡高新区有了初次合作。2019年，长城战略咨询与无锡高新区合作项目正式启动。2021年年底，长城战略咨询无锡业务中心正式成立。

为落实《无锡太湖湾科技创新带发展规划（2020—2025年）》以进一步促进无锡高新区高端创新平台集聚、资源配置优化，加快推进无锡高新区（新吴区）太湖湾科创城（以下简称"科创城"）建设，塑造支撑太湖湾科创带（无锡高新区）创新崛起的动力极核，无锡高新区委托我们承担了"太湖湾科技创新带无锡高新区（新吴区）发展规划（2021—2025年）"及"无锡高新区（新吴区）太湖湾科创城高质量发展三年行动计划（2021—2023年）"课题研究。

建设太湖湾科创带（无锡高新区），是无锡实现科技自立自强的战略部署，而当时的无锡高新区就已经拥有全市90%的省部级科研院所、70%的高层次人才、60%的科技公共服务平台。围绕核心产业链发展，建有市级以上企业工程技术研究中心224家，覆盖新一代信息技术、智能装备、生物医药等重点产业领域。建成市级以上院士工作站34家，其中省级以上12家，总规模位居全市第一。规上工业企业有研发活动企业数占比为84.5%，全社会研发投入占GDP的4.2%，科技创新与产业发展紧密结合。突出的科技创新实力为太湖湾科创带（无锡高新区）建设奠定坚实基础。

在当时的发展形势下，从全球发展角度来看，我们认为太湖湾科创带（无锡高新区）必须树立未来思维，深刻把握时代特征和规律，瞄准全球前沿领域，以占据全球制高点为目标开展高水平的科技创新工作；从国家战略导向来看，我们认为太湖湾科创带（无锡高新区）应顺应国家战略要求，围绕集成电路、生物医药等关键领域加快原始创新突破，汇聚力量打造高能级创新平台；从区域的角度来看，我们认为太湖湾科创带（无锡高新区）作为无锡创新驱动发展的核心工程，是区域创新发展的动力引擎。

针对以上研究，结合无锡高新区当时的发展情况，在《太湖湾科技创新带无锡高新区（新吴区）发展规划（2021—2025年）》中，我们确立了"打造太湖湾科技创新带'创新大脑'"的总体目标，围绕太湖湾科创带（无锡高新区）功能定位，打造了"一城、五组团、多点"的发展格局，提出了强化创新能力、优化双创生态、培育企业梯队、提升产业能级、筑造人才高地、促进开放协同、创新制度政策、加快产城融合八大重点任务。同时，在《无锡高新区（新吴区）太湖湾科创城高质量发展三年行动计划（2021—2023年）》中，围绕发展目标，我们提出了开展创新能力提升、创业载体升级、创新型企业集聚、前沿产业培育、创新要素集聚及城市生态营造六大工程任务。

长城战略咨询与无锡高新区一直保持着非常好的合作关系，尤其是在近两年，受无锡高新区管委会的委托，我们针对无锡高新区特色，积极开展了很多更深层次的课题研究，举办了中国物联网新物种企业大会，助力无锡高新区打响品牌，汇聚资源。

3.7.4 江阴市：霞客湾科学城建设

江阴位于江苏省东南部，1987年，江阴经国务院批准撤县建市，由无锡市代管，是长江下游新兴的滨江港口城市。先后获得了2021中国数字治理百佳县市、2021中国未来投资热点百佳县市、全国文化模范市、全国双拥模范城、全国科技先进市、全国乡镇企业先进市等多项全国性荣誉称号。江阴还是苏南乡镇工业的重要发祥地，经济总量占到无锡的1/3，常年位列工业百强县第一，下辖10个镇全部为全国千强镇。2020年财政收入为259.7亿元，占无锡全市的1/4，位列江苏地方省财政收入十强县市第二。

长城战略咨询与江阴最早的合作是在2010年，江阴市的核心区——江阴高新区，委托我们规划了升级国家高新区的战略任务与战略举措，并协助整理了升级国家高新区的相关材料。2011年，经国务院批复，江阴高新区非常顺利地升级为国家高新区。在接下来的几年中，长城战略咨询也一直和江阴高新区保持着长期稳定的合作关系，并受委托完成了各类课题研究，如2012年完成了《江阴高新技术产业开发区创新型特色园区建设方案》研究等。现如今的江阴高新区常年稳居县级国家高新区前三名，以5%的土地面积创造了全市1/4的地区生产总值。

随着与江阴高新区越来越密切的合作，长城战略咨询与江阴市的联系也越来越频繁。2021年1月，我走访了当时正在建设的长三角江阴数字创新港（一期），走访了当地品牌企业海澜智云，还有幸作为"江阴科技讲堂"第一期专家，从当时的形势与趋势、区域创新发展的关键问题两个方面为江阴市各委办局做了题为"新时期区域创新的关键问题"的专题培训。

2021年2月，霞客湾科学城的概念首次披露。在江阴召开的"南征北战、东西互搏"3年行动誓师大会上，无锡市委常委、江阴市市委书记许峰强调"以规划建设霞客湾科学城为核心，聚力打造一座崭新的智慧互联之城、绿色生态之城、青春时尚之城、未来科技之城"，彼时徐霞客科学城的概念仅限于青阳镇和霞客镇小部分。就在江阴霞客湾科学城概念提出后的第1个月，也就是2021年3月，江阴市科技局局长一行到长城战略咨询北京总部，我们就霞客湾科学城建设的若干问题进行了交流讨论。

2021年4月14日下午，我应江阴市组织部、江阴市科技局邀请，在"江阴大学堂"开展题为"国内外科学城（科技城）建设经验与霞客湾科学城发展"的专题培训（图3-9）。我从科学城（科技城）发展的理论、国外科学城发展现状、国内外六大基准案例分析借鉴及江阴霞客湾科学城发展建议等方面，开展这场讲座。授课之前，我跟江阴市市委书记许峰有过1小时的座谈。

图3-9 陈文丰在江阴大学堂授课

授课中，我试图通过自问自答的方式更加明确地阐述我对霞客湾科学城建设的一些想法。我提了"六问"，分别是：

①霞客湾科学城要不要承担国家使命和国家责任？

②霞客湾科学城在太湖科创带中的定位和角色？

③霞客湾科学城需要举什么旗、打什么牌、走什么路？

④霞客湾科学城与高新区、临港开发区的关系是什么？

⑤霞客湾科学城的科研方向与产业方向的一致性是什么？主攻方向是什么？

⑥霞客湾科学城的开发建设主体是谁？

同时，我也认为霞客湾科学城的本质是建设具有重要影响力的产业创新中心。一是要面向产业发展需求构建科技创新生态，聚焦"四类载体"增强产业技术创新能力，提升科技创新集中度和显示度；以新型研发机构建设布局为重点，继续引入高水平研究型大学，逐步集聚一批高水平创新装置与平台。二是要推进产业链创新链融合，打造具有竞争力的四大主导产业、三大新赛道。三是要建设科技、产业、城市、人文等多功能融通的科学城，重点招引"三类人群"。四是要推动企业爆发式成长，重点发展"三新"企业。我这里说的"三类人群"是指科学家、企业家、投资人，"三新"企业是指高技术企业、高成长企业、高价值企业。我非常期待我当时提到的建议能对江阴高质量建设霞客湾科学城起到一定的作用。

虽然霞客湾科学城的概念在 2021 年就已经提出，但直到 2023 年 3 月，霞客湾科学城功能区的概念才正式确立。在江阴召开的霞客湾科学城功能区建设动员大会上，正式确立了月城、青阳、霞客、祝塘四镇为霞客湾科学城功能区。整体构建了"一核四区"功能格局，创新搭建了"功能区+镇"的服务模式、"功能区+国资公司"的运行模式。拉大的框架再次体现了霞客湾科学城在锡澄协同发展区中的核心地位，作为城市综合性科创空间，霞客湾科学城承担起了江阴贯彻落实长三角一体化国家战略、加快推进锡澄一体化协同创新、加快融入全球科创体系和参与全球科创分工及深度融入太湖湾科创带（无锡高新区）的重要职责。

3.8 郑州："大动脉"上的创新高地

很多人说起郑州，印象不深。在我看来，跟周边武汉、西安、合肥等城市比较起来，郑州显得有些平庸，外来的富士康则成为郑州为数不多的标志之一。但郑州能够依托良好的区位优势，迅速做大经济规模，在激烈的区域竞争中保留一席之地，反而成为郑州最大的亮点。有很多人评价，郑州需要学习合肥。我想，合肥的经验不可能全面复制，合肥的成功具备"天时地利人和"，而郑州不具备。但有点需要肯定，就是郑州需要推进创新驱动、高质量发展，建设创新型城市。其中，郑州高新区能发挥引领和支撑作用。这些年，长城战略咨询跟河南省科技厅、郑州市和高新区都有过良好的合作关系，尤其是在郑洛新自主创新示范区的规划和建设上接触颇多。

3.8.1 郑州高新城的提出

2011年8月12日，郑州市市委书记连维良在郑州高新区调研时，明确提出"大力发展高新技术，建设郑州高新城"的指示。此时，正值河南省提出建设"中原经济区"之际，中原经济区的建设对于完善国家区域战略布局，推动区域经济由东向西、由南向北发展具有重要意义。而打造"郑洛工业走廊"，实现郑洛经济一体化是推动中原经济区建设和中部崛起的关键支撑。其中，位于郑州西部的郑州高新区的发展就显得尤为关键和突出。我想，这也是郑州加快发展郑州高新区的核心意义所在。

郑州高新区管委会立马意识到，这次市委书记的要求对于郑州高新区而言可能是个重大机遇，通过高新城建设短时间内实现区域拓展，长远来看解决高新区产城融合不够的短板。但是这个问题如何破题？需要委托一家咨询机构来承担这项研究任务。后来听时任高新区党政办主任王德敏介绍，他们从网上搜索，看到张江科学城规划是由长城战略咨询承担的，于是联系到我们。

通过这个项目，我们对郑州及郑州高新区有了更深入的了解。郑州是一座历史并不太悠久的城市，新中国成立后才成为河南的省会。改革开放后，郑州利用"天下之中"的区位优势，城市规模迅速做大，在全国城市经济排名中大概长期在第15位左右。其中，几个功能区发挥了重要作用。如郑东新区2000年开建，时任河南省省长的李克强主推，现如今成为郑州重要的经济功能区，2022年地区生产总值达1270亿元。郑州航空港区2013年经国务院批准设立，是我国第一个国家级航空港经济综合实验区、我国唯一一个国务院批准设立的航空港经济区，2022年地区生产总值达1208亿元。这两个重要功能区都位于郑州市东部，而郑州高新区则位于郑州市西部。

郑州高新区范围内的科教资源有郑州西部的解放军信息工程大学、郑州大学、河南工业大学、郑州轻工业学院及众多科研机构，不可谓不多，但是这些科教资源跟郑州高新区的经济联系并不密切。园区内每年新增创业企业也不少，但是缺乏具有影响力的龙头企业和骨干企业，导致产业发展整体实力偏弱，影响力和知名度不够。

从当时的角度来看，我有两个强烈感觉：第一，郑州作为一个省会城市，科教资源相对匮乏，城市缺乏创新的基因和土壤，用现在的流行语说就是创新创业生态不够完善；第二，高新区在全市缺乏位势，历史上郑州战略东移，大量的资源因郑东新区而向东集聚，高新区在全市能够获得的关注和资源自然就会减少。在这种情况下，郑州高新区要想获得发展，首先要解决战略位势的提升问题，引起高层领导的关注和重视，才能获得发展所需的资金、政策、土地、人才和其他优惠条件，推动高新区可持续发展。

首先我们要对"高新城"破题。什么是高新城？我们认为，高新城是由以高新区为代表的产业功能区向产业功能与城市功能融合的综合型功能区升级的一种城市形态，是实现产业、科技、商务、商业、文化、居住等功能复合与融合的载体。它的本质是高新区发展的高端形态，是产业和城市、科技发展融合的最终方向，相对于高新区而言，在产业的发展、城市功能、人文功能方面有更大的提升，同时对区域也有更大的引领、支撑和辐射带动作用。

为此，我们进一步明确了高新城是以创新为核心和引领，以产业发展、城市生活和科技研发为支撑的城市架构。创新是内核，包括体制机制创新、科学技术创新、商业模式创新和生活方式创新。科学研究发挥引领作用，其主体包括高校、研究院、研发公司/中心、公共技术平台、创新联盟、行业协会和知识产权保护与交易等。高科技产业的主体包括公司总部、产业专业园区、孵化器、中试车间/标准厂房和商务服务等。而城市功能则是重要的支撑，包括科技的应用与示范、科技人文社区、数字化城区、文化、娱乐、商业和教育等。高新城需要打造高品质的生产生活空间，向综合型功能区升级，实现"城强业盛"与"城业共生"。

经过这个项目，我们对高新区逐渐演变的规律有了更深刻的认识，后来在我的讲义中就将高新区的本质固化为科技产业新城，科技、产业、城市三大功能缺一不可，而这三大功能都是围绕人的需求而产生，因而我们在建设高新区的时候都是在建设"科产城人"的生态系统。

3.8.2 郑洛新自主创新示范区和郑州自主创新示范区规划

2016年，国务院批复河南建设郑洛新国家自主创新示范区（简称"自创区"）。在此之前，自创区已有11家，大多数是在经济发达区域或者科教资源丰富地区。时任河南省省委书记谢伏瞻是位学者出身的官员，长期从事科技创新方面的学术研究工作，对创新有着独有的情结和深入的理解。因此，河南省委高度重视自创区，将此列为继粮食生产核心区、中原经济区、郑州航空港经济综合实验区之后，国家赋予河南省的第4项重大战略。

后来把所有的自主创新示范区放在一起比较，河南省仍然是最重视自主创新示范区的省份之一。几件事可以佐证：一是省里专门成立了自主创新示范区领导小组，下设办公室，办公室设在省科技厅，一名省科技厅领导担任办公室主任，底下再设两个处，专门推进自主创新示范区相关工作；二是省里专门成立自主创新示范区专项资金，对三市自主创新示范区工作进行奖励和促进；三是郑洛新三市都有专设机构，自主创新示范区空间范围覆盖全市重要创新产业集聚区，而不局限在三市高新区范围内；四是构建三层空间结构，包括核心区-政策区-联动发展区，将全省其他相关市的重要创新资源集聚区作为联动发展区纳入其中，享受自主创新示范区相关政策。后来，我们推荐全国其他自主创新示范区纷纷到河南来取经，学习河南自主创新示范区的管理经验。

河南也是唯一一个3个管理机构都要求编制发展规划的省份。河南省科技厅委托我们编制郑洛新自主创新示范区规划，这是我们第一次跟河南省科技厅合作。经过几个月的研究之后，河南省科技厅组织了一次专家论证会。专家论证会由河南省社科院院长张占仓担任组长，张大卫、张改平、谷建全、喻新安、李小建、韩联伟、庞贞燕、许桂舫等任组员。这次由我汇报，我打破了以往汇报逻辑，将规划主要内容拆分成若干问题逐一展示出来，中间穿插了我们对于自主创新示范区的理解、对郑洛新高新区的看法和全国的成功做法。这种汇报方式很新颖，后来听时任洛阳市科技局局长王进说，这是他第一次见我，也是第一次听到还可以以这种方式汇报工作。

在河南省科技厅委托我们研究编制河南省自主创新示范区规划以后，我们还陆续接到了郑州市、洛阳市、新乡市、郑州高新区、洛阳高新区等相关单位委托编制各自自主创新示范区的规划。郑州自主创新示范区规划则是我们比较重视的一部分内容。

做郑州自主创新示范区规划是受郑州市科技局委托，郑州市委副书记靳磊负责此事。2016年12月，经过近半年的研究工作之后，我们专门给靳磊汇报了研究成果。正式会议之后，科技局文广轩过来跟我说，靳磊书记还要专门跟我聊聊。安排见面后，靳磊书记就问，郑州自主创新示范区立马能够安排的重大事项有哪些？我就指出了当前郑州创新资源匮乏的短板，这也是郑州当前最应该解决的问题。同时，我详细介绍了武汉东湖自主创新示范区批复后，湖北省、武汉市随后开展的几项重点工作，如给高新区扩区、建设武汉未来科技城、建设八大工研院、黄金十条政策等。然后，我给了几条建议，如在郑州建设未来创新城、国际科技城，打造一批市场化新型研发机构等。靳磊书记非常感兴趣，让我们提供具体的操作措施，使其能立马在郑州实施起来。

郑州高新区建设自主创新示范区的规划是委托我们来编制的。经过前面几轮的合作，我跟郑州高新区管委会的领导已经相当熟悉。在规划编制的后期，高新区的主要领导调整，2017年4月，郑州荥阳市市长王新亭成为高新区党工委书记和管委会主任。王新亭很有激情，逻辑思维很清晰。在他主政的这几年里，郑州高新区发生了很大的变化。

2017年9月，我受邀前往郑州高新区党工委中心组学习培训，主题是"郑州国家自主创新示范区规划纲要"的解读。除了解读规划以外，我还重点分享了高新区发展所面临的问题及推进高质量发展需要实施的一些工作（图3-10）。这些想法引起王新亭的共鸣，在我讲完以后，王新亭上台做了很长一段时间的讲话。

图3-10　陈文丰为郑州高新区授课

通过跟王新亭交流，我介绍了长城战略咨询的主要业务及在全国布局的情况，也表达了跟郑州高新区形成长期战略合作的想法，王新亭很是赞同。后来，在双方的共同努力下，2018年年底，围绕自主创新示范区建设的郑州自主创新示范区研究院成立，我们在郑州设立了长城战略咨询的又一个分支机构。

3.8.3　郑州高新区的市场化改革

自主创新示范区的建设，为郑州高新区的管理体制改革提供了绝佳良机。在此之前，济南高新区于 2016 年率先开展了新一轮管理体制改革。据济南高新区管委会介绍，济南高新区推行以"企业化管理、市场化运作、专业化服务"为目标，以"扩区、放权、搞活"为核心的体制机制改革，全面推进政府职能再转变、行政效能再提升，最大限度激发市场活力和社会创造力。济南高新区的改革取得了良好成效，其做法迅速在全国高新区得到推广。

此时的郑州高新区也在思考自身的改革逻辑，以此激活高新区的发展动力。改革方案既要借鉴济南高新区的经验，又要凸显郑州高新区的区域特色。改革的目标是清楚的，但改革的方向在何处，改革的路径如何设计，如何在取得成效和维持稳定之间做平衡，都是摆在高新区主要领导面前的问题。最终，郑州高新区拿出了一套方案，总体方向是市场化导向，从赋权、改制、考核、激励 4 个方面开展了管理体制与人事薪酬制度改革探索。同时，实施高新区国有平台公司的市场化改革，与管委会体制机制改革协同推进，构建起"管委会＋公司"的管理运营模式。

总体来看，郑州高新区的改革与济南高新区的改革相比较，有类似之处，同时也有差异。相同之处是，改革的出发点都是为了提高效率、激发活力，方向都是加强市场化、去行政化，落脚点都体现在人事制度、薪酬体系和考核办法上。有差异的是，济南是率先吃螃蟹者，引领效应更强。郑州是追随者，考虑问题更加全面和体系化。因此，郑州改革目标的设计更加精准，综合了国家对高新区的考核、河南省对自主创新示范区的考核、郑州市对区域的考核 3 个方面综合因素，准确设定高新区整体目标、部门年度目标、个人绩效考核目标，让考核言之有据。

这一轮以市场化为导向的管理体制改革引起了很大反响，很多高新区都在效仿实施。如株洲高新区因两区（高新区与行政区）合一，但不同部门薪酬待遇不一，被要求整改，也就顺势推进体制改革。平顶山高新区强力实施"一区多园"模式，真正做到"规划统一、招商统一、开发建设统一"等。天津高新区在天津滨海新区统一范围内率先实施"法定机构"改革，通过立法解决高新区管理机构的性质、责权问题，"全体干部全部起立"，推进全员聘用。

我们一直认为，管理体制是高新区是否可持续发展的重要保障。过去的历史表明，凡是发展好的高新区其管理体制一定到位，而管理体制不到位的高新区一定发展不好。历史上的青岛高新区因蜗居在青岛崂山，隶属崂山区代管，位势低，调动资源能力弱，虽坐拥青岛强大城市力量，高新区也差点被科技部火炬中心黄牌警告。而合肥全国排第 20 名左右，但合肥高新区却能长期位居国家高新区第一方阵，我们认为，市里重视、授权到位、市场化导向的考核等因素发挥了重要作用。

管理体制没有最好，只有适应与不适应。全国高新区的管理体制不可能千篇一律，要结合各自发展阶段、资源禀赋、区位特点等因素，来设计适合自己的管理体制。国家高新区的管理体制，从北京新技术产业开发试验区起步，从党工委、管委会、开发总公司的"三位一体"模式，到东湖高新区的封闭式管理，到广州高新区的"五区合一"，再到天津高新区的"法定机构"改革，每一次改变无一不是高新区为了适应外部环境变化和自身发展诉求而进行的自我调整。

管理体制的改革，没有终点，永远在路上。每一次改革，会带来些许的进步，但随着时间的推移，外部环境在变化，新的问题又会暴露出来，改革带来的边际效应在逐渐下降，这时候就又需要进行新的改革。

3.9 宁波："甬"闯新经济

宁波这个城市，在长城战略咨询业务体系中有着比较特殊的位置。2008年8月21日，长城战略咨询宁波业务中心正式成立，入驻宁波高新区。宁波市政府领导、科技部火炬中心领导、市政府相关部门和区领导、专家、企业及媒体代表出席了在宁波南苑饭店举行的开业庆典。自此，长城战略咨询开启了全国布局。

首个外埠子公司选择宁波，除了多年来长城战略咨询为宁波多家企业如宁波神化公司长期提供战略咨询和企业管理咨询，以及为海曙区、高新区等提供优质服务等良好基础外，更为重要的是宁波所具有的鲜明新经济个性吸引了长城战略咨询。其个性有以下几个特点。一是创业经济，全民创业，是全球范围内创业最活跃的区域之一；二是民营经济，从乡镇企业发展到乡镇企业改制，从全面创业到民营中小企业发展，宁波民营经济极为活跃；三是外向型经济，宁波企业探索出多种外资合作模式，包括股权合作、股权收购、技术合作、技术购买、中介带动等发展模式，引进大量国际高端要素；四是商帮文化，浙东文化下的宁波企业家精神，以及王阳明敢于冒险、勇于创新的"心学"在现代的意义就是鼓励企业家怀揣改变世界的梦想。因为新经济，长城战略咨询选择了宁波。长城战略咨询的目标是"由于宁波业务中心的存在，宁波能够加快10年进入新经济"。

2017年，宁波业务中心全年实现合同金额超3000万元，外埠业务中心首次突破3000万元对于长城战略咨询而言具有里程碑意义，拉开了我们业务快速增长的序幕。宁波业务中心成为名副其实的市场前沿阵地、成为长城战略咨询最大的综合区域前台。

扎根宁波、服务宁波10余年，宁波业务中心与市经信局、市科技局、市商务局、宁波高新区等合作共建宁波市新经济发展战略研究院、宁波市商业模式概念验证实验室、宁波市商务经济研究所等，获得宁波人民政府、企业、高校和社会各界的广泛认可，尤其得到市政府经济、科技、教育相关部门的高度认可及全市高成长企业、高校的极大赞扬。宁波业务中心已经成为宁波新经济生态圈的建设者，以及具有较大影响力的政府决策智库，正在推动宁波从工业经济向新经济全面转型。

3.9.1　全国首个新材料科技城

宁波是我国首批新材料产业国家高技术产业基地之一，也是全国新材料产业"十二五"规划的重点基地之一，是全国最早、最大的千亿级新材料产业基地，拥有金田铜业、韵升、激智科技等一批龙头企业、上市公司及瞪羚企业，中国科学院材料所、兵科院宁波分院等一批高水平研发创新机构。新材料是宁波在全国最具优势的战略性新兴产业，具有自身特色和优势，但是也存在新材料企业自主创新能力不强、行业和地区竞争加剧、资源环境约束加剧、空间集中度不高及产业集群化发展格局尚未形成等问题。相关领导、各委办局及相关研究机构对宁波新材料产业下一步如何发展提出了很多战略思考，但是未形成共识。

2012年12月14日，宁波市市委书记王辉忠与王德禄所长会面交流，所长首次提出"利用宁波高新区及高教园区基础打造宁波新材料科技城，建设世界级原创新材料产业基地"的设想，该设想引起了极大共鸣，自此全国首个聚焦细分产业领域的科技城——宁波新材料科技城诞生。宁波市科技局、宁波高新区共同委托长城战略咨询开展"宁波新材料科技城可行性研究"项目。

提出打造宁波新材料科技城，是长城战略咨询在全球视野下对区域个性发展战略的精准洞见，是长期跟踪提出来的非临时性概念，有这3条理由：一是差异化竞争、特色化发展是区域崛起的一般规律，诸多先进地区已依托新兴细分产业发展成全球尖峰城市，宁波迫切需要聚焦于有望成为世界一流、全国领先的战略支点，而这个支点长城战略咨询研究认为是新材料，因为宁波在新材料产业领域已形成相对竞争优势，有承载宁波发展成为未来全球尖峰城市的基础；二是科技城建设是我国众多先进城市打造高端要素密集区，加快产业升级的普遍战略性选择，近年来北京、天津、武汉、杭州等城市都在加紧打造科技城，抢占未来科技及新兴产业发展战略高地，宁波怎么办？长城战略咨询认为宁波要建科技城，且核心区域是宁波国家高新区，因为宁波国家高新区与高教园区北区区域已是宁波新材料产业核心创新辐射带动区，也是宁波经济发展的优势创新资源密集区，具有新材料科技城建设的良好基础；三是在新的历史时期，宁波积极贯彻落实党中央"创新驱动"战略，需要依托有效载体在新一轮区域竞争中实现示范引领发展,长城战略咨询认为从经济总量、增速来看,2009—2011年宁波在长三角区域处于中下水平,宁波需要整合现有优势资源,充分挖掘潜在竞争优势,提升城市综合竞争力,塑造区域个性,实现经济跨越式发展。

2013年3月,我代表项目组在宁波市委市政府专题会上汇报了前期研究成果,市委书记王辉忠、市长刘奇都参加了会议,对成果高度肯定,并提了若干修改意见。2013年4月,《宁波新材料科技城建设可行性研究》经过多轮论证后通过,报告得到社会广泛认同,认为研究报告很有价值,对宁波发展新材料产业很有启发。报告核心回答了3个问题:一是为什么建设新材料科技城;二是新材料科技城的总体思路和战略定位;三是核心区选址、管理体制及政策建议。

据此,市委市政府主要领导结合宁波经济社会发展阶段及制约宁波长远发展的影响因素,提出了在未来一段时间内将新兴产业发展与打造高端功能区相结合、建设国际一流并具有宁波特色及品牌的新材料科技城的重大决策。2013年8月28日,规划占地55平方公里的宁波新材料科技城核心区正式启动建设,打造全球创新版图中的尖峰城市,使之成为"世界新材料产业的摇篮之一",成为宁波人的共同梦想。

3.9.2　争创首个"中国制造2025"试点示范城市

2015年5月19日,国务院正式印发了《中国制造2025》,这是我国实施制造强国战略第一个十年的行动纲领,是我国主动应对新一轮科技革命和产业变革,实现从制造大国向制造强国转变的重大战略选择。

长期以来,宁波工业虽有较好的发展基础,如2015年宁波实现工业总产值16 700亿元,其中规上工业总产值13 757亿元,位居全国副省级城市第四、浙江首位,但是宁波工业遇到了不少挑战与问题。一是下一步怎么走?战略路径尚待谋划。一方面宁波原有的港口优势、区位优势和民营经济优势在弱化;另一方面对原有发展路径的依赖很严重、惯性很大,这就弱化了新常态下打造新优势的动力。如何激发增长新动能,布局未来产业,明确主攻方向、发展路径和推进举措,亟须在产业发展战略上进行系统性谋划。二是怎么转?产业升级亟须推进。宁波工业虽然具备了一定规模,但"大而不强、不精、不稳、不长",传统制造业比重较大的现象仍旧存在,工业产品附加值较低,全市工业增加值率处于20%以下,以中小企业为主体,自主创新能力、科技成果转换能力较弱。

针对这些问题与发展诉求,长城战略咨询基于对宁波制造业的长期跟踪研究,向宁波产业主管部门提出"宁波必须把握制造业发展趋势,抢抓国家实施《中国制造2025》战略机遇,率先示范实施中国制造2025战略以推动宁波制造业转型升级"的建议,相关建议得到主管部门重视,他们决定委托长城战略咨询开展研究。

围绕"宁波到底有哪一个方面能够在国家站位、并具有较大的探索意义"展开讨论,最后取得的一个重要共识是制造业的转型升级。宁波实施中国制造2025战略,在制造业转型升级上有着明显的特色和路径,主要包括如下几个方面:第一,最大的活力是民营中小企业创业,比如2014年年底创业数超过11万家,对于全国民营经济二次创业有较大的探索意义;第二,最大的亮点是全球资源配置的开放式创新,目前宁波的民营资本跨国技术并购、境外机构设立在全国范围是最活跃的,这对于以资本输出带动商品输出的改革开放第二个30年具有重大意义;第三,最大的主线是新一代信息技术与先进制造相结合的两化融合,宁波在智慧城市、机器换人、"互联网+"等方面率先做了很多重要探索,初步践行了新型工业化道路;第四,最大的突破可能是以新材料、智能装备等为主导的新兴产业加速构建宁波现代化产业体系。基于以上战略判断与思考,与主管部门等一同研究形成了《宁波市创建"中国制造2025"试点示范城市实施方案》,围绕"具有国际影响力的制造业创新中心"目标,实施系列重点任务、重点试点、重点改革等。

2016年6月18日,工业和信息化部、中国工程院和宁波市政府联合召开"中国制造2025"城市试点示范新闻发布会,正式启动"中国制造2025"城市试点示范工作,宁波获批全国首个试点示范城市。此后,长城战略咨询为宁波市提供长期系列技术服务,参与了宁波推进"中国制造2025"试点示范城市的建设工作方案、行动纲要、若干意见等三大统领性文件起草工作及相关推进工作。可以这么说,长城战略咨询作为亲历者和参与者,与宁波产业主管部门一道,推动宁波率先实施中国制造2025战略,探索新常态下制造业转型的模式和路径,这也是长城战略咨询为"中国制造"走向"中国智造""中国再造""中国创造"的制造强国战略实施做的智库贡献。

2021年,浙江出台《唱好杭州、宁波"双城记"五年行动计划》。2022年6月召开的浙江省第十五次党代会提出,着力塑造引领未来的新增长极。在浙江高层看来,杭州、宁波作为浙江的两大增长引擎,其分工是非常明确的。杭州有"网红基因",应大力发展信息经济。而宁波有制造业优势,应大力推动制造业的智能化改造,智能经济成为核心选择。这样的分工,貌似合理正确。但现在也听不少宁波的专家议论,这样的分工,让杭州越来越轻盈,而宁波则在制造业中越走越重、越走越沉。正确与否，留待后人评论。

3.9.3 搭建全国第一家商业模式概念验证实验室

近段时间，全国很多区域政府提出加快成果转化，建设"概念验证中心"，本质上是从技术到商品化过程的产品小试和中试过程。北航科技园作为国内领先的市场化科技园运营公司，也提出其核心是在做"概念验证"。其实，国内最早关注"概念验证"的机构是长城战略咨询，最早实践"概念验证"的也是长城战略咨询在宁波建设的宁波市商业模式概念验证实验室（图3-11）。

图 3-11 参加宁波市商业模式概念验证实验室沙龙

自古以来宁波具有浓厚的经商氛围、商帮文化，尤其在"利己利私、工商皆本、民富先于国富、利义观"的浙东学派思想观念下，产生了近代史上著名的商帮——"甬商"并延续至今。改革开放以来，创业经济、民营经济同样是宁波发展的根本动力。作为一个具有700万左右常住人口的城市，企业自然人股东超过123万人，是全球范围内创业最活跃的区域之一。但是，从轻工业起步、缺乏高等院校布局的宁波民营创业是以草根创业为主，缺乏具有创业激情、怀有改变世界的梦想、创造全新商业模式的高水平创业者。从数据来看，2014年创新型初创企业中，仅有不到30%的企业属于新兴领域，在新兴产业领域没有涌现出一批代表宁波经济未来方向的高成长企业。如何提高创业层次或者集聚高水平创业者，以支撑宁波未来5～10年发展创新经济、快速抢占新的制高点，成为宁波迫切需求。

2015年国家大力倡导"大众创业、万众创新"，宁波加快提高创业创新层级，宁波国家高新区率先打造"众创空间"。其间，长城战略咨询向宁波国家高新区、宁波市科技局提出建设宁波众创空间的4个核心判断：一是宁波处于从传统工业经济向创新经济转型发展的阶段，传统"大产业、大平台、大企业、大项目"的"要素驱动、外延增长"难以为继，"创业－孵化－集群"的新经济发展范式加速推广，迫切需要围绕新兴产业发展方向及区域产业发展的中长期战略，大力集聚高水平创新创业领军人才（团队），搭建适宜"快"公司成长的平台载体，营造良好创新创业氛围，探索创新驱动、原创发展的新途径新形式。二是伴随新经济从信息经济、知识经济到创意经济等形态不断演进，原创思想作为"创意、创业、创新"原点的地位进一步凸显；如何将原创思想插上原创技术的翅膀、注入原创模式的灵魂，成为提高自主创新能力、加快新兴产业发展的重要源泉。三是伴随创新创业服务从孵化走向预孵化等前道环节，创业项目、创新项目、投资项目的风险管控系数及难度进一步提升；从创业思想源头、科技立项源头、创业投资源头加强概念验证，成为提高创业成活率、创新成功率、投资回报率的重要手段。四是进入创新全球化的核心是通过高端链接整合资源，以人脉链接进而促进想法创意、专利技术、创业资本、经验知识的高效对接及良性循环，建设公共平台就是在社交化的公共空间和虚拟公共空间中，在高技术、高情感、高接触的环境条件下实现高链接、高整合。

更为重要的是，长城战略咨询提出要加入宁波众创空间的建设中来，宣布通过充分整合资源、创新业务模式等方式，首创宁波市商业模式概念验证实验室，深度为区域创业创新提供介入式集成服务，探索新兴产业挖掘培育机制。

2015年7月17日，王德禄所长应邀出席了宁波众创空间启用暨2015宁波首届创业季揭幕仪式。同日，浙江省科技厅副厅长邱飞章、宁波市副市长陈仲朝与王德禄所长一道为宁波市商业模式概念验证实验室揭牌，标志着实验室正式启动。宁波国家高新区、宁波市科技局共同委托商业模式概念验证实验室为宁波市及宁波高新区的初创企业、创业团队提供概念验证服务。

宁波市商业模式概念验证实验室自成立以来，先后推出"甬闯之星"创业服务计划、"宁波新经济论坛"、"宁波新经济创业讲坛"、"TA模式分享会"四大品牌创新创业活动，以高频、高水平活动产生高端链接，以高端链接促进高效碰撞，以高效碰撞产生高端创新，孕育出了一批原创商业模式、典型新业态，有效地推动了宁波众创空间创新创业氛围的营造及创新生态的建设。

可以这么说，宁波市商业模式概念验证实验室也标志着长城战略咨询平台化转型之路即"智库+服务"的开启,是作为中国新经济发展创新创业意见领袖的实践探索。

只有培育更多更高水平的创业者才能给宁波经济带来活力,才能涌现出更多的高成长企业。因为一个高水平创业团队能够带动一个产业集群的发展,新创的、年轻的企业是区域经济增长的发动机。他们创业的成功不仅可以活跃区域经济的创业氛围,而且创意的先进性、不可模仿性等特点,可以优化区域内的资源配置,以更合理、更有效的方法提高区域经济资源的使用效率,从而大大促进区域经济发展。更重要的是,一些高成长企业集群能够成为宁波面向世界的一张新名片。

——2012年5月15日,在宁波市委举行的"宁波论坛"报告会上王德禄应邀发言时如此说道。

3.9.4 与宁波财经学院共建长城商学院

"大众创业,万众创新"时代,尤其是伴随着新一轮的科技与产业革命,人类的生产、生活方式都发生了极大的变化,无论是在应用新一代信息技术方面,还是在应对新的经济发展形势方面,全球教育的整体变化都略显滞后。如何建立起适应甚至适度超前于经济发展的教育体系,来应对、引领新经济发展的需求成为各界关注的重点。基于多年对新经济发展规律的研究、理解,长城战略咨询提出新经济教育新理念,并率先在宁波开展实践探索,为高等教育改革和创新发展提供新思路。

2017年3月30日,宁波市教育主管部门、宁波高校与长城战略咨询在宁波建立了全国首个新经济教育研究中心,希望通过系列新经济教育的研究及实践,推动新经济教育引领全球发展。这是宁波在建设"名城名都"战略下,充分依托创业教育发展起步早、应用教育发展领先全国的基础优势,在新经济教育发展方面率先开展的探索。

2019年4月18日,在宁波市教育主管部门支持下,由长城战略咨询与宁波财经学院合作共建的长城商学院正式揭牌成立。长城商学院依托校企双方的教学优势、行业优势和资源优势,集"学历教育、社会培训、创新创业研究、企业服务"等于一体,致力于成为国内有较大影响力的新经济商学院。长城商学院是长城战略咨询在新经济教育领域探索的重要里程碑,圆了王德禄所长新经济教育的梦:

长城商学院寄托了我下海创业25年的一个梦想,就是在中国办教育、造就中国新一代创业新人的梦想。我相信长城商学院一定能够培养出新时代的伟大创业者、企业家，这个信心是中国人与生俱来的创业直觉，也来自《易经》中的"天地之大德曰生"和"道生一"所蕴含的生命不息与创业不止的追求。我希望从长城商学院走出的学生能够同时具备超然的想象力和超凡的行动力，能够洞见新规律、抓住新机会、适应新环境，真正地去践行改变世界的伟大创业。

——摘自王德禄所长所著的《新经济教育的梦》

2021年2月10日，教育部下发《关于公布2020年度普通高等学校本科专业备案和审批结果的通知》（教高函〔2021〕1号），37个新专业被列入普通高等学校本科专业目录，其中"创业管理"专业成为37个新专业之一。创业管理专业的成功获批，填补了创业教育本科层次教育空白，完善了创新创业人才培养教育体系，标志着我国双创教育进入了新的发展阶段。长城商学院也由此成为全国首个开设创业管理本科专业的学院。此外，长城商学院自2019年成立以来，现已有四届共500名学生，取得了系列重大成果。

长城商学院作为国内少有的新经济智库与应用型大学联合办学的范例，是宁波市的重大地方制度创新，也是长城战略咨询在新经济教育领域探索的重要里程碑和重大突破。系列重大成果的取得，也让人看到了新经济教育和创业型大学大有可为。

3.10 大连：开放创新之都、浪漫海湾名城

2022年7月末，我与家人曾到大连旅游。大连是座美丽的滨海城市。对大连不熟悉的人可能都以为大连在东北，冬季估计很冷。其实不然，很多人告诉我，大连是一座纬度比北京还低、比北京更靠南的城市。这次旅行，大连这个"开放创新之都，浪漫海湾名城"也给我留下非常好的印象。

大连位于辽东半岛的南端，是辽宁省的副省级城市，也是我国北方重要的沿海中心城市，无论经济地位还是战略地位都十分重要。其实，大连最早是个小渔村，村名叫"三山"，唐朝时曾被称为"三山浦""青泥浦"，明朝时被称为"青泥洼"，到了清朝中后期，这里被叫作"大连湾"，直到1905年，才定名为"大连"。1991年3月，国务院批设大连高新区，这是国务院首批批准的国家级高新技术产业开发区之一。2014年6月，国务院批复同意设立大连金普新区，这是东北第1、国家第10个国家级新区。同时，大连高新区、金普新区也是辽宁沈大国家自主创新示范区

大连片区的两个组成部分，是大连建设创新之都的主阵地，我们这些年和这两个区域结缘也最深。

最近和我们大连分所的同事交流，又系统了解了长城战略咨询这些年在大连的工作，重点是围绕金普新区、大连高新区及大连市创新驱动发展展开的，我们见证了英歌石科学城、大连数谷、东北瞪羚第一区、中国·北硅谷、大连人工智能研究院等创新地标不断涌现。我认为，未来我们将持续在新物种、新场景、新赛道、新招商等方面开展深入研究，为大连创新发展提供更多的"认知赋能"。

3.10.1 大连英歌石科学城的谋划

党的十九大后，创新驱动发展、科技自立自强提到了新的高度，2016年，辽宁省获批建设辽宁沈大国家自主创新示范区，并委托长城战略咨询进行自主创新示范区建设方案编制。其中，提出了打造辽宁科学中心的建议，围绕辽宁沈大国家自主创新示范区大连片区，以大连高新区为核心区，推进洁净能源实验室等重大创新功能平台建设，争取国家级研发机构、重点实验室、技术创新平台等高端科技创新资源落户，打造高度集聚的大设施基地，这也为后续英歌石科学城的谋划建设打下坚实基础。也正是这个契机，长城战略咨询接受大连市科技局的委托承担了英歌石科学城的科技产业规划。

这项研究时间很短，任务很急，我们跟客户保持着频繁的沟通和对接。2020年9月，大连市副市长张志宏带队到所里讨论规划编制情况。我重点谈了4点认识：第一，充分认识科学城的本质功能是科学、产业与城市；第二，现在对英歌石科学城的重视程度很高，建设国际一流的科学城是可以实现的；第三，英歌石科学城主体发展多元化，中国科学院体系不能是唯一的主体，民营企业的科研机构也应该进来；第四，对英歌石科学城来说要解决钱的问题，要跟大连高新区的发展紧密结合起来，大连高新区要成为开发建设的核心主体。

2020年10月，大连市委市政府组织了一次"院士大连行"活动，全国十几名装备、造船、化工领域的院士出席了本次活动。而我则以规划编制单位专家的身份参与了此次咨询会议。会上我分享了《大连英歌石科学城科技产业规划》研究成果，并提出6点工作建议。

一是以举全市之力高位势建设为总揽。当前，全国各地将建设科学城作为高水平创新驱动发展、塑造科技竞争新优势的重要抓手。英歌石科学城建设有利于实现创新驱动发展战略，提升辽宁沈大国家自主创新示范区建设水平，将为推动城市发展注入强大动能。

二是以大科学装置等高能级创新平台为依托,建设顶尖的创新平台集群。包括建设洁净能源创新研究院总部,加快推进辽宁实验室精细化工与催化研究中心及智能制造研究中心建设,同时,建设一批交叉融合研究平台。

三是以科学技术的发源地和新兴产业的策源地为出发点。结合大连城市个性和产业优势,培育前沿的新兴产业,聚焦洁净能源、新一代信息技术、智能制造、生命安全四大领域,把握产业技术跨界融合的特点,布局一批新赛道,把能源大数据、工业互联网、智慧医疗、智慧海洋作为下一步的主攻方向。

四是以构建高效协同的创新创业创投生态为关键。建设一批专业化的孵化平台,推动技术成果向全市进行转化,集聚高水平科技服务机构,营造创新友好型的科技金融生态,联合社会资本探索组建英歌石科学城的科技创新基金。

五是以生态宜居的城市环境为必要条件,建设现代创新社区样板。需要对高端人才提供宜居社区,通过交通体系的改善,来塑造一个高效、便捷的配套体系。

六是以体制机制创新为根本保障。设立英歌石科学城管委会,联合大连高新区管委会,构建"管委会+平台公司"的模式,有序推进各个区域的开发。

以上6个关键点对英歌石科学城建设具有重要的启发作用。2022年4月,大连市人民政府印发《关于英歌石科学城规划建设的实施意见》,其中,关于产业定位谋划、辽宁实验室布局、平台公司建设等大部分构想被纳入该实施意见并得到推进落实。

3.10.2 建言大连市"十四五"规划

因为参与英歌石科学城规划的缘故,我受邀参与了大连市"十四五"座谈会,我从创新的角度为大连如何建设东北科技创新中心建言献策。近年来,长城战略咨询一直在关注全国一二线城市的发展,我们发现很多城市战略上在调整,把创新作为城市发展的主要战略,深圳、合肥、南京、东莞等地高举创新旗帜,完成从工业城市到创新城市的蜕变。

所以,我认为东北科技创新中心建设的核心有5点。

一是抓好重大创新平台。全国很多城市都在搞区域科创中心建设,以北京为例,要建设全国性科技创新中心,重点就是抓好"三城一区"建设,即中关村科学城、怀柔科学城、昌平科学城及制造业高端示范区。以深圳为例,要建设国际科技产业创新中心,重点就是抓好西丽湖科学城、光明科学城、深圳高新区。所以,对于大连来说就是抓好英歌石科学城、大连高新区等重大创新平台的建设。

二是重视发挥好大科学装置、国家实验室、研究型大学、新型研发机构4类科创平台的引领作用，其中，大科学装置、国家实验室是可遇不可求的，需要投入大量的资金，我们既要考虑这些科创平台的生态价值，也需要考虑它的经济价值。新型研发机构是促进科技和经济结合的重要抓手，但目前现有的新型研发机构和产业结合并不紧密，要思考怎么才能既发挥技术研发作用又发挥人才培养作用。最重要的是如何发挥4类平台的源头创新作用来支撑东北科技创新中心发展。

三是培育发展新经济新业态应该成为主攻方向。发展改革委等十三部门联合发布《关于支持新业态新模式健康发展 激活消费市场带动扩大就业的意见》，全国很多城市也在推动新经济新业态发展，如上海专门发布了《上海市促进在线新经济发展行动方案（2020—2022年）》，成都在2017年召开了全市的经济大会，把新经济作为这个城市的主攻方向，厦门在2019年发布了《关于促进新经济高质量发展的意见》，把大力发展新经济作为推进高质量发展的重要抓手。因此，大连要把数字经济作为主攻方向，做赛道选择、做新业态选择，推动数字经济与智能经济、平台经济融合发展。

四是把双高企业引育作为新旧动能转换的重要抓手。一个是高新技术企业；另一个是高成长企业，也就是瞪羚独角兽企业，它们是一个区域创新生态优化发展的重要标志。张国清书记（时任辽宁省省委书记，现任国务院副总理）在天津时曾要求发布瞪羚独角兽企业榜单，我们邀请了60家新物种企业去天津参会，国清书记专门围绕瞪羚独角兽企业召开了座谈会，他提到在天津推动新旧动能转化很重要的主体就是瞪羚独角兽企业。下一步，在高成长企业的引育上，大连还应该加大力度。

五是把深化沈大合作作为建设东北科创中心的重要保障。我认为成渝经济圈建设是一个很好的案例：一是成都、重庆联合以"一城多园"的形式建设西部科学城；二是打造成渝科创大走廊，从交通、科技布局等方面实现融会贯通；三是成立规模50亿元的成渝双城经济圈的科创母基金，赋能科技创新创业；四是搭建成渝科创联盟，打造创新共同体。

从最终的"十四五"规划来看，其中，长城战略咨询提出的关于发展数字经济、培育科技型企业梯度、规划英歌石科学城、创新平台体系设计等战略谋划和建议都被吸收采纳。

3.10.3 结识"东北第一强区"金普新区

疫情之下，各地都在寻找新的经济增长点，金普新区作为东北第1、全国第10个国家级新区，也亟须寻找新的突破点。2021年，SK收购海力士让金普新区集成电路产业迎来积极向好的转折机遇，如何进一步推动半导体产业做大做强，把握新的经济增长机会，成为金普新区关注的焦点。在此背景下，金普新区三大功能区之一的普湾经济区找到长城战略咨询承担"中国·北硅谷"规划项目，助力打造新经济活力区。此前，金普新区就曾委托长城战略咨询承担科技创新战略研究及新物种培育工作，均取得了良好的反响，有力地支撑了金普新区建立科技创新工作体系、打响"东北瞪羚第一区"品牌。

此次，我作为"中国·北硅谷"项目组专家参与了成果汇报交流，并结合合肥、武汉、西安、苏州、上海等地半导体产业集聚区的开发建设理念，对"中国·北硅谷"建设的必要性和可行性、站在新发展起点如何做、如何谋篇布局、如何脱颖而出等方面进行了深入细致的分享。我认为"中国·北硅谷"应该遵循创新开放、未来智慧、生态低碳、全龄友好的发展理念，聚焦半导体产业发展与高端人才需求，通过营造完善、开放的"硬科技"产业生态，打造创新活力区，把"中国·北硅谷"建设成为大连市半导体产业新技术、新场景、新体验的窗口，为金普新区、大连市乃至东北地区半导体产业发展提供创新支点，打造产业标识和创新引擎，融入国家战略性新兴产业大循环。

"中国·北硅谷"战略谋划作为一个起点，也促成了长城战略咨询与金普新区后续的"陪伴式"合作。此后，我又多次参与了金普新区的相关工作，印象比较深刻的有两次。一次是我受邀在"金普大讲堂"做了关于"以新场景与新赛道为引领培育发展新兴产业"的主题培训，培训中我详细讲解了新场景、新赛道的核心内涵并介绍了先进地区的经验，同时，我认为金普新区应围绕实施"新赛道领航"计划、开放小切口应用场景、重视新物种企业培育、打造新经济活力区、推进多元治理等方面开展新兴产业培育。

2023年3月，我们和金普新区联合举办了2023年中国（大连）新赛道大会（图3-12）。会上，我们重磅发布了《中国新赛道2022"制造＋"专题报告》，同时，我也做了"大连率先振兴的关键在于抢抓新赛道——打造东北新赛道第一城，全面拥抱新经济"的主旨演讲，我主要分享了以下观点：

新赛道是"四新"里面最核心、最重要的部分。赛道原指投资机构对投资领域的主动选择，当新物种企业在某个产业领域集聚、爆发成长、开辟出海量市场时，就意味着新赛道的形成，市场力量在其中扮演非常重要的角色。对政府而言，以新经济思维培育新产业、发展未来产业，政府"有形的手"联合市场"无形的手"，两股力量形成合力，就已经颠覆了传统意义上政府主导培育产业的模式，挖掘新赛道就是引领新旧动能转换、重塑城市创新竞争格局的关键所在。创新要素的改变是新经济时代经济发展的最大变化,传统经济依赖于资本、劳动力、土地、生产资料等要素,而新经济则依赖于数据、流量等关键要素。结合新赛道发展特征及趋势,关于大连抢抓新赛道我提出了6点建议。

第一,强化城市新经济认知升维——"因为相信,所以看见"。"解决脑子里面的问题,解决思想观念的问题,干很多事情才会有事半功倍的效果。"在新经济时代,各类新现象不断涌现,产业组织不断解构重构,外部环境快速变化,复杂性与不确定性成为新常态。当前,伟大的创业者都是先从认知改变做起,认知成为第一生产力,不仅企业家是这样,政府干部亦是如此,所以,我们要重视各类主体关于新经济认知的相关培训,培养一批懂新经济的领导和干部,实现对当地新经济未来发展的有效指引。

第二,打造大连新赛道的促进中心——"无形"和"有形"之手合力共舞。对一个城市而言,只有让政府"有形"和市场"无形"之手协同发力,才会让"有形之手"更有力、更有效、更有为。发挥第三方智库力量,联合共建区域新赛道与未来产业促进中心,以赛道牵引为切入点,重视赛道选择与研究;依托市场化资源、活动塑造品牌;开展赛道牵引孵化,关注关键人物或机构识别和赛道卡位,推进本地孵化载体向新一代孵化升级,形成高频活跃的产业生态交流机制。

第三,构建场景创新生态——找准"小切口",做好"大场景"。构建场景创新生态共有三大抓手:一是政府要做场景清单;二是生态要做场景对接;三是企业要做场景打磨。大连的城市建设、产业发展、科技创新等方面的多样化需求,能否实现清单化并转换成项目实实在在落地,其中很多"撮合"的过程,就是大连要做的核心工作。因此,我们要选择乃至搭建具有"小切口"特征的应用场景,设立场景实验室、建设场景促进中心等场景创新组织,定期向社会发布场景机会清单,鼓励企业、智库等多元主体参与场景创新,加强企业之间场景合作,通过对场景的反复打磨,双方能找到一个有爆发力的场景,这才是合作成功的根本。

第四,引导多元力量参与新赛道选择——让科学家判断技术前景,让企业发现市场需求,让市场验证赛道价值。赛道的治理与发展需要发挥多元主体的积极性和能动性,"高手在民间",以前政府在配置资源方面往往是独立决策,资金如何合理分配成为核心问题。而现在我们更加强调把区域主体性、积极性充分发挥出来,构建产业共治、多元共治体系,吸纳科学家、创业者、社会投资人、民间智库等多元力量参与,通过组织开展专题调研或新赛道头脑风暴会等方式,发现新赛道、评估新赛道,提升对新赛道的敏感性和判断力,形成通过集体决策决定资金等资源分配的制度。

第五，打造新物种企业聚集高地——外引内培，精耕细作。重视新物种企业"外引内培"，通过资源链接会方式，邀请全国新物种企业到大连投资，这是外引的过程；对于大连本地的企业，要有更好的赋能的过程。长城战略咨询近10年深耕武汉东湖，自2011年起开展瞪羚企业培育工作，区域的瞪羚企业从29家发展到1500多家，使武汉东湖高新区成为培育"瞪羚企业"的沃土。所以，新物种企业引进和培育是一个长期的过程，要联合市场化、专业化力量，设计并构建新物种企业的发现和培育机制，出台新物种企业专项支持政策，支持第三方专业机构为新物种企业适时提供专业化辅导与服务，搭建一个政府和企业之间交流的平台。

第六，强化创新创业生态建设——让每颗创新的种子都能得到阳光普照。产业创新主体是一个生命体，其成长过程与自然界的生物体相类似，自然界各种生物的生长依赖于土壤、水分、空气、阳光等自然环境因素，外部环境是其成长、发展、壮大的基础。对政府来讲，我认为最重要的一个职责就是构建生态，要让整个区域里每一位创业者都能够实现自发的成长。就像自然生态一样，一粒种子扔下去，是否能够很快生根发芽、开花结果，这取决于我们区域里的创新生态与创新氛围。因此，我认为有很好的创新平台（土壤），相匹配的创新政策（阳光），以及充足的区域创新的服务（水分）、氛围（空气）是至关重要的。

图3-12　2023年中国（大连）新赛道大会

3.11 佛山：内源型经济的样板区

佛山地处珠江三角洲腹地，东倚广州，毗邻深圳、香港、澳门，是粤港澳大湾区重要节点城市、珠三角地区西翼经贸中心和综合交通枢纽。佛山作为内源型经济的样板区，民营经济发达，"佛山制造"实力雄厚，佛山产品远销100多个国家和地区，"有家就有佛山造"誉满全球。2015年12月，佛山获批成为全国唯一的制造业转型升级综合改革试点城市。2019年，佛山成为全国第17个、广东省第3个经济总量超万亿元的城市。2022年，佛山地区生产总值达到12 698.39亿元，禅城、南海、顺德、高明、三水等五区全部进入"千亿俱乐部"，成为广东省21个地级市中辖县（市、区）均超过千亿元的唯一城市。

佛山高新区是1992年经国务院批准建设的首批国家高新区之一，受佛山市域经济体量小、区域经济体量大的特殊市情等因素影响，高新区管理体制机制和空间范围经过多次调整和优化，现实行"市统筹、区建设"的管理体制和"一区五园、统一规划、分园管理、创新服务"的管理模式，实际管理面积为470.72平方公里，包括禅城园、南海园、顺德园、高明园、三水园5个园区。经过30年的建设发展，佛山高新区汇聚制造业企业超过1万家，拥有本土成长起来的世界500强企业2家、高新技术企业3602家，先进制造业产值占佛山市总产值的50%，成为佛山科技创新和产业升级的主要引擎、珠三角国家自主创新示范区的主体园区、粤桂黔高铁经济带合作试验区（广东园）的主要载体。

长城战略咨询与佛山高新区的合作始于2008年开展的"佛山高新区发展战略研究"项目，此后我们与佛山保持紧密的合作关系，为高新区提供了多个阶段的发展战略研究、产业发展规划、管理体制机制改革、高成长企业遴选培育、"十三五""十四五"规划、智造场景创新促进等多项服务。当前，佛山高新区在大力推动制造业数字化转型升级，我们与高新区也在谋划如何围绕场景创新开展深度合作，以更好地支撑和服务高新区为全国制造业转型升级做示范、出样板。

3.11.1 佛山高新区发展战略研究

从20世纪80年代到21世纪初，珠三角城市在抓住外部战略机遇、结合自身优势崛起过程中，探索出内源型、外源型和大都市型3种不同的产业发展模式，分别以佛山、东莞和深圳为代表。其中，佛山立足国内市场，以民营经济为主体，形成了众多以专业镇为载体的特色传统产业集群，呈现出典型的内源型经济特征。佛山民营经济高度发达，市场机制在当时较为完善，2007年，全市各类民营实体占规模以上企业总数的73%，民营经济占佛山经济总量的60.1%。民间资本也相对充裕，全市民营经济投资总额达到551.1亿元，占全社会固定资产投资的50.6%。佛山民营企业立足国内需求，形成了多个优势传统产业集群，打造出一系列名牌产品，当时佛山建筑陶瓷、微波炉、铝合金型材、不锈钢建材、空调、冰箱、家具等产量分别占到全国的25%、59%、35%、15%、14.4%、9%、8%。围绕这些传统优势产业，佛山形成了37个中国产业名都、名镇，以及34个广东省专业镇。例如，南庄镇是中国陶瓷专业镇，狮山镇是汽车配套专业镇，大沥镇是中国铝材第一镇。

2008年，全球金融危机爆发，全球经济遭遇前所未有的挑战。同时，原材料价格（矿产与石油能源）上涨，导致制造业成本猛然上升。全球经济形势对中国经济发展产生了重大的影响，实体经济受到冲击，出口型企业订单大幅减少，出口增长幅度明显降低。珠三角地区开始出现危机，工业经济下滑，中小企业破产，部分外资撤离，珠三角面临异常严重的转型压力。2008年一季度，珠三角地区规模以上工业增加值为2735.72亿元，增长13.0%，增幅回落4.7个百分点；2008年一季度，广东一般贸易出口增幅同比回落20.3个百分点；加工贸易增幅同比回落11.1个百分点。一些加工贸易企业遭遇困境，以制鞋企业为例，广东省制鞋企业有五六千家，当时关闭的企业有1000多家；其他像制衣、玩具加工、电子加工等劳动密集型行业，都出现了同样的状况，不少企业开始外迁，有的已经倒闭。受企业运行成本增加、原材料上涨及更加严格的环保政策等因素影响，珠三角地区提出"腾笼换鸟"的发展战略，制造业需要寻找新的增长路径，转型势在必行。此时，佛山高新区作为内源型经济区的典型代表，面临珠三角全面、深刻转型的时代背景，并承担着探索内源型经济区升级道路与模式的重要使命。

在此背景下，为明确佛山高新区转型升级发展路径和具体举措，2008年9月，佛山高新区管委会委托我们开展佛山高新区发展战略研究项目，这是我们第一次和佛山高新区开展合作。项目组对佛山高新区"一区六园"的发展现状和问题进行分析诊断，并研究借鉴了"第三意大利"、新加坡等区域转型升级之道，研究提出了区域转型升级模型。立足佛山经济转型和产业升级的总体需求，结合佛山高新区发展现状和区域特点，我们提出重点从产业升级、园区形态升级、功能升级等3个层面探索特色化升级路径：以推进佛山特色优势产业高端发展为核心，积极利用高新技术和先进适用技术改造提升传统产业；着力打造"一区六园"的组团式空间布局，大力推进空间布局优化和园区形态提升；积极探索创新创业一体化的创新发展模式，进一步提升园区支撑服务和品牌文化。同时，大力发展协作型组织，提高公共服务效率,全力推进佛山高新区成为珠三角内源型区域转型的重要示范。

项目组在制定佛山高新区发展战略时也充分考虑了佛山市域经济体量小、区域经济体量大的特殊市情。佛山镇域经济非常发达,众多专业镇经济规模甚至与西部部分省份相差无几。市级财政收入则相对偏少,2007年市级财政收入为26.37亿元,远远小于顺德区的68.39亿元和南海区的63亿元。也正是因为佛山"市小区大"的城市特点,佛山高新区的管理体制从成立之初到2019年之前经历了由市直管到禅城区代管,再到由南海区管理、和狮山镇"园镇融合"的多次转变。

3.11.2 高新区:从禅城到南海

佛山高新区自1992年成立以来,管理范围和管理体制经过多次调整和变化。2012年管委会由禅城区代管转变为由南海区代管是高新区第一次管理体制上的大调整,高新区改变了以往没有自己的核心区和直管区的困境,管委会的权限和职能也得到了强化,高新区进入了大发展的阶段。

1992年12月,佛山高新区经国务院批准成立,当时总体规划面积为10平方公里,包括城南4平方公里(城南园)、城西北2.5平方公里(城西园,与城南园都在禅城区)、小黄圃高新技术产业岛(1999年经科技部同意更名为"佛山国家高新技术产业开发区顺德高新技术产业开发园")3.5平方公里(顺德园)。管委会为市政府的派出机构,主任由分管工业的副市长兼任,经委、科委主任兼任管委会副主任,同时设置专职副主任。虽然这个阶段管委会由市直管,但仅相当于市政府的一个市直部门,缺乏对高新区辖区的直接管辖权限,高新区范围内的开发建设、招商引资、行政管理等工作仍按市政府流程开展,需征求市相关部门意见,并呈报给市政府审批,实际上管委会形同虚设。

2004年,佛山高新区城南园、城西园与禅城高新区(在禅城区南庄镇)进行整合,佛山高新区加挂"佛山市禅城高新区"的牌子,实行两个牌子、一套人马的运作模式。整合后,佛山高新区委托给禅城区委、区政府管理,实施"委托代管,独立核算,滚动发展"。管委会日常工作接受禅城区委、区政府领导,实行高新区与禅城区"园区互动"的管理体制。高新区部分辖区(城南园)同时接受佛山市、禅城区两级政府管理。而且,高新区城南园的开发建设仍由市主导,城西园则基本开发完毕。在这种情况下,高新区既没有发展的土地空间,又没有发展的内在动力,整体发展基本处于停滞状态,禅城区政府提出放弃佛山高新区。2007年1月,经禅城区政府决定,禅城高新区与佛山高新区分离,更名为禅城经济开发区,并与南庄镇实施"园镇互动"。根据科技部火炬中心对国家高新区的综合评价排名通报,佛山高新区2008年度（采用2006年数据）综合排名为第43位（参评高新区55家）。

为提升高新区综合排名，2007年佛山市对高新区的范围进行整合，调整后佛山高新区形成"一区六园"的新格局，包括禅城园（含禅城经开区）、南海园（南海工业园及南海经开区）、顺德园（含顺德工业园）、三水园（三水工业园）、高明园（高明沧江工业园）、火炬园。高新区调整为由市统筹管理（管委会主要领导由市政府主要领导兼任），佛山市加强了对高新区"一区六园"统计数据的协调管理能力。但是，管委会并不直接负责高新区范围内的开发建设、经济发展等工作，对人、财、物几乎没有任何实际管理权限，被严重虚化。

可以看到，2011年之前，佛山高新区都没有自己的核心载体和园区，也缺乏对人、财、物的管理权限，对各园区没有统筹能力，其发展规模、质量、地位与佛山市的经济总量和地位极不匹配。为了强化高新区的权限和职能，提升高新区发展能级，2011年年底，佛山市提出把南海中部片区、三水乐平园区作为高新区的核心园区，将管委会委托给南海区人民政府管理，高新区党工委书记、管委会主任分别由市分管领导、南海区委主要领导兼任。2012年，佛山高新区正式移师南海。2013年，市政府下放了第一批54项市级行政审批（管理）事项权限给高新区。2015年，高新区管委会与狮山镇人民政府实行"园镇融合"改革。在这个阶段，管委会仍然没有一级财政，6个内设机构的正副职委托南海区组织人事部门任免，而且2017年之前，也不参与核心区税收分成，但是，管委会对园区土地有了一定的管理权限，每年也获得了南海区相对稳定的经费支持，高新区也进入了快速发展的阶段。

3.11.3 "创新双月谈"的召开：区域创新合作新模式

"创新双月谈"是由科技部火炬中心、中国科技体制改革研究会高新技术产业开发区专委会主办，长城战略咨询和各国家高新区管委会联合承办或单独承办的系列活动，重点围绕如何进一步优化高新区创新创业生态，提升区域竞争力和影响力等设置议题开展交流研讨。按照惯例，每一期"创新双月谈"长城战略咨询都会准备一个报告，把我们对这个议题的认识及在实践过程中如何进一步深化、探索的建议同与会者分享。自2016年8月启动至今，"创新双月谈"成功举办了19期，聚集了有关国家高新区管委会、高校院所、独角兽企业等单位领导与资深专家参会，在高新区创新驱动、军民融合、国际化战略、独角兽企业、新旧动能转换、管理体制机制创新等若干方面进行了深入互动交流，取得了丰硕成果，成为国家高新区研究问题与交流思想的品牌活动，受到社会各界的广泛关注，累计有超过200家高新区、近1000位代表出席。

创新高地的创新传奇
Legends of Innovation Hubs

2018年12月5日,第十五期国家高新区"创新双月谈"活动在佛山高新区举办,活动主题是"区域创新合作的新模式"。当时佛山高新区围绕区域创新合作做了很多探索和尝试,取得了不错的成效。在参与粤港澳大湾区建设方面,与深圳清华大学研究院合作共建清华力合(佛山)科技园、深圳清华大学研究院佛山创新中心等多个平台;引进佛山市香港科技大学LED-FPD工程技术研究开发中心;在港澳设立佛山高新区商务联络处。与中关村建立了常态化的合作机制,在中关村设立联络处,并依托联络处开展佛山高新区与中关村的资源链接活动,包括举办在京资源对接座谈会、佛山高新区智能制造专题培训,组织北京创新资源赴佛山走访考察等。在推动粤桂黔区域合作方面,高新区发挥作为粤桂黔高铁经济带合作试验区(广东园区)主载体平台的作用,与贵阳、柳州、南宁等高新区缔结为友好高新区,并依托粤桂黔高铁经济带试验区平台,成立了粤桂黔高铁经济带研究院,推动设立了沿线城市驻广东园的商务联络处,筹建了粤桂黔农产品流通中心等市场化的合作平台。在国际合作方面,先后建设了中欧科技合作产业园、佛山高新区北美中心、中德工业服务区等国际合作平台;主动链接国际创新资源,与瀚海控股集团合作共建瀚海(佛山)国际创新中心,与深圳清华国际技术转移中心合作打造"跨境加速器",与澳大利亚南澳大学共建国际技术转移中心,推进国际创新项目在高新区落地与产业化。同时,通过积极承办各种赛事链接国际资源,包括承办了第十九届"GoforIs-rael"(走向以色列)2018年中国以色列跨境投资大会、2018中国佛山人工智能和智能制造国际大会、第七届中国创新创业大赛港澳台赛暨2018"醒狮杯"国际工业设计大赛等高端赛事活动。

这期"创新双月谈"由佛山高新区管委会和我们共同承办,会议邀请了中国科技体制改革研究会高新技术产业开发区专委会会长张景安,科技部火炬中心副主任段俊虎,科技部火炬中心高新区管理处副处长周力,长城战略咨询所长、专委会副会长王德禄,长城战略咨询总经理、副所长武文生等领导,以及来自佛山、贵阳、南宁、柳州、桂林、肇庆等14家国家高新区代表出席,我本人担任这次活动的主持人。会上,长城战略咨询华南中心负责人孔伟强发布了《区域创新合作的新模式》报告。与会各国家高新区代表分别介绍了各自高新区的区域创新合作经验,以及未来进一步开展区域创新合作的思考。王德禄所长做了发言,强调每个高新区都应积极探索适合的方向、模式和打法,实现高端资源链接,打造区域高地。随着区域合作的系统化,区域协同将成为区域合作的高端发展方向,各高新区可以学习中关村成立各园区的协同创新中心。科技部火炬中心副主任段俊虎做总结发言,指出高新区要高度重视区域合作，充分发挥政府、科研院所、企业、社会和市场的协同作用，通过协同创新来促进区域创新资源流动。高新区要加强顶层设计谋划和政策引导，主动探索形成更多更有效的区域合作新模式。

最后，会上举行了粤桂黔高铁经济带高新区协同创新联盟揭牌仪式，标志着联盟正式成立。联盟由佛山、贵阳、南宁、柳州、桂林、肇庆等 6 个国家高新区联合发起成立，依托泛珠三角区域合作大框架，以贵广、南广高铁为纽带，致力于探索粤桂黔高铁经济带创新协作发展和跨区域合作新路径，建立粤桂黔高铁经济带创新资源共享和产业互补的长效机制。

3.11.4 "一区多园"的再改革

自 2012 年佛山高新区管委会移师南海以来，高新区的发展成绩瞩目，在 2017 年公布的 147 家国家高新区排名中位列为第 29 名，5 年内提升了 28 名。但与佛山市的经济总量和地位仍然不匹配，高新区的管理体制机制也存在一些突出问题，包括高新区仍然缺乏相对独立的空间、行政效率不高、事权配备不足、创新资源集聚和整合能力较弱、可支配财政资金有限、对分园区统筹协调管理效率偏低等问题，在 2017 年度国家高新区综合评价中，园区管委会的体制机制创新和行政效能指标排名为第 92 位。该项指标重点考核园区管委会拥有的市级管理权限、管委会的行政级别、管委会"一把手"负责人的行政级别等方面，佛山高新区管委会在这些方面与国内先进高新区存在明显差距。从短期来看，不利于实现争创全国高新区前 20 强的目标；从长远来看，不利于高新区发挥全市创新驱动主引擎的作用，不足以支撑高新区引领和带动全市高质量发展。

2018 年 3 月，广东省省长马兴瑞在广东省国家高新区建设工作座谈会上指出："近年来，高新区权限和职能在弱化，高新区管理机构的地位在下降，例如深圳高新区连管委会都没有，佛山高新区就放到一个区里面，这些做法都是不行的"，并对佛山高新区提出具体要求："佛山市要优化高新区管理体制，将省实验室所在区域纳入国家高新区管理范围。2018 年高新区全国排名力争达到前 20 位"。2018 年 4 月，佛山市市长朱伟到高新区核心园调研，提出成立佛山高新区管理体制机制优化专责工作小组。5 月，我们受佛山高新区管理体制机制优化专责工作小组委托，开展高新区优化管理体制机制研究。

我们与专责工作小组一同先后调研了佛山高新区禅城园、南海园、顺德园、高明园、三水园，了解高新区各分园的具体情况、存在问题与改革需求。同时，一同赴珠海高新区、宁波高新区、苏州高新区、济南高新区进行调研考察，学习其在管理体制机制改革创新方面的先进经验。按照国家"简政放权、放管结合、优化服务"的改革精神，在充分借鉴国内先进园区体制机制改革经验的基础上，结合佛山市和高新区发展实际，与专责工作小组进行充分研究讨论，并多次向朱伟市长、蔡家华常务副市长、卢建华副秘书长进行专题汇报，我们研究形成了《佛山高新区管理体制机制优化方案》，提出了4种方案。方案一是高新区由市直管，参照市直管镇模式，将狮山镇委托高新区管理，这更符合国家高新区的发展导向和省委省政府要求，有利于高新区长远健康发展。方案二是在2018年现行管理体制基础上进行优化，由高新区直接行使相应管理权限，改革涉及范围较小。方案三是南海区提出的"政区合一"管理体制存在完全虚化高新区的风险。方案四是根据南海区提出的高新区与狮山镇脱钩，高新区管委会由市直管，狮山镇回归建制镇定位。最终高新区选择了第4种方案。

2019年2月，佛山市委办公室、市人民政府办公室印发《佛山高新技术产业开发区管理体制机制优化方案》，提出落实"市统筹、区建设"的体制，按照"三专、三不变"（专门的架构、专业的队伍、专注建设发展，行政区划、财政管理体制、建设发展主体责任保持不变的原则），优化佛山高新区管理体制机制。佛山高新区管委会作为市政府派出机构，调整为由市委、市政府直接管理。佛山高新区与狮山镇脱钩，不再直接管理狮山镇的经济和社会事务。狮山镇回归建制镇定位，由南海区按照所辖镇街进行管理。佛山高新区管委会的职责权限变更为"三确定、两统筹"（负责研究确定产业政策、产业规划，确定重大产业项目布局，确定佛山市对重大项目的资金支持，统筹各类数据指标，统筹提升佛山高新区总体形象）。各园区管理局作为佛山高新区发展建设实体，负责落实属地建设发展主体责任。市财政设立佛山高新区发展专项资金，重点支持各高新区园区的创新环境建设、创新载体建设，支持高新区内的中小企业创新创业孵化、瞪羚和独角兽企业培育等。

同年7月，为了落实新的管理体制机制，加强佛山高新区对各分园的统筹协调力度，我们协助管委会编制了《关于推动佛山高新技术产业开发区一区五园统筹协同发展的实施意见》，围绕统筹规划和政策制定、统筹产业创新发展、统筹园区环境建设、统筹要素资源配置、统筹体制机制改革、统筹园区组织管理等6个方面提出70项具体任务。12月初，该意见由佛山市委办公室、市人民政府办公室印发。

3.11.5　场景创新推动制造业数字化转型

数字时代，场景创新成为与成果转化、创新创业并重的第3种促进科技与经济融合的手段，能够极大加速前沿技术产业化落地，推动传统产业转型升级和新产业新业态新赛道培育。佛山制造业发达，2021年规上工业总产值超过2.3万亿元，居全国城市第6位，可以说"佛山制造"是"中国制造"的缩影，因而也存在着"中国制造"现有问题的特征，如制造能力大而不强、产业层级偏低端、附加值低，可持续发展能力较弱等。佛山作为全国唯一的制造业转型升级综合改革试点城市，承担着为全国制造业转型升级做示范、出样板的重任。2021年，佛山大力推动制造业数字化转型升级，提出未来3年将投入100亿元，助推制造业向数字化、网络化、智能化转型升级。佛山高新区作为引领佛山制造业高质量发展的核心引擎，其主要产业处于工业2.0向3.0过渡阶段，庞大的产业转型升级需求使得高新区成为智造新技术、新产品、新服务落地应用的最佳试验场。

为推动具有前瞻性、先导性和探索性的重大技术在佛山高新区率先应用，2020年12月，佛山高新区出台了《佛山高新技术产业开发区管理委员会关于前沿技术应用场景试点示范的认定及资助实施细则》，希望通过资助一批前沿技术应用场景试点示范项目，提升佛山高新区产业创新能力，加快培育产业发展新动能。同时，佛山高新区也在思考除了支持前沿技术应用场景试点示范项目以外，还有什么途径能够推动场景创新，进而推动制造业数字化转型升级。在此背景下，我们与管委会经过几轮沟通对接，提出佛山高新区应锚定应用场景，通过做好顶层设计、开放场景需求、搭建场景供需对接平台、强化政策支撑等，率先探索以应用场景试验引领制造业转型升级的新模式、新路径。

2021年7月，佛山高新区管委会正式委托我们开展"佛山高新区智造场景创新促进"项目。项目组围绕高新区特色鲜明的智能家居、新材料、电子信息、生物医药与健康等重点产业领域，聚焦生产、物流、销售、服务四大核心环节，综合运用问卷调查、座谈研讨、实地走访、视频会议、专家访谈等多种方式，对高新区企业数智化转型需求进行了充分调研和挖掘。在这个过程中，问卷调查企业达1000余家，电话访谈企业300余家，实地走访企业和各行业协会组织100余家，全面深入了解佛山高新区重点产业转型升级中面临的瓶颈问题，以及企业数字转型现状、需求和计划，梳理总结了企业数智化转型共性的、迫切的服务需求，并结合数字经济新物种企业的技术、产品、解决方案供给和创新方向，提炼出设备数据实时采集、透明的智能生产、智能排产、物料智能识别与管理、智能化客户关系管理等23个应用场景，形成了全国首个"智造"场景清单，开放的场景创新直接需求达150亿元，间接需求达1000亿元左右。

围绕23个场景需求，项目组从全国瞪羚企业、独角兽企业、哪吒企业榜单中初步筛选对接了200余家与佛山高新区主导产业和企业数智化转型需求匹配、具有领先的创新技术、在全国有示范标杆应用的数字经济新物种企业，面向全国征集供给方的技术、产品和解决方案，形成了佛山高新区数字经济新物种企业资源网。目前，佛山高新区已经成功对接或引进了树根互联、格创东智、黑湖智造、三维家、快仓机器人等工业互联网龙头企业及软硬件服务商100余家，初步形成覆盖制造业多环节数智化转型升级的新物种企业服务网。佛山市有27家进入广东省资源池的企业，其中19家在佛山高新区，占全市入省资源池企业总数的70%。

为了能够促进新物种企业与高新区有需求的企业之间开展深度合作，项目组分产业分环节组织推进了多场"多对多""一对一"需求对接洽谈会。聚焦智能家居等重点产业领域、设备数据采集等共性需求及碳达峰、碳中和等发展热点，组织召开了泛家居专场、制造数据采集、传输与应用、能源管理与绿色低碳等专题"多对多"对接会，先后邀请了澳美铝业、国星光电、日丰、时利和等20余家企业代表制造业（需求方）畅谈企业和所在行业数字化发展的现状、问题和需求。同时，定向邀请美云智数、精工智能、嘉泰智能、黑湖智造、慧工云、三维家、蘑菇物联等新物种企业（供给方）参会，为需求方把脉问诊、建言献策、推荐技术产品和服务。随后，又协助推进了60余次"一对一"对接洽谈，取得了较好的效果。

同时，为加强高新区场景创新工作顶层设计、系统部署场景创新工作任务，项目组在深入研究分析佛山高新区自身特色和优势，以及数字技术和场景创新发展趋势的基础上，编制形成了《佛山高新区场景创新三年行动计划》，围绕建立场景创新服务机制、打造场景示范标杆、集聚场景创新企业、建设场景创新高地、构建场景创新生态5个方面，设计了建设场景创新中心、发布场景清单、开展场景对接、强化场景体验展示宣传、梳理智造场景标杆等16个重点任务，全面指导佛山高新区场景创新工作。协助制定了《佛山高新技术产业开发区管理委员会关于新技术应用场景创新扶持办法》，以"真金白银"推动场景需求挖掘、场景示范项目建设等重点工作深入实施。

佛山高新区以智造场景为"小切口"，以应用场景引领制造业智能化高端化发展、培育新产业新业态的转型升级探索，对全国各区域尤其是国家高新区推动制造业数智化转型和发展数字经济具有一定参考借鉴意义。

3.12 大庆：中国石油城的创新转型

大庆绝对算得上长城战略咨询的宝地，也算是我的福地。2008年12月的某一天，我乘坐飞机哈尔滨，再坐汽车，辗转来到冰天雪地的大庆市，参加大庆高新区生物产业发展规划的投标。这是我第一次来到大庆——中国的工业圣地，很是兴奋。尽管这次投标没中，但从此与大庆结下了不解之缘，随后迎来了跟大庆长达10余年的战略合作。

在这里，我们拓展了新的业务，深化了对产业链的认识，强化了产业研究能力，对企业商业模式进行了新的构架并付诸实践，更重要的是结识了一批人，他们最终成为长城战略咨询长情且真诚的朋友。

3.12.1　十大产业策划

在2008年年底投标未中的情况下，大庆高新区管委会还是在接触中对长城战略咨询的专业能力非常认可，2009年10月，邀请我们承担产业总体规划项目的研究工作。10月底，项目组一行来到大庆调研，我见了主要领导之后就回京了。不料此后，发生了一件让大家终生难忘的事情。突然有一天，项目组给我打电话，说项目中几个人都得了禽流感，被隔离在酒店房间。后来经了解才知道，项目组成员李鹏飞从宁波飞北京途中，感染了禽流感。他随后就赶往大庆，把禽流感又传染给了项目组其他成员。调研刚刚开始就被封闭管理在酒店，让项目研究工作一下就被动了起来。不过庆幸的是，项目经理王志辉没有感染禽流感。在她的带领下，项目组表现出了强大的战斗力，通过资料分析和案头工作，竟然也在封闭期间完成了一份高质量的概念设计报告，让客户惊艳不已。

2010年4月底，大庆高新区新任管委会主任杨彦彬来所交流，听取前期研究成果，这是我们第一次见面。杨彦彬很健谈，对产业、科技、区域发展都很有见解。听完我们的汇报后大为感慨，长城战略咨询做了这么多工作，咨询费却这么少，竟主动给我们加了15万元经费，让我们继续修改完善。这次交流给双方留下了深刻印象，我们也没想到，杨彦彬后面会成为跟长城战略咨询合作最深入的客户之一。

2011年4月初，大庆高新区管委会邀请长城战略咨询等4家咨询机构共同承担大庆高新区十大产业策划项目。此时的大庆高新区发展势头良好，其出色的石油化工主业和后天培育的汽车、材料等新兴产业也快速起步。跟吉利的合作让收购的沃尔沃落户大庆，这是大庆市委市政府的一次豪赌，也是那个时代政府投资的大手笔。此时，沃尔沃已经确定落户大庆，但是落哪种车型、产能多大及如何做好零部件配套则是大庆市委市政府需要重点研究的问题。忠旺的200万吨特大高精铝及铝合金加工材料项目的谈判正在关键时刻，这个项目究竟能带来什么，也是大庆高新区重点关注的问题。另外，联想科技城、新华08项目、北国之春梦幻城旅游项目都是大庆高新区已经落地或者接近尾声的项目，引发了全市关注。这些重大项目的招商进展让大庆高新区在全市的威望上升到了新的高度。

杨彦彬最初定下的要求是产业策划承担单位必须是国内该领域最有影响力的咨询机构或研究单位。在此种情况下，最终确定了10个产业分别由几家单位承担。长城战略咨询负责汽车制造、生物、物流和餐饮商务等4个产业，王志纲工作室负责旅游业和大学科技园建设运营策划，化工研究院负责石油化工产业策划，新材料、新能源、金融和石油装备4个产业由正略钧策负责，新一代信息技术和新华08项目由赛迪顾问负责。由此，几家机构铆足力气、大显身手去展示各自的专业能力和敬业精神。

一个月后，几家机构集聚一堂，同时汇报展示各自的研究成果。不出所料，由王志辉主笔的汽车制造产业策划拔得头筹，一炮打响，让客户和同行眼前一亮。这个项目更加坚定了大庆高新区跟长城战略咨询合作的信心和决心，而有些咨询机构就在合作过程中失去了与之进一步合作的机会。

他主政后，重大项目招商有了很大进展，随后又谋划成立了6个产业局，将产业谋划、产业招商、产业服务等全链条的产业促进工作贯穿在产业局的工作体系中，又将他看中的年轻有为、肯干事情、不怕吃苦的年轻干部提拔在这些重要岗位上进行历练。一段时间下来，连我们这些所谓的"外人"都能看到大庆高新区的面貌焕然一新。

3.12.2 百家企业商业模式创新

经过一段时间的研究，十大产业策划项目告一段落。十大产业策划主要是针对重大招商项目所带来的机会的谋划，重点提升增量经济规模。在此时，大庆本地就兴起了一种说法，而且这种说法还传到了市领导耳中，那就是高新区领导喜欢"招来的女婿"，忘了"家里的儿子"。因此，针对存量企业如何提升，如何增强企业竞争力就提上了议事日程。高新区管委会决定，要加强企业商业模式的创新，咨询机构与企业共同谋划，促进成长。

2011年9月，长城战略咨询和王志纲工作室分别接受大庆高新区管委会委托，各自承担50家企业商业模式创新的策划任务。这项工作对于长城战略咨询和我个人而言，既是机遇也是挑战。这是长城战略咨询当时所接的金额最大的单子。于我个人而言，如何从宏伟的视角切换到企业微观世界，也是重大考验。

首先，要统一思想，解决认识上的缺陷。对于商业模式创新本身，我们提前做了很多理论和实践研究，长城战略咨询本身就是国内关注和研究商业模式创新的机构之一,更重要的是王德禄所长对此有很多独到的理解。所长说,商业模式创新是从0到100%的创新,主要体现为以技术为基础、依托产业价值链、着力进行管理创新,这种创新既可以是结构性的,也可以是关键环节与关键领域,还可以是局部性的或流程性的操作方式。最终,企业在每一个经营环节上的创新都可能演变成一种新的商业模式。所长还认为,商业模式创新还具有3个基本特征:一是突出长板,二是整合资源,三是培育市场。

从实现路径来看,商业模式创新需要从"讲故事"开始,要讲"逐步缜密的故事",故事要娓娓动听,具有吸引力,要在碰撞中"故事越讲越圆"。而做好"商业计划书"则是实践商业模式的第一步。在这个过程中,"烧钱"则成了构筑屏蔽竞争对手的重要门槛,看似反常的"烧钱"源自新经济时代的逻辑。在没有客户收入的前提下搞研发、做实验,一旦试验好了直接上市壮大,以"烧钱"的方式来实现企业快速成长。吸引投资也是商业模式创新的重要一环,引不来投资就不可能实现爆发式增长。

在对商业模式创新进行了研究后,我们就着手搭建项目组。因涉及50家企业,我们整合了所内大多数精干力量,所领导也悉数参与。我们大概分了3个小组:马宇文任第一组组长,主要负责石化装备和新能源企业;王志辉任第二组组长,主要负责化工和物流企业;段浩任第三组组长,主要负责农牧产品精深加工、生物医药和新材料企业。项目组有近20个成员,这也是长城战略咨询历史上最大的项目组。

为了达到更好的效果,我们确定了企业访谈策划的6个步骤,分别是预研究、中层访谈、头脑风暴(现场)、高层对接、头脑风暴(北京)和成果汇报。其中,中层访谈、头脑风暴(现场)、高层对接3个环节是需要在现场完成的。预研究这个环节很重要,所长也很重视,他希望在调研前就能了解每家企业的基本情况和核心竞争力,甚至需要对企业的商业模式做个大概的设计,这样的话现场调研就是带着问题去沟通,也能跟企业中高层有更好的碰撞。

为了让项目团队提高效率,在出发调研之前,我们安排了3个小组进行示范企业的研究工作,其主要作用是"打样"。第一小组的示范企业是大丰科技,责任人是王明阳;第二小组的示范企业是福瑞邦医药,责任人是韦荟;第三小组的示范企业是日月星集团,责任人是谢金开。依托前期十大产业策划的基础,项目组详细研究了各自示范企业的状况,提出建议,为项目组其他企业的策划工作提供了良好示范。

在大庆的现场调研工作是本次项目的重中之重。项目组近20人,需要兵分三路。我们到大庆开展调研的时候已经是11月初了,此时的大庆冰天雪地,气候严寒，出行甚是不便。但项目组还是克服了很多困难，高质量地完成了调研工作。更为难得的是，白天调研完毕，晚上3个组还需要聚在一起，讨论白天调研时碰到的问题，沟通行业发展的趋势和规律，大家讨论得不亦乐乎。还有同事需要整理白天的调研纪要，还有人需要准备第二天调研的问题。长城战略咨询严明的工作纪律和职业精神，也让长期陪伴的客户敬佩不已。

2012年3月，历时半年之久的项目研究成果跟客户见面了。无论是企业也好，还是大庆高新区管委会也罢，对我们的成果高度认可。在这个过程中，我们的很多建议被企业客户采纳，这给企业的发展带来很好的推进作用。我们也跟一些企业客户建立了联系，保持着深入的合作关系。大丰科技就是其中比较典型的一家企业。大丰科技是一家以油田装备和三次采油技术服务为主导业务的多元化经营公司，董事长高雁鸣很有视野和想法，想通过三次采油的技术服务到国际上抢占市场。曾经几次委托长城战略咨询承担其公司的业务选择和管理方面的咨询任务，与长城战略咨询也保持着很好的联系。

3.12.3 产业链生成研究的六步法

2013年3月的一天，大庆市经信委主任韩雪松给我打电话，希望我们承担大庆市产业链生成研究课题任务。当我们来到大庆百汇宾馆，推门走进会议室时，一下子就蒙了。二楼会议室满满一屋子人，就等着我们一起讨论产业链生成的方法论。韩雪松给我们介绍了此事的背景，原来时任黑龙江省省长陆昊去大庆调研时说了一段话："大庆要保持良好的发展势头，努力在产业链的生成上下大功夫，储备和展示发展后劲，刻画和建设工业化现代化大城市"。核心意思是要求大庆在丰富的产业资源基础上，加强谋划，推动部分产业链的生成。大庆市委市政府根据陆昊的指示，提出围绕大庆优势资源，重点推进"乙烯、丙烯、丁二烯、汽车、铝产业、石油石化装备、玉米、大豆、乳制品、旅游"等产业链生成的发展思路。但问题是，产业链如何生成？资源优势如何转化？这些都需要方法论的支撑。

就在这间会议室，我们花了整整3天时间梳理出一条产业链生成的路线图。第一，需要描绘产业链全景展示图。画出这条产业链上所有的环节。第二，要对产业链条上的技术路线进行选择。不同的技术路线会导致完全不同的结果，这取决于我们对未来技术发展的趋势判断，考虑的主要影响因素有本地基础、产业带动潜力、市场容量等指标。第三，技术路线确定后，要对产业链环节上的具体产品（业态、模式）进行选择，考虑的主要影响因素有市场分析、技术实现、本地基础及优势等。第四，项目前期概念的设计及论证。需要对每个项目的以下要素做出初步判断：产能、原料来源、技术方案、建设条件、总投资、投资强度、产值、利税、安置就业。同时拜访业内的高层技术专家、管理专家，听取他们对行业发展的看法，听取他们对项目概念设计的意见。然后进行项目修改。第五，对存量企业进行深度分析。重点分析存量企业的行业地位与规模、发展战略方向、业务及产品、技术水平、发展模式、空间布局等基本信息，明确企业的优势、劣势及存在的问题。结合企业存在的问题，提出企业进一步发展壮大的针对性策略。第六，增量产业资源梳理与全球链接。全球创新资源地图是产业链招商"按图索骥"的重要工具。其中，创新资源指的是企业、节点人物、技术、投资机构或行业协会等资源要素。一般来讲，越高端、越新颖的产业或业态越需要绘制全球创新资源地图。产业目标资源梳理有两种方法：第一种是按照区域来梳理资源；第二种是按照项目来梳理资源。

这套产业链生成的六步法，很快就解决了项目停滞不前的问题。那时，项目团队有七八个人，每天都是加班加点赶工期。当铝产业链生成研究成果向杨彦彬汇报完，看到杨彦彬非常满意时，大家悬着的心才放了下来。这套方法论我们后来用在了全国其他很多城市的产业规划中，如新疆阿勒泰产业规划、四川西充产业规划等，都取得了良好的客户评价。

近几年来，在中美经贸摩擦及新冠疫情冲击下，我国政府自上而下强调产业链供应链的安全问题，提出要延链、强链、补链，政府主要领导担任"链长"，龙头领军企业担任"链主"。这套做法实际上跟当年我们在大庆设计的产业链生成逻辑基本上一脉相承。社会上对这个问题有不同的认识，王德禄所长生前就对北京搞产业链颇为不满。个人认为，全产业链发展的初衷较好，但并不是任何城市、任何区域都适用。部分区域过度追求全产业链发展，既是对资源的浪费，也是理想主义的不切实际，不利于市场经济条件下的区域分工和区域协作。跨区域的产业协作是我们鼓励和倡导的，封闭的自给自足的产业链建设是我们反对的。

3.13 昆明：面向两亚的创新之"滇"

昆明，简称"春城"，因气候宜人、四季如春而闻名于世。其所在省云南，地处高原，幅员辽阔，面向南亚、东南亚，战略位置非常重要。动植物资源非常丰富，因而被称为"动物王国"、"植物王国"和"有色金属王国"。昆明高新区是昆明和云南的科创中心与产业高地。2011年，长城战略咨询和昆明高新区开始结缘，开启了长期战略合作。

3.13.1 以"生物多样性"彰显昆明高新区特色

1992年是我国改革开放历史上一个重要的年份。这年春天，88岁高龄的改革开放总设计师邓小平同志在深圳发表讲话。明确回答了困扰和束缚人们思想的许多重大理论问题，为改革开放的深入理顺了思路，对整个社会主义现代化建设事业都有着重大而深远的意义。也就是在这个春天，经国务院批准，距深圳1000多公里之遥的昆明，成立了云南省第一个国家级高新技术产业开发区——昆明高新技术产业开发区（以下简称"昆明高新区"）。

2010年5月，科技部发布《创新型科技园区建设指南》，正式启动创新型特色园区建设工作。2011年，昆明高新区管委会提出要把建设成为"国际知名、国内一流的创新型特色园区"作为"十二五"发展的总体目标。在当时看来，建设创新型特色园区是国家高新区实现"二次创业"的重要任务之一，更是新形势下把国家高新区建设成为创新驱动和科学发展先行区域的重要举措。时任昆明高新技术产业开发区党工委书记、管委会主任董保同表示，全区要抓准云南省外向型特色产业基地的定位，依托园区原有基础，积极培育战略性新兴产业，打造国际知名、国内一流的创新型特色园区。同年，在他的支持下，长城战略咨询承担起了《昆明高新区创新型特色园区建设方案》的研究课题任务，长城战略咨询与云南昆明的渊源也算是从本课题开始。

研究中，我们发现了云南的三大基础特色。首先，云南的立体气候和多海拔地区形成了生物资源的多样性，坐拥丰富优质资源使得云南成为真正的"动植物王国""药材之乡"。这也就不难明白，为什么中国科学院要在云南设立昆明动物所、昆明植物所、西双版纳热带植物研究所；中国医学科学院要在云南设立医学生物学研究所；云南省自身还设立云南省药物研究所了。不仅如此，云南在天然植物药的研发、植物驯化培育、动物药用研究、新型疫苗研发等方面，处于国际知名、国内领先水平。这些研究所都与高新区的相关企业形成了长期的产学研合作关系，一些成果在高新区实现了产业化。其次，云南素有"有色金属王国"之称，昆明高新区经过多年的发展，依托云南丰富的矿产资源优势，形成了具有区域特色的有色及稀贵金属新材料产业。产业主要集中于常用有色金属材料和稀贵金属材料两大领域。常用有色金属材料以云铜和云锡为龙头，重点发展铜、锡、锌等材料，其中云铜位居同行业第三，云锡的锡产量全球第一。稀贵金属材料以贵研铂业、贵研催化、黄金矿业、云锗高新为龙头，其中，贵研铂业贵金属产量全球第五，国内第一；贵研催化是国内最大的汽车催化剂企业；黄金矿业产量在国内排名第五；云南锗业锗系列产品占全国45%的市场份额。最后，从全省来看，水资源总量达2222亿立方米，排名全国第三。一方面，昆明高新区新城高新技术产业基地本身就处于滇池旁，拥有全国最好的市场——滇池治理和昆明水市场，以及西部广大缺水地区的水资源市场。另一方面，昆明高新区在水科技产业已形成了水处理技术研发、设备制造、水务工程建设和实施的全流程，部分领域居于业内领先水平，使得云南拥有水科技及环保产业发展的独特优势和国内先发机遇。

为了在园区定位、产业选择、发展模式和发展路径上形成不同于其他国家高新区的"昆明特色"，我们确定了以云南特色资源可持续综合利用——生物资源多样性综合利用创新产业、有色及稀贵金属新材料产业、水科技及环保产业为主的特色产业集群，确立了以云南建设面向西南开放重要桥头堡为契机、以资源可持续循环利用和多元优势资源整合为主线、以集聚高端要素资源为前提、以打造特色产业为核心、着力培育和发展产业集群的总体思路。

2012年，经云南省科技厅组织推荐，《昆明高新技术产业开发区创新型特色园区建设方案》顺利通过了科技部批准，同意昆明高新区启动并开展创新型特色园区的建设工作，火炬中心为昆明高新区授发"国家创新型特色园区"牌匾，这标志着昆明高新区全面进入"二次创业"的关键时期。就此，长城战略咨询与昆明高新区的联系与合作也拉开了帷幕。

3.13.2 昆曲玉楚自主创新示范区的谋划

2018年3月，正式下发《国务院关于同意楚雄高新技术产业开发区升级为国家高新技术产业开发区的批复》(国函〔2018〕45号)。楚雄高新区成为继昆明高新区、玉溪高新区后云南省第3个国家高新区。

当时，整个云南的高新区发展面临比较复杂的形势。其一，从4个高新区来看，领导对4地高新区的认识不一；其二，昆明高新区的各项指标落后，正在谋划体制机制改革，准备剥离社会事务，但阻力较大，方案还在讨论；其三，楚雄高新区受重视程度高，但因刚刚获得批复，新的管委会机构还没正式运转；其四，玉溪高新区管理机构正式运转，但是烟草占比太高。另外，曲靖高新区还没获得国务院批复，领导班子也还没搭建起来。种种情况，对各高新区下一步发展战略的选择形成了较大压力。

如何提升位势实现创新发展成为各高新区领导思考的关键问题。各高新区在各自州市位势不是很高，都希望通过自主创新示范区的创建来提升高新区在各州市的位势，同时通过四州市联动希望能够形成合力，向上争取更多政策资源。应该说，

创新高地的创新传奇
Legends of Innovation Hubs

建设自主创新示范区是由昆明高新区发起，曲靖、玉溪、楚雄等高新区积极参与，云南省科技厅组织起来的一个自发的结果，反应的是各高新区积极求发展的本质诉求。

2019年，云南省政府工作报告正式提出，要高水平创建国家自主创新示范区。我们认为，在云南建设国家自主创新示范区既是加快实施创新驱动发展战略，以创新驱动引领高质量发展的需要，也是云南顺应国家战略要求、解决自身发展问题的现实需要，具有重要的战略意义。受云南省科技厅委托，长城战略咨询承担了"昆曲玉楚国家自主创新示范区建设咨询服务"课题研究任务。

在研究中，我们按照2019年云南省政府工作报告的要求，结合云南实际情况对建设国家自主创新示范区进行了认真分析。考虑到昆明、曲靖、玉溪与楚雄是云南省最主要的新兴产业集聚区与创新资源集聚区（GDP总量占全省经济总量一半以上，是引领全省经济社会发展的龙头），其4个高新区是全省综合发展实力最强、经济发展基础最好、高新技术产业最密集、发展前景最好的区域，便提出了以昆明、曲靖、玉溪、楚雄4个高新区为主体建设"昆曲玉楚自主创新示范区"的思路，并编制了《昆曲玉楚国家高新区建设国家自主创新示范区总体方案》（以下简称《总体方案》）。

《总体方案》分析了依托昆曲玉楚高新区创建国家自主创新示范区的基础和条件：一是昆曲玉楚高新区已成为全省开发开放的重要载体；二是昆曲玉楚高新区已成为全省经济高质量发展的源头支撑；三是昆曲玉楚高新区已成为全省创新创业资源的集聚中心；四是昆曲玉楚高新区已成为全省高新技术产业发展高地；五是昆曲玉楚高新区已成为科技引领民族地区经济发展的创新标杆。

《总体方案》提出了昆曲玉楚自主创新示范区建设的指导思想：围绕创新型云南建设，以建设国际一流的绿色创新发展高地、打造面向南亚东南亚国际科技辐射中心为目标，以推进资源型产业与数字经济融合创新为突破口，以增强绿色科技创新能力为核心，以搭建内外联动开放平台与营造一流营商环境为着力点，率先打造"两型三化"现代产业体系，加快建设"主体深度融合、要素高效配置、技术体系完备、成果转化顺畅"的协同创新共同体，形成云南创新驱动发展的引领性力量，支撑全省高质量跨越式发展，为欠发达地区经济繁荣发展、民族团结稳定、生态文明建设作出示范。

《总体方案》提出了昆曲玉楚自主创新示范区建设发展的工作重点。立足四地发展基础、优势和特色，深化体制机制改革创新、推动先行先试，促进资源要素和服务开放共享，推动区域协同创新发展，加快形成优势互补、错位发展、特色明显的发展格局，建设成为现代绿色产业发展示范区、国际科技合作试验区、体制机制改革创新试验区、边疆民族地区创新发展引领区。

在《总体方案》的基础上，我们又形成了《建设国家自主创新示范区的请示》等相关成果，很好地完成了本次研究任务。但由于多方面原因，《关于支持昆曲玉楚高新技术产业开发区建设国家自主创新示范区的请示》并未提交成功。

3.13.3 昆明高新区（西区）的改造

历经20多年发展，昆明从南延北拓，到"城市中心南移"，到如今昆明市中心城区逐渐形成了"三心、四轴、一核、一带，多园"的产业发展格局。作为昆明主城区内唯一成片开发的国家高新技术产业园区，昆明高新区（西区）在过去的发展中，历经二次创业、过渡转型升级两个发展阶段，充分发挥自身资源和区位优势，取得了明显的发展成绩。如今在国家高质量、跨越式发展形势下，昆明高新区（西区）在产业生态构建、产城融合发展等方面与自身禀赋资源价值属性还未达到完全匹配，尚未实现区域价值最大化。园区亟须推动西区5平方公里进行创新型产业用地（M4）改造，从过去工业、商业到创新型研发用地转变，围绕未来功能、产业、空间形态制定整体解决方案，实现产业发展和城市面貌的综合改造升级。

着眼未来，要将昆明高新区（西区）打造成为国际知名、国内一流的科技研发基地，需要思考4个问题：第一，产业升级的方向在哪里？第二，空间载体如何转型？第三，环境形象如何提升？第四，政策措施如何设计？为了解决以上的难点，2020年，疫情暴发之初，昆明高新区党工委副书记、管委会主任王迅找到长城战略咨询，委托长城战略咨询承担"昆明高新技术产业开发区西区产业提升发展规划研究"的课题。

在战略定位研究中，我们紧跟《关于促进国家高新技术产业开发区高质量发展的若干意见》和《关于促进具备条件的开发区向城市综合功能区转型的指导意见》等国家政策导向，结合昆明市总体规划、昆明高新区创新型产业用地（M4）管理实施意见、高新区"十四五"规划等文件，明确在新经济浪潮下，昆明高新区（西区）要大力发展数字经济、研发经济、总部经济、平台经济等经济形态，促进数字技术与传统实体经济的深度融合。力争到2025年，昆明高新区（西区）实现地区营业收入3000亿元，地区生产总值1200亿元，园区产业总体提升效果显著，一批新兴业态培育形成，创新创业载体基本建成，城市配套环境显著提升。

在提升思路上，我们提出顺应新趋势，直面新问题，抢抓新经济、新赛道、新消费、新场景发展机遇，以打造适宜产业创新和人才发展的创新创业生态为主线，实施"业态升级、载体升级、环境升级、治理升级"四大区域升级战略工程，重点通过布局六大产业核心赛道，构建六大产业应用新场景，推动五大环境升级改造工程等关键任务实施，加快形成"新空间、新设施、新要素"三位一体的生态局面，打造"生产、生活、生态"三生融合新城区，将昆明高新区（西区）建设成引领云南、辐射两亚的产业高质量发展增长极、新经济活力创新城区。

2020年10月，《云南经济日报》对"西区产业提升发展规划通过专家评审"的事件进行了报道：

昆明高新区商务和投资促进部牵头组织召开《昆明高新技术产业开发区西区产业提升发展规划（2021—2025）》（以下简称《规划》）专家评审会，邀请省、市政研室、工信、发改、社科等部门专家组成评审组，对《规划》进行了认真、细致、专业的评审。

据悉，该《规划》委托北京市长城企业战略研究所编制，从全球新经济发展趋势、国家产业高质量发展导向、云南省重大战略部署及昆明市经济转型发展需求等方面分析了园区产业发展所面临的良好机遇；从西区产业规模、产业结构、创新支撑、基础配套等方面分析了产业发展基础条件，尤其重点分析出在新形势下产业发展面临的突出问题，提出西区产业提升的战略定位、发展思路和目标、重点工程、保障措施，为昆明高新区党工委、管委会研究部署园区产业提升提供了重要的决策参考依据，为园区经济社会"十四五"规划编制提供了具有前瞻性的基础研究。

专家一致认为，昆明高新区西区产业提升发展规划特色突出、准备工作完备，具有较强的前瞻性、科学性和创新性，原则同意通过评审。

昆明高新区与长城战略咨询合作的多次课题研究，不仅为其持续朝着更高的目标前进奠定了方向；更为重要的是，昆明高新区（西区）改造升级的研究课题，促进了长城战略咨询与昆明高新区的深入合作，也因此拉开了长城战略咨询与昆明高新区全面战略合作的序幕。在2022年年初，长城战略咨询正式在昆明高新区（西区）成立了分支机构。

3.14　厦门：高颜值的创新名城

厦门是改革开放以来我国最早建设的4个经济特区之一，有很高的开放程度，也有很高的开放成就。受发展腹地所限，厦门的经济总量和城市能级与国内中心城市相比一直较小,是建设高素质、高颜值、现代化、国际化城市的一大瓶颈。厦门岛是厦门市的中心城区,是全市经济、政治、商业、文化中心,面积仅为158平方公里,岛内思明区和湖里区对全市经济的贡献度超过60%,但城区面积小、空间不足,面临发展与增长上限。在思明区是厦门发展历史最久、城区品质最好、新经济集聚度最高的区域,目前正在逐渐从全国先进的行政商务区转向全球一流的中央创新区。湖里区是厦门经济特区发祥地,工业综合实力强劲、知名企业集聚、双创资源要素齐备,是全国经济高质量发展百强区和工业百强城区。2019年,在思明区委十一届八次全会上提出了振聋发聩的"思明之问",包括"全区较大基数如何快增长?中心老城出路在哪里?发展空间不足怎么办?"。同时,湖里区也面临产城融合程度不高,如何全面激发可持续发展的内生动力,如何加快打造科创产业与城市功能融合的创新城区的问题。

3.14.1 如何回答"思明之问"?

2021年5月,我受邀为厦门思明区政府相关部门授课,围绕探索新时代高质量发展"思明之路"、破解"思明之问"举办讲座,提出了思明区要建设科创中心,提升幸福思明的创新浓度,从局部创新走向全域创新,建设创新城区(图3-13)。实际上,中心城区发展具有阶段性特征,像思明、湖里这样成熟的中心城区,经历过"商业+工业"驱动的第一阶段,房地产驱动的第二阶段,以及金融商务、文化创意驱动的第三阶段,正加速进入创新驱动发展新阶段。国内大部分一二线城市中心城区已经入第四阶段,也普遍面临空间不足、动力不足、资源不足等制约性问

图3-13 陈文丰为厦门思明区政府相关部门授课

题，城市活力降低，带来城市竞争力和能级的弱化。不仅是厦门，国内城市化程度较高的城市主城区都面临同样的问题，如深圳的福田、南山，上海的黄浦，广州的越秀，南京的鼓楼，青岛的市南等中心城区，均属于城市开发逼近上限、设施老旧、居住成本高昂，产业要素不断溢出，甚至出现城市空心化等问题。

从历史经验来看，城市每发展到转折阶段，必然会出现一个脱离传统发展路程的"先行区"或者"新模式"，比如"城市更新"就是推动实现城市发展的存量提升改造与增量结构调整。但长城战略咨询注重新经济地理研究，发现"创新回归城市"是中心城区复兴的关键路径，并总结规律将其运用到了思明、湖里等中心城区具体如何建设创新城区中。

21世纪初，在全球范围内兴起了"创新回归城市"现象，发达国家的不少中心城区凭借高密度资源、多功能混合、新场景集聚等综合优势，在全球新一轮的新经济地理版图构建中实现了创新崛起。布鲁金斯学会认为创新城区正超越"硅谷模式"的创新空间，成为创新空间发展新趋势。国外以纽约、旧金山、波士顿、西雅图、伦敦、柏林、休斯敦等国际大都市为代表，在城市中心吸引大量精英人才回归、高科技企业扎堆，涌现了若干新科技创新中心；国内主要城市经历扩张发展，普遍面临中心城区制造业空心化、用地空间紧缺、公共资源供给不足等问题，以南京、深圳、广州等城市为代表，探索创新硅巷、CAZ（中央活力区）等模式，打造科研、产业、居住、娱乐、交流等功能高度集中的新型城市生态，重构有利于企业创新、技术创新、组织创新的环境。这样的创新城区作为一种新兴城市空间发展模式，以其空间的紧凑性、交通的通达性、技术的连接性、生活社区化、生态宜居性等优势，真正实现了工作与生活的互补共生，成为区域和城市创新发展的重要突破口。

创新城区本质上是在创新经济地理视角下的新城市，是老旧城区通过城市更新改造重获活力、城市中心建设都市科创区、科技园区城区化等"多股力量"共同实践的一个方向。其发展路径从工业时代的"产业—人才—城市"转变为"城市—人才—产业"，更加关注生活、产业、人文、社会、生态等元素高度融合。创新城区相比于城市更新有更深一层的内涵，城市更新是完善"形态""功能"补足短板，创新城区是解决"内容""动力"问题。城市更新行动贯穿于创新城区发展的全生命周期，但区别在于要走出过去"产业空间塑造城市空间、开发强度决定城市速度"的旧路子，形成"发展决定产业、创新塑造空间、内容影响更新"的新逻辑。

中心城区实践创新城区发展模式，需要深度把握中心城区的本质与特质，强化传统功能并增强科创属性，推进人本主义空间治理，解决城市发展与要素制约的关系，推动创新功能与城市功能、产业功能、社会功能等各类功能相耦合，进行全面创新、全域创新，打造面向未来的新生产方式、新工作方式、新生活方式，实现城市有"人气"、产业有"财气"、社会有"元气"。

站在特区发展40年新起点上，厦门市已迈入城市化"下半场"，无论是以服务功能见长的思明区，还是创新特质明显的湖里区，应以创新城区建设为主线，发挥各自人文环境优势、产业资源优势，实现"产业年轻、经济年轻、社区年轻、城区年轻"的城区复兴，因此我们围绕三大方面提出了创新城区建设的一套方案。

制定"全域创新"的顶层设计与战略目标。我们认为，建设创新城区，"认知升维"是前提，是要把新经济作为新增长的关键内核，"战略升格"是关键，要从战略上把思明区、湖里区中心城区创新转型的谋划放到更大尺度、更长周期内进行布局，由点及面开展全域创新，实现全面战略提升。"打法升级"是保障，要用新经济的打法，把中心城区"资金、商业、人才、信息"的资源优势与未来潜力相结合，有中生优、无中生有，深度结合城市更新，塑造未来发展新优势，而最终打造的创新城区是以新经济为发展内核、以科创社区为新型城区形态、以创业为创新城区文化内涵。

把城区作为最大场景，用新经济打法来实现全域创新。当前，全球经济发展迈入以平台经济、数字经济等经济形态为主的新经济时代，思明区与湖里区要把"城市更新+发展新经济"相结合，贯穿新场景、新赛道、新物种、新治理"四新"打法，找到各自最具活力度的场景与板块，谋划建设新经济活力区，在小范围打造更符合新经济生产力与生产关系的先行区、增长极，集聚新经济发展元素。思明区作为创新资源丰富的中心城区，需要抓住区域科创中心建设机遇，布局重大创新平台，打造一批科创地标，完善创新创业生态。湖里区作为产业综合实力强劲的中心城区，要全力推动城市场景建设与示范应用，协同推进科创企业培育、技术创新能力提升及产业要素保障，构建多层次创新空间结构体系，跳出创新功能板块、城市功能板块、产业功能板块等"江湖割裂"的传统思维。

通过"三生融合"实现主城区空间再造与复合利用。针对思明区、湖里区空间趋于饱和等限制条件，要用新办法拓展中心城区空间、提升承载力。建立生产、生活、生态融合社区，将创新城区与城市服务、业态升级、空间复用相结合，走出以"高效率、高收益、高品质"等为方向的创新空间利用模式。加强主城区的复合型功能设计，如老旧楼宇内部空间通过改造增加载体功能多样性、功能精细化布局，新建建筑增加空间使用弹性，结合都市产业需求特征，突出空间紧凑性、功能复合型、地理临近性等特性。打造"金角银边",加强对厦门大学、厦门理工大学等高校院所载体周边的小尺度、边角式、碎片化的空间集约利用。创新复合用地政策,实施新型产业用地(MO)类别,放宽对土地属性强制性规定,选取适合地块作为"综合性用地"进行多用途混合开发。探索楼宇与载体的立体开发模式,改造或新建集研发办公、高端生产、生活配套于一体的新型工业楼宇或产业综合体。

总体来看,随着传统发展红利消失,中心城区迈入政策收紧、银根收紧、土地收紧、要素约束、环保约束下的新周期,从增量拓展进入存量优化。疫后城市运行、社会治理、社区关系发生转变,城市机体的自身发展模式出现深刻演变,韧性、智慧、安全、绿色成为关键词。思明区、湖里区探索实践创新城区发展模式,是厦门中心城区从要素驱动、投资驱动到创新驱动、场景驱动的动力转换的主动选择,也是由大规模的扩张向内涵式、质量型、生态化的现代增长方式转变的应有之举。如今,"幸福"思明有了更浓郁的创新味道,依托开元社区、滨北总部基地建设科创中心,借鉴深圳超级总部开发经验,聚集了一批全球高端科技创新要素。"创新"湖里有了幸福感觉,通过政策精准支持和产业空间再造,提升学校、医院、公园等设施水平,集聚了一批产城人高度融合、宜居宜业的实体承载区。

3.14.2 谋划建设厦门科学城

进入高质量发展新阶段,国家深入实施创新驱动发展战略,地方政府也结合当地实际,纷纷推动科学城建设,以此为城市高质量发展注入新的动力源泉。科学城以提升科技创新能力为核心,是我国实现科技自立自强的高能级战略平台。进入新时期,厦门市作为改革开放以来我国最早建设的经济特区之一,要在更高起点上实施创新驱动发展战略,更高水平建设高素质、高颜值、现代化、国际化城市,推进国际航运中心、国际贸易中心、国际旅游会展中心、区域创新中心、区域金融中心和金砖国家新工业革命伙伴关系创新基地等"五中心一基地"建设。在此背景下,厦门市委、市政府提出谋划建设科学城,推动城市综合创新实力系统性突破,推动科技创新由"关键变量"转化为高质量发展"最大增量"。

2020年12月,在福建省和厦门市经济工作会议上,明确以嘉庚创新实验室、厦门大学、火炬高新区为依托建设厦门未来科技城,打造福厦泉国家自主创新示范区的重要支点,加快建设区域创新高地,打造国内大循环的重要节点。2021年1月,建设厦门未来科技城(后改名为"厦门科学城")被写入福建省政府工作报告。建设厦门科学城是厦门市在新发展阶段抓创新、促发展、打造区域创新中心的标志性工程,也是支撑福建省创新驱动发展,塑造区域竞争优势的战略部署。厦门科学城作为福厦泉国家自主创新示范区的重要组成部分,是承载国家使命、推动地方发展的高能级战略平台。

2021年2月,厦门市委、市政府启动厦门科学城规划研究工作,由厦门市科技局牵头推进厦门科学城发展战略规划。厦门科学城依托岛外的同安区、翔安区、集美区,规划面积34平方公里,其中同安—集美片区用地面积约26.3平方公里、翔安区莲河片区用地面积约7.7平方公里。厦门市科技局联合同安、翔安区政府,委托长城战略咨询研究编制厦门科学城发展战略规划。在规划编制过程中,为进一步提升全市相关单位干部对科学城发展建设的认知,厦门市科技局提出要在全市层面开展科学城方面的专题讲座。

2021年4月1日,受厦门市委组织部、市科技局邀请,我成为厦门市"千人学堂"第45场专题讲座的主讲人,在厦门人民会堂围绕"厦门未来科技城发展及国内外经验"主题开讲授课。这是疫情后厦门首次举办"千人学堂"线下专题讲座,各区及市直机关干部,市属国企、部分驻厦高校院所、新型研究院及企业代表共450人参加。我主要从科学城(科技城)的理论、国内外科学城(科技城)的建设经验、8个基准案例借鉴分析及对厦门未来科技城发展的启示等方面,为大家进行深入解读(图3-14)。

图3-14　陈文丰为厦门"千人学堂"线下专题讲座授课

创新高地的创新传奇
Legends of Innovation Hubs

厦门是一座高素质、高颜值、现代化、国际化之城，是高素质的创新创业之城、开放友好的国际化之城，拥有"金砖国家新工业革命伙伴关系创新基地""台胞台企登陆第一家园"城市品牌。但是与全国同级别城市相比，厦门科技创新还存在创新能力不足、创新要素有限、硬科技创业不活跃等问题。我认为湾区滨海、海峡金砖是厦门科学城的突出特点，建设科学城的难点在科学、重点在产业、特点在湾区，需要解决科技创新源头如何突破、未来产业如何育成、高端创新要素如何汇聚三大核心问题。当然，建设科学城是一项伟大而长期的事业，究竟能走多远，关键取决于决策者的思想能不能解放，观念能不能领先。我认为建设厦门科学城应聚焦新经济，坚持"生态思维"与"未来思维"，强化基础研究、技术原创和新兴产业三大核心创新功能，完善创新创业生态，创新机制与体制。经过若干年的建设发展，厦门科学城要在若干前沿技术领域实现引领与突破，成为厦门、福建重要的动力源和策源地，成为我国乃至全球重要的创新中心。

此次授课的反响热烈，为厦门市干部高标准推进厦门科学城建设带来了新理念和新思路。这次专题授课的理论和案例经验、核心观点，对项目团队编制厦门科学城发展战略规划具有很强的指导意义。

项目团队经过扎实的现场调研、案头研究，编制完成《厦门科学城发展战略规划（2021—2035）》（征求意见稿）。在发展思路上，我们提出要坚持"强科学、育产业、优机制、建新城"发展思路，打通科技创新链条，建设国际化、智能化、集约化、专业化、特色化的厦门科学城，打造具有全球显示度的"科学湾区、未来之城"。在战略定位上，我们提出厦门科学城要打造成为厦门原始创新策源地、未来产业发源地、创新人才集聚地、绿色智慧新城，成为具有国际影响力的科技创新中心。在产业培育上，我们提出聚焦信息、生命、航空、物质等重点科学领域与关键技术，前瞻布局未来产业。

科学规划引领，凝聚创新发展合力。我们编制形成的战略规划为厦门科学城的建设描绘了清晰的方向与蓝图。2023年3月，厦门市发布的《厦门市科技创新引领工程实施方案》提出，到2026年建成具有全国重要影响力的厦门科学城。厦门科学城成为厦门市当前和今后科技创新"四个一"要建设的一个平台。科学城建设两年来，厦门市紧扣发展定位、建设重点，加强政策配套、高端平台建设，持续提升科学城创新资源集聚力和吸引力。当前，厦门科学城已发展成为企业家、科学家、投资人来厦创新创业的"首选地"，品牌效应明显，是彰显城市发展战略的标志性创新工程。

3.15 淄博：火的不只是烧烤

最近，淄博烧烤火遍全网，甚至惊动了中央。一开始的时候我也持怀疑态度，一个老工业基地，为什么要通过消费火爆成为旅游城市。有一天，我的同事在单位群里发了一篇王德禄所长 2020 年接受淄博媒体采访的视频，所长提出淄博要发展新经济，打造一大批网红打卡点，涌现更多新动能，才能真正实现新旧动能转化。我明白了，这可能也是淄博推动新旧动能转换的一项具体措施吧。

淄博，有着 2000 多年的建城历史，历史上的临淄是战国时代齐国的都城，因此，淄博也是齐文化的代表。新中国成立之后，淄博大力发展煤炭和化工业，成为我国重要的老工业基地和资源型城市。近些年，淄博一直在推动新旧动能转化，试图在这一轮的转型发展中率先突围。长城战略咨询与淄博及淄博高新区的合作，也基本上是围绕这个主题而展开。

3.15.1 行业创新中心的提出

2006 年，科技部火炬中心提出对国家高新区要进行分类管理，重点推进世界一流高科技园区、创新型科技园区、创新型特色园区建设。2008 年，科技部火炬中心开始谋划《创新型特色园区建设指南》，拟在全国挑选一部分产业特色比较鲜明的高新区创建特色园区。2009 年 3 月，淄博高新区管委会副主任牛圣银来所沟通合作事宜，很快双方达成合作协议。

淄博高新区处于内陆二线城市，经过十几年发展，形成了四大特色主导产业（新材料、精细化工、现代医药、装备制造），已成为全市重要的产业集聚区、技术创新核心区。但总体来看，创新资源匮乏、大学院所少、国有企业多、改制重组工作压力大、民营经济发展快、产业体量较大。如何构建具有淄博特色的发展模式、解决现有的发展瓶颈、推动淄博高新区创新发展，是创新型特色园区需要考虑的重点问题。

经过调研分析之后，我们提出，淄博高新区创新型特色园区的特色在于打造若干行业创新中心。为什么这么提？有几个方面的考虑：第一，从自身发展而言，现有的大企业研发中心作为创新主体不利于知识扩散和传播，难以对特色产业创新能力具有提升作用，创建具有公益性、服务中小企业的行业创新中心才是提升特色产业创新能力的解决之道；第二，从全国来看，创新链条上各个环节如研发、设计、技术转移、孵化、人才培养都是各成体系，各自为战，科技与经济两张皮、技术与市场脱节的问题仍然存在，加强创新链条上的集成成为新时代创新创业的重要方向。

在《淄博高新区创建创新型特色园区建设方案》(简称《建设方案》)中,我们给了行业创新中心一个明确的定义。行业创新中心是在产业集群发展到一定水平后,为满足产业集群的创新需求,为全行业技术升级而开展共性技术、关键技术攻关,并为行业发展提供相应的信息咨询、技术指导、人才培养、政策服务的创新服务机构。行业创新中心应是具有独立组织形式的法人机构,以研究院(中心)等形式存在。与一般企业的共同点是都要根据市场的需求,设置内部职能、配置人员、实施企业化的管理和运行;与一般企业的区别在于经营的内容不同。一般企业以经营有形产品为主,而行业创新中心以经营适用新型技术为主,为开发新产品、新技术和转化科技成果提供行业发展所需的各项服务。

在《建设方案》中,我们对淄博行业创新中心的运营模式进一步做了设计。行业创新中心应采用"政府启动、多元主体、需求导向、市场化运作"的模式建设,围绕新材料、精细化工、现代医药、装备制造等特色主导产业发展的技术需求,企业、院校、科研单位的合作共建会促使从试验、中试到产业化的整个科技创新过程得到有机结合,有效降低科研成本和创新风险,提高科技成果转化和创新效益,从而使科技与经济的结合更加紧密。

具体而言,在行业创新中心建设中,首先,要坚持作为行业创新促进机构的公益性,服务于区域特色产业升级。其次,要坚持"民间资本参与、研发团队本土化、市场化运作"的模式。政府启动建设行业创新中心,以民间资本为投入主体,有关政府部门给予政策扶持和科技基础条件投入;整合企业和院所创新资源,发挥各方优势,实现强强联合,建设本土化的研发团队,开发面向企业需求的实用新型技术,加快科技成果产业化。在运作上,根据市场需求选择项目,按照现代企业管理模式组织项目,引入市场激励和分配机制,并从市场获取经济收益,形成"自我造血"能力,走向良性发展轨道。最后,要坚持服务功能齐全。一是研究开发功能,通过与国内外高校、科研院所合作对前期的研究成果进行应用研究和二次开发,着力攻克行业共性技术与关键技术;二是成果转化功能,深化产学研合作,推动高校院所科技成果向现实生产力转化;三是创业孵化功能,提供加工设备、优秀人才、管理方式、配套技术、知识产权等全方位支持;四是人才集聚功能,营造有利于人才成长和发挥作用的环境,培养适应产业发展要求的本土化人才,同时,建立在校大学生实习基地,实现企业的人才需求和学生就业有效对接;五是技术服务功能,面向园区特色产业,为企业提供协同设计、产品测试、质量检测、人才培训、技术咨询等多功能服务。

尽管有些理想化，行业创新中心的提出是我们在区域创新理论方面的一次重大创新。一经提出，就让时任淄博高新区管委会书记庄鸣眼前一亮。后来，在淄博高新区的大力推动下，淄博高新区围绕特色产业共建了6个特色产业创新园（行业创新中心）。

3.15.2 新材料产业规划

经过与创新型特色园区的合作，我们已经跟淄博高新区保持了良好的合作态势。2012年，庄鸣副市长（兼任淄博高新区党工委书记）在高新区年度务虚会上指出，"从全国高新区的产业发展来看，各地都有自己的主打品牌，我们高新区打什么牌，我看我们要在全国打新材料牌，叫响新材料科技城。以新材料为主线和龙头，统筹带动新装备、新能源、新电子、新医药，打造3个千亿、4个百亿级产业集群"。于是，高新区又委托我们来编制《淄博高新区新材料产业2012—2020年发展战略及2012—2015年行动计划》。

淄博新材料产业历经100余年的发展。20世纪初，依托矿产资源开发，发展玻璃、陶瓷等近代工业，材料产业开始发端；新中国成立初期至20世纪60年代，齐鲁石化、山东铝业等大项目布局淄博，奠定了材料产业的发展基础；改革开放后，大批集体经济和乡镇企业快速发展，逐渐成长为全市新材料产业发展的主体力量；20世纪90年代中后期，国有企业、集体企业等纷纷改制，建立现代企业制度，在原有材料产业基础上提升发展，奠定新材料产业快速发展的基础。特别是2002年淄博市被科技部批准为综合性的国家新材料成果转化及产业化基地以来，鼓励化工、陶瓷等传统材料工业领域企业家在新兴领域进行二次创业，同时吸引高端人才和团队进驻淄博进行创业，发展战略新兴领域，淄博新材料产业逐渐摆脱单一的依托原有基础走高端的线性增长路径，探索"蛙跳"式增长的路径，在快速增长的同时，实现结构持续优化。2010年，中国材料研究学会授予淄博市"新材料名都"称号，成为43个新材料产业化基地中唯一的新材料名都。

淄博高新区在新材料方面是有基础的。2011年，淄博高新区实现工业总产值1709亿元，新材料、新装备、新医药、新电子、新能源合计占园区工业总产值的90%以上，其中新材料产业占75.10%，是淄博高新区第一大主导产业。当年已经形成化工新材料（含专用化工材料）、新型无机非金属材料、金属新材料三大板块，约占全部新材料产业规模的70%。但从规模来看，高新区真正意义的"新材料"份额较少，新材料产业发展有待向高端挖掘。同时，高新区新材料以通用型、基础型为主，高端材料有效供给不足，关联产业对新材料的高端需求不足，产业联动机制尚未形成。因此，如何选择高新区下一步发展的方向，成为本次研究的重点。

需要在产业研究的方法论上创新。此时担任项目督导的段浩发挥了重要作用，在细分产业链研究中引入"价值"和"门槛"分析，明确产业链价值分布及行业进入门槛，指导高新区在相应产业链上进行布局。一方面，分析产业链环节的价值分布，分析行业平均利润率及变动趋势，判断该环节对高新区的吸引力；另一方面，分析产业链环节的进入门槛，重点是竞争性门槛，如资金、技术、装置等，还有非竞争性门槛，如政策许可、环保制约、资源分布等，明确该环节与高新区的匹配度。实际上，就是判断淄博高新区在产业价值链上的位置和地位：产业链某一环节是否有足够的吸引力？高新区在该环节是否具备企业基础？高新区在该环节的竞争性如何？是否存在行业进入的限制性条件？以此来确定淄博高新区在产业价值链上的布局方向。

报告最终明确了淄博高新区新材料发展的两高战略，即高端材料：通过新兴市场拉动、高端技术突破、传统功能革新，实现由通用型基础型材料为主向功能型专用型材料为主的转变，实现高新区新材料产业结构的优化；高端产业：推动以四新产业为代表的高端制造业做大做强，为新材料产业带来规模化应用的空间，形成本地化的新材料高端消费市场，实现新材料与关联产业间的联动。

此报告出来后，向高新区主要领导做了汇报。时任淄博市庄鸣副市长大为赞赏，在汇报过程中就不停询问长城战略咨询人员是否是材料专业毕业的，得知我们的研究人员多数是复合交叉学科毕业后不停称赞。我们跟淄博的合作进入到第一个黄金时期。

3.15.3 淄博新经济大会的召开

2019年，淄博市迎来了一位"李云龙式"的干部，那就是新任市委书记江敦涛。在此之前，江敦涛长期在青岛工作，最后任青岛市崂山区区委书记。在此任上，江书记极力推动崂山区新旧动能转化，大力发展新经济和新动能，培育发展新主体，短短几年时间，崂山区培育出了2家独角兽企业，分别是青岛日日顺和特来电，那时候的山东全省加起来也没有几家独角兽企业，一时间风光无限。

江书记到了淄博后，仍然秉持亲商亲企理念，也仍然是备受媒体青睐的领导。当时在媒体中广为流传的是他在企业家大会上的讲话，如"企业家就是我们的'衣食父母'""干部为企业服务是本职本分，企业不需要对此感恩戴德""各级干部要大胆为企业'站台'""企业家凭身份证和优秀企业家卡，在火车站乘车时走贵宾通道""企业家只要不触碰红线、底线，任何部门都不能找他们的麻烦。如果出现乱找麻烦的情况，请各位企业家大胆向市委、市政府举报"，金句频出。就在大会召开前，淄博市领导与淄博市企业联合会、企业家协会理事会成员合影。江书记更是提议说："企业家们很辛苦，企业家要站前排，领导站后排，当后盾。"于是市领导们整齐划一地站在了最后一排。江敦涛的到来，让很多人对淄博开始有更多的期待。

王德禄所长到淄博跟江书记有很好的交流，江书记对长城战略咨询所主张的新经济理念高度赞成，更是委托长城战略咨询参与谋划并承办淄博新经济大会。淄博新经济大会是江书记推动淄博转型发展的一项重要举措，意在转变观念、认知升维，主动拥抱新经济、发展新经济，培育发展新动能。为了大会的顺利召开，王德禄所长几次亲自调度。会议召开之时，所长亲临现场并做主题演讲，为淄博新经济而大力疾呼。会上长城战略咨询发布了哪吒企业发展报告，所长受聘成为淄博首批城市合伙人。会后，所长接受媒体采访，喊出了开头说的那些话：淄博要多建网红打卡点，淄博肯定能成为网红城市。会后，与淄博四大班子主要领导、各县区党政一把手座谈，江书记隆重介绍了所长和长城战略咨询，大家相谈甚欢。

大会开得非常成功。会上，江敦涛围绕淄博主动适应新经济、大力拥抱新经济，深切表达了淄博聚力发展新经济的信心、决心，代表淄博市委、市政府和470万淄博人民向各界精英、翘楚和有识之士发出了最诚挚的淄博邀约。会后，很多淄博领导感慨，原来大会还可以这么开，开出了另外一种境界，它是开放的、生态的、市场的、多元的，体现了一种活力和爆发力。

淄博新经济大会召开之后，市领导、各部门、各区县对长城战略咨询更是信任有加，长城战略咨询与淄博的合作进入第二个"黄金时期"，淄博的新经济发展也呈现加速态势。2022年7月，江敦涛出任潍坊市市委书记。2023年1月，江敦涛出任重庆市副市长。随着江敦涛的调离，时任淄博市市长的马晓磊接任市委书记。2023年的"烧烤"出圈，是淄博市委市政府不寻旧路、借势突围的尝试，也是拥抱新经济、打造新动能的一次重要探索。

3.16 乌鲁木齐：丝路上的创新节点

乌鲁木齐是新疆维吾尔自治区的首府，在维吾尔语里的意思是"优美的牧场"。乌鲁木齐位于新疆中部，天山山脉中段北麓。去过乌鲁木齐很多次，也还是分不太清楚方位，不过偶尔能透过酒店窗户，看到不远处高耸的山峰上的皑皑雪山，大家告诉我，那是乌鲁木齐东边的天山东段的博格达峰、喀拉塔格山和东山。博格达峰与乌鲁木齐直线距约60公里，是世界上离大都市最近的雪山。乌鲁木齐市内大部分区域可见的雪山就是博格达峰。

乌鲁木齐市的西北边就是乌鲁木齐高新区，现在与行政区新市区合并。乌鲁木齐高新区是乌鲁木齐市和新疆重要的科教资源集聚区、高新技术产业基地和总部经济商务区，在乌鲁木齐经济发展中扮演重要角色。我们与乌鲁木齐高新区合作密切，从2009年创建创新型特色园区和"十二五"规划的制定开始，到数字安防产业的谋划，到后来的国家自主创新示范区规划等，这些研究让我们对乌鲁木齐高新区了解甚多，并建立了深厚的友谊。

3.16.1 创新型特色园区规划

2009年年底，乌鲁木齐高新区主要领导认真谋划高新区的创新发展，思考在全国高新区体系中如何彰显乌鲁木齐特色，决定委托我们承担乌鲁木齐高新区创新型特色园区建设方案和"十二五"规划的编制工作。

项目组在2010年元旦放假的最后一天来到乌鲁木齐。1月的乌鲁木齐，气候严寒，但不影响项目团队的工作热情，他们克服多重困难，完成了三周紧张的调研工作，并在最后一周完成了概念设计报告。我从北京飞到乌鲁木齐，参加了向管委会主要领导做的成果汇报。没有意外，客户高层非常满意，并对长城战略咨询工作人员严谨、认真、专业的态度和精神提出了表扬。

个人认为，2010年左右的长城战略咨询，正处于快速上升期。无论是在咨询队伍的梯队感，还是咨询方法的成熟性上，都达到一个比较好的状态。从最初开发阶段的项目建议书，到调研工作安排和调研过程中与客户的交流及内部讨论，到后来的概念设计报告形成，以及最终咨询报告的提交，流程严谨而科学。很多新人来到长城战略咨询，经过几个咨询项目的历练，都能快速成长，能够学习到很多在学校不曾经历过的实战经验。

比较重要的是，这个阶段的长城战略咨询已经在产业分析和产业研究上积累了一整套的方法论。一方面，长城战略咨询过去所高度概括的"分解分解再分解，集聚集聚再集聚"产业规律在产业研究中得到充分应用；另一方面，对产业趋势和规律的研究、对产业竞争态势的分析，以及对区域产业结构的设计和对产业发展策略的谋划，都使我们的产业研究成果能够与客户产生共鸣，形成高度共识，成为最能打动客户的部分。几年下来，我们在电子信息、新材料、新能源（光伏和风电）、高技术服务业等领域有了深厚的积累。这次同样如此，通过对产业的深度分析，让乌鲁木齐高新区客户见识了长城战略咨询的实力，这为后期长达近10年的战略合作奠定了良好基础。

3.16.2 在乌鲁木齐首创数字安防产业

"十二五"规划实施以来，乌鲁木齐高新区保持高速增长态势，同时，高新技术产业培育取得丰硕成果。2013年，高新区生产总值达到800亿元，同比增长18%，占全市GDP的1/3。全年高新区科技资金投入1.28亿元，同比增长28.9%；高新技术企业达到96家，占全市的70%，全疆的40%。同时，"新丝绸之路经济带"列为国家战略，新疆作为西部的开发前沿，将进一步开放、深化与亚欧国家的经济合作。2014年，乌鲁木齐市政府提出，将着力打造五大基地，并将高新区定位为高新技术产业基地。

另外，高新区创建国家创新型特色园区进入了规划实施期。几个因素综合下来，乌鲁木齐高新区决定委托我们承担"乌鲁木齐高新技术产业基地"规划研究的任务。

在项目研究中，除了常规任务以外，项目团队碰到一个棘手的问题，那就是这一轮的产业选择在新形势下要如何避免跟上一轮雷同，我们是否能够提出一个符合新形势要求的产业主题。带着这个问题，项目团队做了多轮的交流和研讨。有次在研讨中，我提出是不是可以结合新疆的安全形势，发展数字安防产业？我们第一次接触数字安防产业是在2006年，当时北京市大兴区采育工业园请美国现代营销之父菲利普·科特勒创建的咨询公司来做产业策划，科特勒所提的产业建议就是发展数字安防，只是由于当时的条件和基础没有发展成功。

当我的建议提出来后，项目组成员眼前一亮，认为此建议可行。随后我们就对数字安防产业进行了深入研究，并与乌鲁木齐高新区及乌鲁木齐工信局领导进行了交流。他们也认为此建议甚好，只是基于当时乌鲁木齐的产业基础，他们建议此产业的名字最好就叫安防产业，或者叫电子信息（安防产业）。

于是，在2014年我们提交的乌鲁木齐高新技术产业基地建设方案中是这样表述的：

发展科技安防的现实需求，紧抓我国平安城市、智慧城市建设的机遇，以公共安防产品为切入点，着力发展安防视频监控设备、安防系统集成、安防运营服务等细分领域，积极推动安防新技术、新产品的转化与应用，打造我国重要的安防产业基地。

发展重点：

——安防设备。重点发展高清化、智能化视频监控设备。积极推动安防监控物联网芯片、系统及其基础核心技术的研发与应用，积极推动 SVAC 标准产业化项目落地；积极推动安防产品在安全生产、城市管理、智能交通、军队国防、工商企业等领域的应用。

——安防工程。重点发展智能交通、智能小区、平安城市。借鉴吸收北京、上海和各省市安防工程建设经验，招商引资和自主创新培育相结合，打造适合新疆各地区的安防工程建设体系。

——运营服务。重点发展政府安防运营服务、民用安防运营服务、商用安防运营服务。结合新疆各州市平安城市工程建设，实现安防产业从设备制造向运营服务的转变；以物联网、云计算为基础，推动基于 IP 技术的安防网络运营维护。

2015 年，乌鲁木齐高新区又委托我们编织高新区"十三五"规划，我们对名字进行了调整。规划中是这么描述的：

电子信息产业（安防产业）。立足新疆安防产业的市场需求，紧抓平安城市工程建设契机，培育壮大视频监控设备、系统集成、运营服务等领域。积极推动安防监控物联网芯片、系统及其基础核心技术的研发与应用，加快高清化、智能化视频监控等安防设备发展。重点推进智能电子网络互联式阀控监管系统的研发及应用推广项目和新区数字化视频监控项目建设。推动安防产业从设备制造向政府、民用、商用安防运营服务的转变。吸引知名安防企业进驻新区，引领培育发展产业集群。

2017 年，乌鲁木齐高新区又委托我们进行五大产业的深入策划。我们进一步把安防产业提升到智慧安防产业的高度，这就跟我们的初衷完全吻合。当时的规划是这么表述的：

以市场换技术、以需求引产业，紧抓智能经济发展规律，把握全球智慧安防产业发展趋势，全面落实一带一路、"互联网+"等国家战略部署，深入开展智慧城市、平安城市国家重大工程建设。以构筑智慧安防特色产业集群为引领，大力培育发展高端安防特种装备、智慧安防设备及系统和安防系统集成与运营服务三大领域，系统推进人工智能、云计算、大数据、生物识别与智慧安防装备、设备和系统深度融合，构筑以智慧安防产业园为核心的"一园四基地"空间格局，坚持高端链接和开放创新双轮驱动，加快精准招商和存量转型以形成新供给，建成引领全疆、服务全国、辐射中西亚的全国智慧安防产业集聚区,打造千亿级智慧安防新兴产业增长极。

经过近10年发展,数字安防产业已经在乌鲁木齐得到较快的发展。国内的数字安防企业巨头基本在乌鲁木齐落户。我们经历了从概念提出、产业策划到产业落地的全过程,见证了一个产业从无到有、从小到大的全过程,这也算我们对乌鲁木齐高新区产业发展的一个重要贡献吧。

3.17 拉萨:雪域高原上的火炬之光

西藏,是个神秘、令人向往的地方。作为"世界屋脊",西藏引人入胜的自然美景、独特的风土人情和丰富多样的特色美食,吸引了全球各国人民纷纷前往。西藏有许多令人叹为观止的自然景观。珠穆朗玛峰,被誉为"地球的顶峰"。纳木错湖,是中国最大的高原湖泊,被誉为"天空之湖"。而雅鲁藏布大峡谷则是世界上最深的大峡谷之一,其壮丽的景色让人如痴如醉。西藏也保存着独特的藏族文化,藏族以独特的服饰、舞蹈和音乐而著称。

拉萨是西藏的首府,是重要的政治中心和文化中心。这些年因为工作的缘故,去过全国很多省市,而且基本上不止一次,而拉萨则是唯一一个仅去过一次的省会城市。2015年1月,我们与拉萨市柳梧新区管委会签署协议,正式启动拉萨高新区升级项目。随着研究的逐步深入,原本对拉萨一无所知的项目团队,逐步建立对拉萨的整体印象,也对拉萨高新区下一步如何创新发展有了更深的认识。

3.17.1 考察拉萨高新区

拉萨海拔其实不算高,3000多米,但多数人还是会有高原反应。因此,在接到去拉萨调研的任务后,在出发前还是精心做了一些准备工作。红景天是藏族传统的保健食品,有助于增强体质,缓解高原反应,所以在出行前10天就开始服用。同时开始加强锻炼,每天坚持跑步5公里,以此增强肺活量、体能和耐力。很不幸的是,临出发时偏偏感冒了,很多人告诫我,感冒时进藏头疼会很厉害。我还是义无反顾地出发了。

2016年10月27日,科技部相关司局领导及专家组一行从北京出发,直飞拉萨贡嘎机场。飞行很顺利,但落地还是费了些功夫。贡嘎机场距离拉萨市区60~70公里,位于西藏自治区山南地区贡嘎县,海拔3600米,是世界上海拔最高的民用机场之一。因机场位于两山之间的峡谷地带,地形复杂,风力较大,我们乘坐的飞机在下降过程中颠簸得很厉害，但最终还是安全降落了。

初到拉萨，很是新鲜。很强烈的感觉是，日照非常强烈，天显得很低，朵朵白云衬托在蓝天中，似乎踮脚摇手即可触摸（图3-15）。所接触的人，肤色均黑得健康，应该跟高原日照有关。时近初秋，绿色渐渐隐去，同行人告诉我，此时空气中氧气含量远没有七八月充足，应以慢行为主，疾行的话可能会倒下。果不其然，不多久，头就隐隐作痛，可能跟感冒和缺氧有关，随身携带的氧气瓶开始发挥作用了。

图3-15　美丽的布达拉宫

我们一行花了半天的时间实地踏勘了拉萨高新区（柳梧新区）。拉萨市本无高新区，全市只有一个重要的经济功能区，即柳梧新区。但即便这样，柳梧新区也仅是拉萨市的新区，经济产业和科技创新的功能很薄弱。拉萨市委市政府为了更好地推进创新驱动高质量发展，以创建国家级平台为目标，在柳梧新区筹建拉萨高新区。调研组下飞机后，就驱车直奔拉萨高新区的新建产业基地进行考察。因是新建区，到处都是工地，道路等基础设施还在建设中，没有看到一座完整建好的厂房。陪同考察的科技厅领导和拉萨市的领导有点尴尬，但我们一行专家觉得，这是在拉萨，很正常。

中午吃过饭后，时任西安高新区副主任邢欣、东莞松山湖管委会副主任卓庆作为专家成员也已赶到，调研组一行又调研了几家高新技术企业和创新服务机构。调研企业的具体名字已经不记得了，隐隐约约记得这家企业在技术源头上应该跟中关村相关。当时还感慨，世界真是平的。在孵化器里，还专门有个很大的滚筒式吸氧机，人躺在里面，吸上一刻钟能够治愈头疼，我尝试了一下，感觉效果不错。总体而言，拉萨高新区还在起步建设中，这里的企业、服务机构的整体水平有待提高。

3.17.2 藏文化大型实景剧：文成公主

当天晚上，时任西藏自治区党委副书记、拉萨市市委书记齐扎拉设宴招待调研组一行，地点是在一个很有藏族特色的蒙古包里，齐扎拉书记以特色的藏族美食招待我们，宴会最后为调研组送上了最隆重的大礼——经过高僧开光的哈达。

宴会后，我们作为特邀嘉宾观看了藏文化大型实景剧——文成公主。这是我个人所观赏过的舞台效果最震撼的实景剧，没有之一。该剧以拉萨自然山水为背景，讲述了1300多年前文成公主和松赞干布和亲的历史故事。全剧分为五幕，时长约90分钟，演职人员有800余名。

演出地点是在拉萨市区的一个高山上。10月底的拉萨，晚上很是冷冽。每个观众都会裹着一件厚厚的军大衣，但每个人心里都暖暖的。800余名演员除了少数是专业演员，大多数都是非专业的，但每个人脸上都洋溢着欢乐、专注和虔诚的神情。

深邃的夜幕下，声势浩大的剧情徐徐展开，我们也仿佛被带回了千年前的那个盛大唐朝。文成公主与松赞干布的故事流传了千年，这既是个浪漫的爱情故事，也是个严肃的政治事件。在古代中国，和亲是历史的传承，更是一种政治智慧的体现。文成公主的和亲，不费一兵一卒，化干戈为玉帛，还能把千里之外的西藏宗教神权维系在中原政权周边，而不脱离出去，利在唐朝，功在千秋。只是苦了文成公主本人，从长安出发，时长两年多，路途3000多公里，跋山涉水，历尽千辛万苦。更苦的是，16岁出嫁，一生未再回大唐，远离父母姐妹，饱经相思之苦。人生余年，文成公主只能秉持"天下没有远方，人间都是故乡"的情怀，与松赞干布长相厮守，最终千古流芳。

3.17.3 参加"创建国家高新区座谈会"

10月28日下午，科技部调研组一行与西藏自治区科技厅、拉萨市人民政府一起召开了"拉萨高新区创建国家高新区座谈会"。会上，我重点谈了以下几个观点。

第一，拉萨高新区升级为国家高新区非常有必要。拉萨高新区在全国具有唯一性和特殊性，这既是由西藏自治区的区位、宗教、领土、政治等决定的，也是由拉萨市的经济、产业、科技和社会发展决定的。建设国家级拉萨高新区将成为西藏和拉萨实施创新驱动、高质量发展的重要抓手，它也是最核心的平台。

第二，拉萨高新区下一步要打什么牌？只有充分发挥优势，拉长长板，才能在激烈的区域竞争中获取竞争优势。拉萨首先要打高原牌，这是全世界独一无二的区域名片。其次要打生态牌、文化牌、资源牌，把独特的藏传佛教和特色农畜牧产品优势充分利用。最后是用好中央对西藏的政策牌。五牌齐发，张张有效。

第三，拉萨高新区下一步要举什么旗？我认为，安全与健康是永恒的主题，应该高举"世界屋脊的净土健康产业创新中心"这面旗帜，把高原上原生态的农林、畜牧、中草药甚至水资源用好。

第四，拉萨高新区下一步要走什么路？拉萨高新区要坚持走融合发展、开放发展、高端发展之路，要面向全国及全球，吸引全球的人才和消费者，加强生物、健康、旅游、文化、创新创业5个方面的融合。开放发展是最好的出路，也是高端发展的基础。

第五，坚持旅游与创新创业的结合。旅游大军中会有高科技领域的人士，那是我们拉萨高新区要重点吸引的对象。当年云南腾冲就面向全国的作家发出邀请令，只要是到腾冲旅游的作家，就能在作家村免费食宿一段时间。就这样一个举措大幅提升了腾冲的知名度和文化感召力。

3.18 阿勒泰地区：边疆地区的创新求变

阿勒泰地区地处新疆北部，与俄罗斯、哈萨克斯坦、蒙古三国接壤，是丝绸之路经济带北通道和新疆参与中蒙俄经济走廊建设的重要节点城市。总面积达11.8万平方公里，常住人口近70万人。阿勒泰拥有多元化的风景，如雪山、湖泊、森林、草原、戈壁和沙漠，最知名的景区则是喀纳斯湖，其因湖怪而闻名于世。

长城战略咨询因产业招商规划与阿勒泰结缘。2014年年底，阿勒泰福海工业园管委会的书记胡强来长城战略咨询拜访，沟通中得知，他从对口支援阿勒泰的大庆高新区了解到长城战略咨询，慕名而来，邀请长城战略咨询为福海工业园区编制产业规划和招商项目策划书。随即我们开启了与阿勒泰的第一次合作，后来阿勒泰地委招商局又委托我们给全地编制招商规划，各市县也委托我们做各自市县的招商规划，让我们对阿勒泰地区有了更全面深入的了解。

3.18.1 阿勒泰产业招商规划

有了首次跟福海工业园的合作基础，阿勒泰地委领导及招商局领导对长城战略咨询充满了信任，决定委托我们编制全地区的产业招商规划。启动项目之初，我们仍然需要问一个问题，中国客商为什么要到阿勒泰来投资？阿勒泰到底有什么优势？

围绕这个问题，我们做了总结，首先是矿产资源、清洁能源、农牧资源优势。阿勒泰是新疆资源富集区，位于哈—中—俄—蒙世界级有色金属、黑色金属、稀有金属、贵金属成矿带中部，已发现矿产四大类94种，占全国拥有矿种数的54.97%，占新疆拥有矿种数的68.12%，矿产资源富集程度令世人瞩目。同时，阿勒泰地区位于太阳能资源亚丰富带上，还是新疆九大风区之一，水能资源理论蕴藏量也占全疆的10.2%，是自治区唯一同时具备建设光伏发电基地、大型风电、水电的区域。阿勒泰地区农畜水产品资源丰富，是全疆重要的畜牧业基地，是北疆最大的天然渔业基地，种植面积达1600万亩，农产品种类超过20个，玉米、小麦、打瓜、食葵、冷水鱼、阿勒泰羊等形成了较大的产业规模，沙棘、黑加仑、阿魏菇等产品特色鲜明。丰富的资源条件为阿勒泰地区产业发展提供了充足的原材料，为优质企业及项目入驻、高端产业集聚发展提供了有力保障，有利于促进产业链经济发展，形成一二三产业联动发展的完整产业生态。

第二，阿勒泰地区生态环境优美，人文景观丰富，历史文化深厚，是净土、净水、净空"三净"之地，拥有喀纳斯和可可托海2个5A级景区、2个国家地质公园、7个国家湿地公园、4个国家森林公园。优越的生态系统被国务院确定为水源涵养型山地草原生态功能区，主要河流湖泊优良水质断面达95%，饮用水源优良水质达到100%。空气质量年均值达到国家一、二级标准，是全疆空气质量最好的城市，享有"天然氧吧""中国最令人向往的地方之一"等美誉，承担着建设新疆重要"会客厅"的职责。优美的自然景观和良好的空气质量，对创新人才、先进技术、投资者及优质项目形成巨大的吸附力，为承接高端转移、引驻高端产业要素提供了重要支撑。

第三，如何认识阿勒泰的区位特点。这个问题需要辩证地看。历史上，经济不发达的时候，阿勒泰一定是区域经济"末梢"，很多经济活动难以触达。但随着"一带一路"倡议的推进，尤其是与俄罗斯和蒙古国经济接触的加强，阿勒泰地区就变成区域合作的前沿地带，显得更为重要。阿勒泰地区与俄罗斯、哈萨克斯坦、蒙古国接壤，六县一市均为边境开放县市，是中、哈、俄、蒙四国经济贸易合作交往最为便捷的地区。当时已经相继开通了中哈吉木乃口岸、中哈阿黑吐别克口岸、中蒙塔克什肯口岸、中蒙红山嘴口岸4个国家一类口岸，占全疆口岸总数的1/4。当时规划申报的吉克普林口岸（至今仍未开通）是未来新疆"中俄直达运输走廊"的唯一通道。在"一带一路"倡议下，阿勒泰地区作为丝绸之路经济带北通道的重要节点，外向型经济发展潜力巨大。

围绕以上3个优势，我们针对阿勒泰地区招商工作明确了"一个坚守、两个转变、三个加强"的总体思路。"一个坚守"，即坚守环保底线。处理好经济增长和环境保护的关系，决不以牺牲环境和子孙后代的利益换取一时的发展，对破坏生态、污染环境的项目实行一票否决。"两个转变"，即从粗放式招商向精细化招商转变，通过重点产业、重点企业研究进一步明确招商主体，更加注重招商实效；强调产业链招商、科技招商、平台招商等方式的组合运用；从比拼优惠政策招商向注重服务环境招商转变，挖掘特色、塑造个性、拉长板，形成比较竞争优势；打造专业招商队伍，强化招商项目管理，优化招商项目布局，提高政府服务水平，营造良好招商环境。

"三个加强"，即强化产业链条联动，围绕主导产业强链、补链、建链环节，重点吸引高效、低碳、市场前景广阔的特色项目、高端项目入驻，形成产业链条连锁带动。强化核心企业引领，重点吸引具备跨区域整合资源，能够联接邻国市场和中国市场，产业链条完善、主业竞争优势明显，带动作用强的核心企业。强化高端区域链接，加强与对口援疆地区、东部沿海地区等创新高地的战略合作交流，积极链接技术、人才和资本等高端要素，推进重大项目落户，实现区域经济跨越发展。

围绕这些思路，结合阿勒泰地区各种优势和需求，我们设计了近100个招商项目，也梳理了几百家招商目标的企业资源。这些工作为阿勒泰地区的招商工作提供了非常精准的目标和线索，让招商工作不再流于形式。长城战略咨询在阿勒泰也掀起了一股旋风，各市县都抢着跟我们合作。也得到地委、行署主要领导的关注，主动提出要跟我们做一次交流。

3.18.2 跟行署领导的对话

2016年1月21日，天寒地冻，我来到阿勒泰，和阿勒泰地委书记及主要领导干部做了一次交流。我做了半小时的报告，题目是"关于阿勒泰地区招商的几点思考"。其中，我谈了几个重点问题。

第一，为什么要做产业链招商？首先是追求高端发展。传统的产业发展模式在于散点发展，是"搂到篮子里就是菜"的思维作怪，导致很多区域的产业显得散而杂、缺乏竞争力；众多区域转型升级的压力很大。低端产业"有规模，无价值"，对资源的消耗很大，对地方经济的贡献和影响在逐渐消退，甚至成为产业发展的阻力或障碍；这时候需要引进新的高品质的增量资源来冲抵低端产业的负面影响。通过对产业链的研究分析，追求市场容量大、附加值高、成长性好的细分产业或产品恰好能满足这个方面的诉求。其次是追求个性塑造。传统的产业发展模式因为缺乏选择，因而导致企业之间缺乏上下游的联系，区域个性并不突出。产业链招商强调的是在产业链条上的优势产品选择，进而在空间上形成集聚、集群效应，凸显区域个性。再次是追求精准招商。以前的招商模式缺乏针对性，撒网较大，目标性不强，导致效率不高。而产业链招商强调的是依托项目设计找出更清晰的目标主体（如目标区域）、找出更清晰的招商对象（如潜在企业名单），谋划更清晰的招商策略。

第二，如何看待阿勒泰的机遇和长板？在国家"一带一路"倡议驱动下，阿勒泰从区域经济竞争的末梢成为区域经济合作的前沿，阿勒泰进入史上最好战略机遇期。新经济条件下，区域发展要拉长板。阿勒泰的长板是什么？区位沿边，资源丰富，生态优美，安全稳定。

第三，这一轮发展我们的目标对象是谁？20世纪90年代，东部沿海抓住全球产业转移的机遇脱颖而出，以珠三角和苏南为代表；21世纪初，西部重点区域抓住了西部大开发的机会，承接了国际产业转移的尾巴，加快崛起，以成都、西安为代表；2008年金融危机之后，中部地区抓住了东部地区的产业转移机会，以合肥和郑州为代表。今天，在新常态背景下，在"一带一路"倡议机遇中，我们的目标对象究竟是谁？我们看到，一方面，中低端的跨国公司在纷纷撤资，以三星为代表；另一方面，我们的国有企业已经过了快速扩张态势，基本处于观望中，而民营企业投资实体经济不赚钱。从区域上看，东部企业的战略布局仍在继续，而中西部企业前景较好。一般而言，招商工作的有效性取决于本地供给和招商对象需求的契合度，因此，意图利用沿边区位赢得两个市场（新疆市场和中亚市场）、获取两种资源（中亚资源和本地资源）、期盼享受新疆独特政策优惠的企业将是本轮精准招商的重点。

第四、阿勒泰要做什么准备？需要加强顶层设计，加强谋划。细化研究，扩大招商项目储备。要学习大庆高新区的经验，按照产业门类设立招商机构，做专业化招商。每个招商人员都应努力成为行业专家，为此我们需要建立学习型组织，每月举办培训，持续加强与咨询研究机构的合作，持续深入产业研究。

会上，我代表长城战略咨询做了表态，强调要与阿勒泰招商部门形成战略合作关系，深化与各个县市的产业招商方案研究，同时要协助企业制定招商方案。地委书记积极回应了我的说法，强调了与长城战略咨询加强战略合作关系。

3.18.3 大美喀纳斯：人间仙境、神的花园

每次到阿勒泰，都想要到喀纳斯一游。

2018年7月底,经过多次谋划之后,我们一行三人(我、刘美燕、陈子和)终于开启了去往喀纳斯的行程。司机兼导游的李星师傅是个长期从事旅游服务工作的汉人,50来岁,曾经是军人,人很热情又很机灵。李星师傅到布尔津机场接我们,随后的行程、订票、住宿都是他安排,一路上我们相处得很好。

第一站就是喀纳斯,也是我们一行的主要目的地。从布尔津去往喀纳斯的路途中,能够欣赏到很多美景,不同海拔高度所看到的树木品种不一。喀纳斯的特色是水,这里的水要么是雪山融化而成的雪水,要么是下雨形成的雨水,没有丝毫的污染,这些水看上去是浅绿色的,显得那么纯净,拿手试探一下,非常凉快(图3-16)。我们住在湖边的一间别墅里。我们3人在湖边的林间散步,采摘一些无名的野花,呼吸着新鲜纯净的空气,迎面吹上柔和的风,欣赏这大美风景,甚是快哉。总体上感觉这里的风景犹如北欧,雪山、森林、湖泊、清新湿润的空气,让人流连忘返。还有件高兴的事情是,千里之外,在喀纳斯风景区还碰到一位熟人,是长城战略咨询以前的老同事郑巧英,格外亲切。

图3-16　陈文丰一家在阿勒泰喀纳斯景区

第二站是禾木村。李星师傅告诉我们,来喀纳斯的游客一般都会选择到禾木村玩,禾木村也在布尔津县,喀纳斯湖东侧约30公里处。主要是哈萨克人和图瓦人居住，这里所有的房屋都是朴素的小木屋，分布在山间的谷地里。这里有山，有白桦林，有禾木河，河水是浅蓝色的，非常清澈。我们去的时候下起了小雨，淅淅沥沥。我们排队骑马上山，所见到的风景跟我们在中原、沿海完全不一样。第一感觉是壮观，远处的山，近处的树，空旷而又辽阔，一嗓子扯起，声音能够回荡半天。第二感觉是自然，这里人类的痕迹不重，一切都显得那么自然，即使每日的游客络绎不绝，但在这广漠大自然中，一切都显得那么渺小。李星师傅说，这里的冬天白雪覆盖，犹如童话世界一般。真想哪年冬天再来。

第三站是五彩滩，我们仅停留了半小时左右。这里的岩石颜色多变，在落日时分的阳光照射下，岩石的色彩以红色为主，间以绿、黄、白、黑及过渡颜色，色彩斑斓、娇艳妩媚，号称是"新疆最美的雅丹地貌"。彩滩边流淌的是额尔齐斯河，这是我国唯一流入北冰洋的河，也是新疆第二大河，绵延数千公里。额尔齐斯河的南岸则是一大片绿洲，与蓝天、白云相衬，蔚为壮观。

第四站，我们到了可可托海。可可托海不是海，而是个值得大书特书的特种矿山。三号矿坑位于富蕴县东北方向，盛产世界上已知的140多种有用矿物中的86种，其中铍资源量居全国首位，铯、锂、钽资源量分别居全国第五、第六、第九。其矿种之多，品位之高，储量之丰富，层次之分明，开采规模之大，为国内独有、世界罕见，与世界最著名的加拿大贝尔尼克湖矿齐名，是全球地质界公认的"天然地质博物馆"。20世纪60年代，中苏关系破裂后，苏联点名只要此矿坑中的矿产资源来抵消欠债，额度竟高达中国所欠苏联外债的47%。此处所产的矿产资源，也为后来中国原子弹、氢弹的研制提供巨大支援。我们从矿洞入口进入，洞中蜿蜒曲折，亮灯处有牌子介绍各种矿物质的名字和用途，甚为可惜的是，作为北京科技大学地质勘探专业的科班人士早把老师当年课堂上教的知识扔到了脑后，面对这些名字时似曾相识，实则一无所知。

在逛过了额尔齐斯河大峡谷后，我们就开始返程了。前后7天的旅程让我们疲惫的身心彻底得到了放松，大美的风景让我们流连忘返，在回程的路上就开始惦记下一次什么时候能够再来这人世间的绝境。

第四章
不懈的国际合作与交流之路

建设科技园区是我国改革开放40多年较成功的经验之一。我们既要在国际科技合作中讲好"中国故事",又要积极借鉴全球优秀经验。

蒙古国国家科技园规划是中国政府的援外项目,也是长城战略咨询承担的第一个国际科技园区咨询项目。对于中国科技园区来说,发展经验能否跟蒙古国实际情况相结合是个巨大考验;能否因地制宜地给出个性化方案,对于长城战略咨询来说也是个重大考验。

与泰国的科技园区合作源远流长。2014年依托中国科学技术发展战略研究院和长城战略咨询发起成立的"中国—东盟科技创新政策研究中心"深化了中泰之间的合作,泰国版"火炬计划"和泰国新经济实施方案的制定则是中泰科技园区合作的重要延伸。

中国南非科技园是中国与南非在"一带一路"框架下达成合作的重点领域。如何利用中国科技园区规划研究和建设方面的优势与经验,与中国企业强大的投资和贸易能力形成合力,在南非一起共建中国南非科技园,是我们重点思考的问题,也是我们国际业务走向非洲的重要尝试。

硅谷一直是我国一流高科技园区和创新性城市学习与赶超的对象,学习和借鉴美国经验,从中了解和把握科技创新的客观规律是我们科技园区咨询业务的必修课。一趟前后18天的美国之旅,让我见识了美国高科技产业发展的繁荣景象,也验证了我对科技创新规律的认知,更加坚定了中国科技园区能够发展得更好的信心和决心。

4.1 走出国门做咨询:蒙古国科技园规划

为蒙古国编制科技园区规划,是长城战略咨询第一个在国外做的规划咨询项目,也是科技部首次以规划咨询的方式推动"智力援外"工作,开启了长城战略咨询参与"一带一路"科技创新合作的新篇章。中方的指导单位是我国科技部国际合作司,执行单位是由长城战略咨询和内蒙古中蒙技术转移中心组成的联合工作组;蒙方的指导单位是蒙古国教育科技部政策规划司,执行单位是蒙古国科技基金委。

2013年3月项目组启动工作,在蒙古国深入调研和多次沟通研讨,通过一年多的紧张工作,我们向蒙方提交了蒙古国科技园区发展战略规划研究、规划纲要、法律与政策研究专题报告、园区管理运营与建设专题报告等4项成果。其间,我们组织中蒙双方研究院所和企业进行了6次规模较大的科技对接活动,促成了11个项目签署合作意向,蒙方对中方的工作高度认可,2014年6月蒙古国科技基金委正式向中方发送了对科技园区规划工作认可的确认函。

4.1.1 在中蒙间往返

2013年7月,项目立项后,由长城战略咨询5人和内蒙古中蒙技术转移中心3人组成的联合项目组第一时间飞赴蒙古国。项目团队的同事回国后介绍了很多蒙古国的具体情况和感受。他们说,当飞机缓缓下落时,乌兰巴托这个群山环绕的城市映入眼帘,城市山坡上密密麻麻的蒙古包和小房子、城市上空灰蒙蒙的天是对这个城市的第一印象。乌兰巴托是蒙古国的首都,蒙古国310万人有差不多150万人居住在这里,很多人到首都来讨生活就在山坡上搭个简易的住所,所以从飞机上才能看到那么多蒙古包和小房子。蒙古国的基础设施比较差,首都的机场很小,城市道路也应该很多年没有修缮过了。

这次在蒙古国的调研差不多有3周时间,除了乌兰巴托,还走访了达尔汗等四五个城市。蒙古基金委的通嘎女士(L·Enkhtungalag)和泰米尔女士(Tamir)基本上全程陪同项目团队进行调研,通嘎是从瑞典留学回来的,从政前在乌兰巴托有自己的金融投资公司,泰米尔是从韩国留学回来的,刚拿到了生物方向的博士学位。她们对科技园规划的工作非常上心,还时不时地请教"中国是怎么做的",带队的赵慕兰顾问总能非常耐心地解答她们的问题。

第二次到蒙古国是2013年9月。此行目的有三:一是就上次调研回来之后的研究工作做阶段性的汇报沟通;二是做一系列的补充调研;三是为组织两国企业和机构对接做前期准备。工作组还邀请了中国科学院国际技术转移中心原副主任许红英老师、中关村协会联席委员会主席王小兰老师等一同前往蒙古。为期10天的调研,拜访了9家蒙古国科技机构和企业,其中5家表达了非常明确的合作需求,蒙方看到了项目团队的务实工作,希望借此机会与中国同行开展合作。回国后,许红英老师和王小兰老师积极与对方沟通,促成了后来中国科学院药用植物所、神雾热能、玛拉沁公司等中方机构和企业与蒙方开展了11项合作。

在这次调研期间,赵老师还参加了联合国教科文组织与蒙古国教科部共同举办的"科学、技术、政策创新论坛",做了题为"中关村科技园区的建设发展"的发言,全面介绍了中关村不同阶段的建设发展历程,让参会的蒙古国代表了解了发展中国家建设科技园区的经验,在很大程度上扭转了他们认为"有了科技园区就会有科技产业"的错误观念,这对我们后续的工作极有帮助,让双方工作组在理念上达成了一致。

项目团队专门就前期工作拜访了大学城管委会主任巴特尔先生,他是通嘎的丈夫,夫妻二人原来都有自己的生意,后来从政希望为自己的国家做出贡献,非常令人钦佩。我们介绍了我们的规划内容，得到了非常高的评价，原来在我们推进规划的同时，大学城还邀请了一家瑞典的咨询公司、一家韩国的研究机构分别做了类似的规划工作，巴特尔认为中方的方案符合蒙古发展现状、提出的建议有较强的可操作性。在和国际同行的竞争中，长城战略咨询的方案是比较务实的。

这时正好蒙古教科部要向大呼拉尔（蒙古国的议会）汇报科技园区的建设情况和规划、提出需要的支持，通嘎希望项目团队提一些建议。当天下午，项目团队在前期研究的基础上进行讨论，向通嘎提出了 5 条建议，包括促进科技人员创业、知识产权归属权和收益权分离、建设孵化器、鼓励风险投资、制定科技园区内企业支持政策等。通嘎对我们团队的专业和高效表示钦佩，对提出的建议也非常认同，直接打电话邀请蒙古教科部政策规划司司长 Nasanbayar 来听项目团队的建议，司长对建议也非常认可，并对项目团队的工作表示感谢。后来，我们提到的这 5 条建议都呈报到大呼拉尔，形成了后来《支持蒙古国科技园区建设政策》的相关内容。

之后双方往来更加频繁，既有蒙方政府代表、科研机构代表来中国考察，也有中方科研院所和企业组团到蒙古对接合作，长城战略咨询发挥了很好的平台作用。

2014 年 6 月，蒙古国科技基金委主任 Kh. Dondog 先生和蒙方科技园项目工作组成员 A. Tamir 联合向中方发送了《蒙古科技园规划咨询项目结果评估意见函》，对项目报告和成果做出了"十分专业和实用"的评价，并指出："此项目极大地促进了中蒙双方科学家和学者的交流，并成功探索了中蒙两国合作的新模式和新方向"。

4.1.2 蒙古国科技园规划项目的影响

总体感觉，蒙古国的科技创新状态与我国 20 世纪 80 年代改革开放初期非常相似，科技和经济两张皮的问题非常突出，科研成果不能转、不想转、不会转，科技界和企业之间的距离很远，所以很能理解他们迫切希望建设科技园、发展科技产业的想法。

按照项目课题要求，项目团队用中英双语提交了 4 份研究成果，分别是《蒙古国科技园发展战略研究》《蒙古国科技发展战略规划纲要（建议稿）》《政策法规专题研究报告》和《管理体制与建设模式专题研究报告》。

通过科技园区规划项目，成功地将中国在科技体制改革、科技园区建设、高新技术产业发展等方面的经验介绍给蒙方，满足了蒙方借鉴中国成功经验的强烈意愿，使得蒙古国对科技园区的建设运营有了更深刻的认识，并形成了以科技创新促进经济发展的共识，开始转变以往科技研发专注于基础研究、不关注市场产业需求的认识，蒙古国议会已经通过了按照规划推进科技园区建设的决议。

通过双方工作组的推动，有效地促进了中蒙两国科技务实合作，增强了两国科技主管部门、科研机构和企业之间的交流合作，增强了蒙古国政府、大学、科研机构等各方对中国的信任和理解。

按照中方提交的科技园区规划报告中的建议，蒙古国积极推进科技园区的筹建工作，在2015年中蒙两国科技联委会上明确提出，恳请中国在共建技术转移中心、建设蒙古国孵化器、建设中蒙联合实验室3个重点工作中给予蒙古更大的支持，并认为这些工作是科技园区建设的基础，同时也是科技园区规划工作的延续。蒙古国相关部门和机构已经对于科技园区有了较为深刻的认识，借鉴中国经验、借助中国力量加快科技园区建设发展的意愿十分强烈。

进一步来看，对于"一带一路"沿线国家，尤其是发展中国家而言，促进思想观念转变和体制机制创新才能更有效推动其发展，因此应当在此方面投入更多关注。例如，在科技园区、孵化器等其他国家关注的载体平台建设经验方面，除了实体化建设工作之外，更需要在合作过程中加强对其体制机制改革和法律政策创新等方面的咨询服务，在咨询服务中帮助其转变观念、加速决策。为此，需要两国分别组建专门机构或团队，由两个机构共同推进相关工作。这将更为高效，也更有利于推广中国的成功经验。

若需更好地促进"一带一路"沿线国家科技园区合作，我认为要坚持3个关键点。

一是以软带硬，加强理念认同。蒙古国家科技园区建设规划咨询项目是以"智力援助"的方式对他国科技园建设提供支持，是我国科技援外的一次重要探索。在项目合作过程中，中方项目组与蒙方各机构通过调研访谈、研讨、培训等多种方式，在思想理念、政策环境、建设方式及合作模式等方面促成蒙方认同中国科技园区发展的模式和理念，进而提高基础设施建设、产能投资等"硬投入"的可行性和有效性。当前，"一带一路"沿线国家提出与我国开展科技园区合作的需求不断增加，加强"软输出"对科技园区国际合作具有较强的指导意义。

二是官民结合，整合社会力量。在推动蒙古国家科技园区建设规划咨询项目过程中，借助政府合作项目平台，项目组与蒙方对接单位联合，围绕科技园发展需要和蒙方发展需求，积极组织高校、科研机构、企业、科技服务机构和空间建设规划机构等进行对接，有效地为援外项目提供了良好的工作基础，多方力量共同推进合作。这种政府搭台、社会参与、企业为主体的合作模式也为后续科技援外项目进行了有益探索。

三是前后联动，发挥纽带作用。在推动蒙古国家科技园区建设规划咨询项目过程中，以中蒙技术转移中心为代表的内蒙古科技机构积极发挥了语言、文化、人脉等优势，与长城战略咨询共同联络中国科技创新机构，在交流沟通中发挥了巨大作用，极大地提高了双方工作组的合作效率，是推动与"一带一路"沿线国家开展科技园区合作的关键。

4.2 泰国版"火炬计划"

长城战略咨询与泰国开展科技创新合作的渊源，要追溯到2015年。当时，我们与中国科学技术发展战略研究院共同成立了"中国—东盟科技创新政策研究中心"（CASTIP），以该中心的名义完成了《中国—泰国科技创新政策比较》研究工作，并于同年9月在"中国—东盟科技政策研讨会"上正式发布，这为我们与泰国的合作奠定了基础。

4.2.1 成立中国—东盟科技创新政策研究中心（CASTIP）

2013年，长城战略咨询第1次承办了科技部援外培训班——"中国—东盟科技园培训班"。与其他偏向于科研和技术应用的培训班不同，长城战略咨询承办的培训班主要分享中国的科技创新经验，以科技园区为核心，面向东盟国家的学员介绍园区规划、产业培育、创业孵化、成果转化、科技金融、科技政策等相关内容，邀请的讲师大多是在一线实践的专家，能够从理论到实践为学员进行讲解和分享，加上理论授课和现场参观的组织形式，自开班就广受学员好评。长城战略咨询仍在每年承办，东盟科技园培训班也升级为"发展中国家科技园培训班"，主要面向"一带一路"沿线国家，由于报名人数越来越多，不得不每年严格遴选，将每期学员限制在30人左右。

2013年第一期培训班有32位学员报名，最终来到北京参加培训的有27人，其中泰国高教科研部的创新署、发展署、科技政策办公室、泰国科学院等共有5名学员参加了培训，这些学员后来成为长城战略咨询与泰国开展合作的重要桥梁和纽带。

很有意思的是，由于很多东盟国家受日本的影响较深，学习日本科技园区的建设发展模式很多年，却发现中国的经验对他们更加有效，所以培训班的前两期学员在回国之后都成为他们各自国家科技园区领域的专家，经常在东盟的相关活动中与中国老师研讨，这也算是中国"软实力"输出的一种方式吧。

2013年9月，在第16次中国—东盟领导人会议上提出探讨建立"中国—东盟科技创新政策研究中心"（CASTIP）。2014年9月，科技部依托中国科学技术发展战略研究院和北京市长城企业战略研究所（长城战略咨询）发起成立了"中国—东盟科技创新政策研究中心"。在曹健林副部长和东盟各国科技部部长的见证下，该中心在2015年的中国—东盟科技创新与技术转移大会上正式揭牌。同时，成立"中国—东盟科技创新政策研究协作网络"，长城战略咨询和科技部战略研究院、东盟10余家科技政策研究单位成为该研究协作网络的首期成员。

设立政策研究中心的主要宗旨是促进中国与东盟各国科技创新领域的政策研究，推动各方交流互访，组织专题研讨，开展提高各方政策研究的能力培训。通过科技创新政策研究协作网络，长城战略咨询的团队每年都会到东盟国家考察交流1~2次，在深入了解各国科技创新政策、加强政策交流沟通、挖掘多边合作点、促进科技项目合作等方面发挥了民间机构的独特作用。其中，泰国几乎是每年出访交流的必经一站，而与泰国科技政策办公室主任凯提彭（Kitipong Promwong）博士的联系也愈发紧密起来。

4.2.2 泰国版"火炬计划"

2015年，中国"大众创业，万众创新"的浪潮初起，创业咖啡、中关村创业大街、柴火创客空间、中国创新创业大赛等各种支持创新创业的机构和活动层出不穷，中国创新创业的热情被彻底激发。当年3月，中泰科技部联委会第2次会议在清迈召开，由中国—东盟科技创新政策研究中心和泰国科技创新政策办公室（STI）联合落实两国科技联委会的决议，开展中泰科技创业培训班、中泰科技创新政策比较等工作。中泰科技创业培训班邀请了夏颖齐（原中关村管委会委员，是中关村第一代海归创业的亲历者）、颜振军（原北京市人大教科文卫体办公室副主任、韵网创始人、中国第1位孵化器博士）、李军（北航大学科技园总经理）到曼谷与泰国创业者座谈交流，反响强烈。中泰科技创新政策比较研究则更好地展现了中国支持科技创新创业的政策体系和机制设计，给泰方留下了深刻的印象。

2016年元旦刚过，STI的凯提彭博士发来邮件，说泰国要学习中国支持科技创新创业的经验，将2016年定为"泰国创业年"，并且计划在4月底组织泰国创业大会（之后每年都举办"StartUp Thailand"活动），希望长城战略咨询帮助组织中国机构参加。4月26日，泰国创业大会在曼谷的Queen Sirikit National Convention Center会议中心召开，这是东南亚国家举办的第一次全国性创业大会，大会开幕式由泰国科技部部长披切主持，泰国总理巴育出席大会，做了题为"创业泰国的愿景与国家实力"的主题演讲。长城战略咨询组织的中国展区是本次泰国展会的一大亮点，中关村创业大街、长城战略·宁波商业模式概念验证实验室、国际大学创新联盟、中关村大学科技园联盟、启迪控股在该展区各有展位，吸引了众多参会者前来咨询洽谈。王德禄所长也在泰国创业大会的分论坛上做了题为"新一代创业成功路径"的演讲，分别就创业者的新机遇；创业试错：众创空间；瞪羚：高成长企业；独角兽：爆发式生长等主题进行了分享。会后，长城战略咨询团队还与STI主任Kitipong博士深入交流了如何推动泰国的创新创业和中泰科技创新合作，并商定双方共同努力，推动中泰创新合作进入新阶段。

2017年1月9日，中泰科技合作联委会第3次会议在中国青岛举行，政策研究小组（泰方STI、中方CASTIP）汇报了双方合作进展和成果，并就"泰国火炬计划制定与实施政策研究"开展联合研究以达成工作共识。

2017年7月6—7日，长城战略咨询以CASTIP名义继续协助组织Scale up Thailand 2017大会中国展区活动，并在7月7日拜访STI，就中方研究工作与STI相关负责人进行研讨。在这次会议上，我们提交了《泰国版火炬计划前期研究——中国火炬计划政策演变研究及对泰建议》（中、英文），系统性地分析了中国火炬计划中关于高新区（科技园区）、高新技术企业、科技孵化、技术市场、创新型产业集群等5个方面的政策演变及成效，并围绕上述5个方面对制定泰国相应政策提出了建议。泰方STI非常认可中方做的大量工作，认为对泰国很有指导意义，希望相关政策可以在泰国"东部经济走廊"中试行。后来因为预算安排和泰国政府换届，合作暂时搁置了一段时间。

我们结合泰国科技创新体系的实际情况，对泰国制定相应政策提出了5个方面的建议。

①科技园区。建立全国性专门机构，负责对全国科技园区进行发展规划、业务指导、政策支持及落实；各科技园区建立专门管理机构（如管委会）或管理公司，负责园区的服务与运营；科技园区既要有科技研发创新的功能，更要有创业孵化和发展产业的功能；制定园区发展战略规划、产业规划，并根据发展阶段定期制定规划（或者对规划进行动态调整）。

②高新技术企业。对泰国高新技术企业，尤其是重点扶持产业内的企业给予专门的优惠政策，如财税优惠、贷款贴息等；政府财政出资，成立专项资金，专门用于扶持科技企业发展过程中的各种金融扶持；高度关注瞪羚企业和独角兽企业，制定专项政策扶持此类高成长性企业发展。

③科技孵化。广泛建设创业孵化载体，对创业孵化载体给予税收等优惠支持政策；对于重点扶持产业领域的初创企业，建立专业孵化器，提供公共技术服务平台

等专业创业服务；促进创业孵化载体提供金融投资、创业战略指导、市场推荐等高水平的创业服务；政府出资主导或引导社会资本对初创企业进行天使投资，以弥补市场化金融链条的缺失环节。

④技术市场。建立泰国全国性技术交易市场；对从事技术开发、技术转让、技术咨询、技术服务的企业组织给予税收优惠，甚至免税；对公共财政资金支持的科技成果转化为企业产品和社会化服务的，以促进科技成果转化为生产力为导向，持续对相关政策法规进行优化改革。

⑤创新型产业集群。以市场发展为导向，以社会组织和企业自发聚拢为基础，政府加强集群发展的引导和政策支持；产业集群需要与孵化器和科技园区充分结合（甚至可以在空间上重叠），产业集群鼓励政策也要与创业孵化、科技园区等鼓励政策进行衔接。

4.2.3 泰国新经济方案

2019年年初，泰国出于对科技创新的重视，对政府机构做了调整，原来与我们紧密合作的泰国科技创新政策办公室（STI）调整为"泰国国家高教科研创新政策委员会办公室（NXPO）"。机构调整完毕后，泰方团队马上来到北京与我们交流，提出继续深化合作，结合中国经验联合开展泰国新经济的发展研究，为"泰国4.0战略"的有效落实提供借鉴。

2019年7月，在泰国驻华大使馆与中国科技部国际合作司的支持下，长城战略咨询团队赴泰国开展实地调研，5天时间到了曼谷、清迈、合艾等4个城市，对泰国曼谷科技园和食品创新城、泰国北部、南部、东北部科技园区进行调研，同时与泰国新改组的高等教育科学研究创新部相关领导开展座谈交流，全面深入了解泰国科技创新体系、科技产业园区和科技企业的发展情况。调研结束后，又经过近一个月的研究打磨，我们向泰方提交了一份《泰国新经济发展评估与建议》，内容包括中国新经济发展经验的总结、泰国当前新经济发展情况的SWOT分析及泰国新经济发展建议。

①泰国新经济发展优势。在对泰国新经济发展现状的分析中，我们发现泰国政府高度重视科技创新的作用，从制定"泰国4.0战略"到重组高等教育科学研究创新部，均为加强高校科研院所等各类创新资源的整合。国家层面重视创业，每年举办"创业泰国"活动，在全国营造了良好的创业氛围。中央政府推动曼谷、清迈、孔敬、合艾四地建设科技园，并建设了若干孵化器和创新中心，同时出台一系列鼓励创新创业的专项法律和政策。从外部环境来看，泰国与东盟各国及周边各国关系

良好，外来投资较多，全球各行业头部企业、创新机构高度重视泰国在东盟地区的地位和作用。

②泰国新经济发展挑战。泰国当前的科技创新体制机制相对僵化，全国为统一的标准和政策，缺少具有灵活机制的"试验区域"以培育新经济，行政服务管理和政策制定仍旧以"研发－小试中试－量产"的研发成果转化模式和"小微企业－中型企业－大企业"的企业发展路径为基础，市场端的需求无法快速反应到研发端，缺少新型研发机构、场景应用等模式创新机制。市场化力量与政府力量未能充分形成合力，中央政府各部委未能对新经济培育形成统筹。

③泰国新经济发展建议。基于以上内容的深度分析，我们建议从泰国科技创新体系改革、泰国（曼谷）科技园、大学科技园等3个方向推动新经济发展。具体而言，一是加强顶层设计，由中央政府组织各部门共同制定"泰国新经济五年发展规划和三年行动方案"，将认定科技企业孵化器、培育瞪羚独角兽企业、建设新经济应用场景、建设新型研发机构、科研团队成果转化激励试点等作为落实顶层规划的重要工作；二是以泰国（曼谷）科技园为试点，推动园区经营管理改革，探索"一区多园"和"创新大街"等新的运营方式和协作机制，链接中国科技园区、科技企业孵化器、新型研发机构等创新和科技产业资源；三是赋能泰国大学科技园发展，加强创业动员，组织创业培训，推动大学科技园市场化改革，链接国外创新资源，促进科研与产业结合，为地方经济发展提供新动力。

随后，NXPO向泰国高教科研部、泰国议会高教科研创新委也提交了此份报告，均收到了极高的评价。我们充分吸收了泰方领导建议，与NXPO确定共同申请两国科技部门经费支持，在2020年开展"泰国新经济五年发展规划和三年行动方案"的制定，以及组织中泰科技园区培训交流、中泰科技创新企业对接等具体工作。同年11月，泰国新任驻华大使特意在大使官邸宴请了长城战略咨询和战略研究院的团队人员，希望能够为泰国科技创新创业提供更多的支持。这既是对我们过去工作的肯定，更是对未来合作提出了更高的期望。

遗憾的是2020年新冠疫情全球暴发，我们不得不再次暂停了相关合作。随着2023年我国重新全面开放，以及泰国新一届政府组建完毕，我们与NXPO重启交流，探讨新一轮两国科技创新的合作。

4.3 中国南非科技园合作

2013年，国家明确了"一带一路"推进计划，科技园区频繁出现在我国与其他国家交流合作范围内。中国南非科技园合作由两国元首于2014年12月首次提出。2015年11月，应南非科技部邀请，我陪同科技部火炬中心安道昌副主任一行访问南非，调研南非科技园区发展情况，推进中国南非科技园合作。

4.3.1 第一次南非之行：为中国南非科技园选址

南非是一个知名度很高的非洲国家。历史上的南非长期处于白人统治之下，黑人领袖曼德拉及其领导的非国大党为此进行了长期抵抗和不懈努力，南非终于回到了黑人当家作主的时代。南非曾经是个工业化程度很高的富裕国家，在非洲具有较大的影响力。后来，发达国家资本逐步退出，南非的制造业规模直线下降，就剩下少数的产业如钻石等在全球有影响力。

当得知要去南非出差时，还是做了一些准备工作。出发前，在银行换了一些南非货币——兰特，也准备了少许硬通货——美元。还在箱子里带了几袋方便面，听人说，在国外一定会特别受欢迎。

2015年11月10日，我们从北京直飞南非首都约翰内斯堡。经过15小时的飞行，我们终于踏上了非洲这块神奇的土地。

第一天的行程是参观总统府。初到约翰内斯堡，兴奋是正常的反应，沿街两边很空旷，房子低低的，鲜有高楼大厦。工作地点是比勒陀利亚，这是南非的政治首都。我们从约翰内斯堡下飞机后，直接驱车到比勒陀利亚，入驻酒店、中午稍事休息后，我们一行人就去参观了南非总统府（图4-1）。

在总统府，我们瞻仰了曼德拉的雕像，大家充满敬意。曼德拉为南非的民族解放事业付出了毕生的精力，他的和解精神获得了全世界的尊重，南非人始终都将他奉为"新南非之父"。近些年，网上有很多文章指出，曼德拉上台后实施的部分政策如去工业化、对外资全面开放、黑人就业享有优先权等，冲垮了南非本地工业企业，破坏了南非的营商环境，损害了南非产业竞争力，让南非经济一蹶不振。但我想，这些丝毫不影响曼德

图4-1 陈文丰参观南非总统府

拉精神的伟大。

第二天，与南非创新中心研讨，协助科技园区选址。上午，我们先去豪登省的一个地方考察，具体名字已经不记得了。这个地方附近有个著名的体育馆，世界杯的主赛事就是在这里举行。南非科技部想把中国南非科技园放在附近，拟规划5公顷作为第一期工程。我们一听就傻眼了，5公顷换算一下也就75亩，在中国还没有一个科技企业孵化器面积大。同行的很多人对南非科技部提出意见，南非科技部相关人士表示，这仅是初步决定，还会根据大家的意见进行评估和调整。后来，据我们了解，初步选址地点还真是做了调整。

下午，我们参观了南非创新中心（图4-2）。南非创新中心位于南非首都比勒陀利亚东侧，距市中心不到10公里。地处两条高速公路交汇处，交通便利。附近尚无开发，可用土地面积大。其坐落于两家国家级研究机构之间，10公里内有多家大学、政府机构和研究机关，有良好的人才储备资源。南非创新中心其实就是一个科技企业孵化器，面积不大，大概有1万平方米，是一个两层高的建筑。孵化器里入驻企业不多，以创业服务机构、生物医药企业、绿色环保企业为主。总体感觉，企业的科技水平不是太高，多数处于早期的研发阶段。但有1~2家企业的产品已经打入欧美市场，但与中国的联系普遍较弱。

图 4-2　陈文丰一行参观南非创新中心

第三天，与南非科技部、南非贸易和工业部（简称"贸工部"）、豪登省的相关负责人就中南科技园区合作事宜进行了交流和沟通（图4-3）。参会地点就在南非科学与工业研究理事会（CSIR）会议中心，相关方都出席了活动。南非科技部介绍了关于中国南非科技园的一些设想，贸工部介绍了南非的投资贸易政策，豪登省介绍了豪登省的经济产业发展状况。我方的带队领导——科技部火炬中心副主任安道昌介绍了我国科技园区的发展状况及对中国南非科技园发展的想法，我作为专家介绍了我们科技园区的一些经验、做法及对中国南非科技园建设的建议。

图4-3　与南非科技部相关人员举行研讨会

最后大家进行了研讨，所有人把焦点聚焦在初始阶段外资企业导入的优惠政策方面。我国科技园区的重要经验是，外商投资企业可享受自取得第一笔生产经营收入所属纳税年度起2年免征、3年减半征收企业所得税的待遇。另外，园区内高新技术企业享受15%的所得税率。如果企业出口产品的产值达到当年总产值70%以上，按10%的税率征收所得税。银行可给高新技术产业开发区发行一定额度的长期债券。当我们提出这个问题时，南非方面并没有给出一个明确的答复，反而提出一个对于他们而言更为重要的目标，他们希望中国南非科技园要以选矿、农产品处理及信息通信技术等产业领域为重点方向，同时希望中国企业进行大量投资。我们认为，产业方向问题需要通过未来的规划研究来解决，中国企业投资的问题要结合南非的产业政策按照市场逻辑推进。中间，我们也谈到了"劳工法"的问题。总的来看，双方就合作进行了有效沟通，就部分内容达成了共识。

第四天和第五天，调研中非基金、华为和中兴。与南非科技部和贸工部主要会谈工作完成后，我们抽空调研了中国在南非的一些企业和机构。中非基金属于国家开发银行的投资机构，在南非有着非常好的投资项目和经验。南非的负责人给我们介绍了南非的情况，也善意提醒我们要注意南非的"劳工法"对投资行为的影响。我们也对这个问题足够重视，表示下一步需要关注这些特殊问题。

我们还抽空调研了华为和中兴在南非的分公司。作为中国的跨国大型企业，此时还在南非这块大地上发展得风生水起。它们的产品过硬，服务到位，与南非政府各部门关系非常融洽。两家公司的负责人跟我们介绍了其在南非的发展情况，以及在南非投资的优势条件和存在的问题。南非作为非洲大陆的重要经济体，市场规模与影响力巨大。在南非市场获得优势后，就能更容易地向整个非洲大陆拓展。两个负责人也同样对"劳工法"表示关注。

我们一行在完成5天行程后就回国了。这趟南非之行，成果满满。第一次踏上非洲大陆，结识了一批朋友，见到了真实的南非国情。大使馆的官员给予我们照顾和支持，基本上全程陪同，让我们在异国他乡感受到了家的温暖。我们相信，我们还会再次踏上这片神奇的土地。

4.3.2 第二次南非之行：与刘延东共同见证历史性时刻

2015年12月，习近平主席访问南非期间，中国科技部与南非科技部共同签署了《关于科技园合作的谅解备忘录》。

2016年7月，中国和南非两国科技部共同签署了《关于启动科技园合作的意向声明》。根据两国元首的共识及双方协议，中国将与南非分享高新区及科技园建设经验，在发展规划、管理运营、资源导入、人文交流等方面开展深入合作。

2017年10月，我们收到科技部火炬中心转发过来的邀请，要去南非参加中国—南非高级别人文交流机制首次会议，重点任务是出席中国南非科技园合作研讨会及科技园合作项目启动仪式并做专家演讲。

2017年11月23日，我们启程飞往南非，开始第二次南非之旅。这次南非之行，科技部火炬中心特别重视，由盛延林副主任带队，高新区管理处副处长周力陪同，安排了国内很多重要园区的负责人一同参访。

当地时间24—25日，大家在位于比勒陀利亚市郊的南非科学与工业研究理事会（CSIR）国际会议中心出席了中国南非科技园合作研讨会及科技园合作项目启动仪式（图4-4）。此次大会是中国—南非高级别人文交流机制首次会议的分会之一。

图 4-4 陈文丰出席中国南非科技园合作研讨会及科技园合作项目启动仪式

24日下午,国务院副总理刘延东、科技部党组书记王志刚、科技部国际合作司司长叶冬柏等中方领导出席了合作项目启动仪式并致辞。来自中关村、深圳、成都、西安、合肥等高新区相关领导及企业负责人共50余人,以及来自南非科技部、财政部、贸工部、豪登省、科技型企业的代表共同见证了这一历史时刻。

25日上午,科技部火炬中心副主任盛延林、中关村管委会副主任王汝芳、深圳科技创新委副主任李志远等中方政府代表在研讨会上发表了讲话,从不同角度介绍了我国高新区的发展成就和主要经验。南非科技部和豪登省增长发展署等政府部门代表分别就南非特别经济区与产业支持政策、科技园区的发展与土地规划向与会代表作了简单介绍。

我作为专家发表了题为"经验借鉴:中国高新区的战略规划与政策体系"的演讲,深入阐述了园区发展战略规划的内容、目的、意义与要点,介绍了园区相关政策的类型、作用与演变历程,并向南非方面提出了加强国家层面的规划与部署、制定中南科技园发展战略规划、研究出台支撑政策等建议。

南非科技部在会上介绍了建设"豪登科学与高新技术特别经济区(Gauteng Science and High-tech Special Economic Zone,SHSEZ)"的计划与进展。会后,我们与南非科技部、科工研究理事会、豪登省增长发展署相关负责人进行了沟通,进一步了解了南非方面的设想。主要有以下几点。

①SHSEZ将区别于南非贸工部现有的特别经济区（SEZ），完全由南非科技部策划和推动，打造成为集科技研发与高新技术产业开发为一体的综合性科技产业园区，计划开发面积1000公顷；

②中国南非科技园将包含在SHSEZ内，探索采取一区多园、分步建设的发展方式，目前已初步筛选了若干分园地点，均位于科教资源相对集中的地区，而以前提出的科技园选址方案已经被废止；

③园区将在税收、土地/厂房租金方面提供优惠政策，扶持力度不小于贸工部的特别经济区，并且更强调科技创新，下一步将与南非财政部就园区建设资金和优惠政策相关资金进行协调；

④南非科技部负责建设指导和资金供给，豪登省增长发展署负责园区管理运营及招商工作，科工研究理事会负责科技创新资源供给及服务支撑；

⑤南非土地不能出售，因此将主要依靠政府建设厂房并以租赁形式提供给企业；

⑥理想建设周期预计为2年，包括土地勘探、环境影响评估、可行性研究（6个月），建设规划（3个月），方案审批（3个月）及建设施工（1年）。

这次南非之行任务比较简单而明确，在开完会议之后我们就迅速回国了。后续我们也跟南非科技部一直保持联系和沟通，比较遗憾的是，由于中南双方工作计划的调整，园区的规划任务没有得到很好的推进和执行。即使如此，我们也能明显地感受到，中国科技园区快速发展的成功经验已经得到全球瞩目，尤其是在"一带一路"沿线国家更是受到重视。

长城战略咨询作为一家民营咨询机构，长期植根于中国本土科技园区发展，在科技园区建设、规划、政策制定等方面拥有较专业和丰富的经验。通过科技部资助，我们为蒙古国制定了蒙古国科技园区发展规划。受泰国科技部邀请，我们奔赴曼谷，协助制定泰国版"火炬计划"。从2013年开始，我们接受科技部国际合作司的委托，举办"一带一路"国际科技园区培训班，为相关国家科技园区从业人员、研究人员提供培训服务。目前，已经有亚非拉、东盟、中东欧等几十个国家的超过500人参加了培训项目。我们做的这些工作，核心出发点是讲好科技园区的"中国故事"，推广科技园区的"中国经验"。

4.4 在美国考察高科技产业

2014年4月16日,启程去往美国,开启为期18天的美国之旅。

硅谷是全球高科技产业的圣地,一直被各国区域、城市所效仿。波士顿是美国知识创新中心,高校云集,哈佛大学、麻省理工学院、波士顿大学蜚声海内外。此次出行的目的是,陪同王德禄所长、刘志光老师考察美国的科技产业。

4.4.1 波士顿:知识创新中心

第一站就是波士顿。波士顿位于美国东北部,是东北部的中心城市,也是美国乃至全球知识创新中心。

入驻的酒店位于芝加哥市查尔斯河畔。查尔斯河的名字来自英国查理一世,发源于马萨诸塞州西部的查尔斯河区域,流经波士顿市的贝克湖和德鲁兹山,最终在波士顿港口汇入大西洋。当时临近3月中旬,河流还没有完全解冻。查尔斯河河水清澈,两岸风光秀丽。沿着河流,岸边修建了草坪和观光步道,有许多游人和当地居民在此欣赏美景或休闲锻炼。初来乍到,一下子就被这条河流牢牢吸引住了。

3月15日,所长带着我们一行5人到哈佛大学中的一家中餐馆就餐,这家中餐馆很是有名,名为燕京饭店(图4-5),门口挂一红色竖匾,赫然写着几个大字——"京华佳肴第一家"。听说这家餐馆于1976年开张,在美国华人圈非常有名。后来我听说,这家餐馆在2015年因为老板退休、租金上涨等因素而停业了,让人叹息不已。

图4-5 哈佛大学燕京饭店

哈佛大学作为知名学府,排名常年全球第一。参观中,我发现美国大学确实跟中国大学不一样,基本上全是开放的,没有明确的边界和门墙。校园里,一些红色的砖楼错落有致地矗立着,有教学楼、图书馆,还有专门为纪念在二战中牺牲的哈佛人而建的教堂,庄严肃穆。其中,最为壮观的是一座能容纳700多人的建筑。我们看到一个雕塑,陪同的刘紫源说这就是哈佛,很年轻,哈佛学院就是在17世纪为纪念他的捐赠而被命名的。大家在哈佛雕塑前合影留念，听说摸一下雕塑的铜脚将事事顺心，我也忍不住遂愿了。

在哈佛的一项重要任务是去哈佛大学燕京图书馆替所长赠送两本书。3月13日，所长在该图书馆举办了一个讲座，本该现场赠送两本书给该图书馆，一本是《50年代归国留美科学家口述史》，另一本是《硅谷中关村人脉链接》。殊不知，我和程宏老师去的那天恰恰是周日，学校好多机构不上班，图书馆一把"铁将军"紧锁，我们的任务也没完成。

3月16日上午，我们来到麻省理工学院参观曾经轰动一时的媒体验证实验室（图4-6）。一进大门，一个硕大蚕丝球矗立，不知内涵为何。在大楼一层，看到了设计师设计的电动车、"刀锋战士"跑步鞋等概念性作品。程宏老师说，楼里集聚了很多有天赋的设计师，其想法在这里验证。一旦通过，则进入商业化阶段。我们在这里没有找到合适的人员来介绍，但对这种理念甚为理解和认同。回国后，我们写了很多文章在国内推广这种做法，并且长城战略咨询于2016年在宁波成立了商

图4-6 位于麻省理工学院的媒体验证实验室

业模式概念验证实验室，帮助很多初创型企业打磨商业模式、链接资源。最近一段时间，国内很多城市开始认识并重视概念验证工作，如杭州、南京、合肥等，均把概念验证作为科技成果转移转化的重要方式加以支持。同时，这些年北航国家大学科技园也将概念验证作为其创业孵化的主要模式加以推广。

第二站是肯尼迪图书馆。从1940年开始，历任美国总统退休后，都会修建一栋以其名字命名的图书馆。由贝聿铭设计的肯尼迪图书馆外形很漂亮，馆里的展示内容丰富，多以实物、影像资料展示肯尼迪执政时发生的大事。

下午，我们在中国城吃中餐。中国式牌楼上"礼义廉耻"4个字蕴藏着中国的传统文化，周围林立的有中文招牌的店铺，也可以佐证部分华人的生存模式仍在延续传统。

最后一站是旧的州政大厅和市政大厅。因为历史很短，因此美国人异常重视对历史的保护。马萨诸塞州是"五月花"号登陆的地方，在美国独立运动中发生了很

多标志性的历史事件。旧市政大厅依然是当年的模样，周围广场却成为街舞者自娱自乐的场所。

参观几天后，有个重要的感受就是美国社会秩序良好。交通、购物、就餐，大家都很遵守规则，没有大声喧嚣，烟头难觅踪影。程宏老师介绍，因为美国法律规定得很细，稍微不小心就违反法律规定，因而在美国进监狱的很多，但犯罪率也没有那么高。在这里，大家都很尊重内心的感受，大街上有各种各样的打扮、各种角度的言论，只要不妨碍别人，警察不会找上门来。

4.4.2 纽约：全球金融中心

在波士顿停留了 3 天之后，我们乘车从波士顿出发，向纽约进军。同行的还有刘志光老师的本家兄弟刘兰山夫妇，其儿子刘昱坤在耶鲁大学上学，刚好是春季小假期，他们一道来看望刘志光老师，我们就搭乘他们的车去往纽约。晚上就住在附近的一家自助酒店，第二天的早餐需要自己动手，这种模式在国内还比较鲜有。

18 日上午，一行 8 人参观了美国著名军校——西点军校。西点军校就依偎在哈德逊河西岸，位于纽约郊区的深山里，风景优美。参观了博物馆、大教堂、橄榄球场，了解了西点军校培养的优秀人才及其在美国南北战争、一战、二战中发挥的领袖作用。从导游的介绍中能看出，他们以西点军校为骄傲。在这里，我给儿子三虎买了一套小版西点军服。

下午，在第二中国城饱餐一顿后，我们进入了纽约市区，住进了 Radisson Martinique on Broadway（百老汇雷迪森马提尼克酒店）酒店。酒店位于曼哈顿区第五大道，离时代广场和帝国大厦很近。听说这是一家百年老店，1898 年开业，口碑极佳。酒店虽说很有名气，但门脸很小，显得极不匹配，相比之下，国内的酒店门庭和大堂较为讲究，这或许也是中美文化差异导致的吧。

19 日上午，我们选择的第一站是时代广场。时代广场与酒店仅一街之隔，这是游客的必游之处。刚一开始并没有觉得有啥特殊之处，但是登高处再看，还是很震撼，超大的显示屏上是各跨国公司的广告，哪国企业露脸多、时间长，则意味着哪国的经济实力强。

第二站来到著名的自由女神像。坐着轮渡，欣赏着曼哈顿岛的风光。曼哈顿岛高楼林立，确实让人震撼。高大的自由女神像在海中矗立，这不但是纽约的象征，也是整个美国精神的象征。

第三站是华尔街，沿着高楼林立间的小道漫步，大家都认为其规划建设小家子气。突然间，豁然开朗，纽交所大气磅礴地出现，一群人围着一只金牛拍照留念。

牛角、牛头、牛屁股闪闪发亮，估计是众人皆摸的缘故。大家都说，这是全世界最著名的一只牛，尤其是在股民心中分量甚重。华尔街是曼哈顿的中心，也是美国经济的中心，从某种意义上来讲，也是全球经济中心。第二次世界大战后美国之所以能够引领全球，依赖的是金融、科技、军事和文化四大实力。华尔街就是其中非常重要的一环。

第四站是世贸中心。大家怀着凭吊的心情来到这里。回想当时，19名恐怖分子劫持4架飞机，导致2977人死亡，对美国人心理造成了强大的冲击，这既改变了美国，也改变了世界。

20日上午，我们来到纽约地标性建筑——帝国大厦（图4-7）。这是美国的重要标志，也是工业经济时代的象征之一。其不仅是地产，也是艺术，更是科技，是一国综合实力的表现。在第86层，鸟瞰整个纽约，景色一流，风动、云动、世界都在动，这是一个充满活力的大都会。

第五站是中央公园。中央公园号称纽约的"绿心"，占地340公顷，旁边就是著名的第五大街。在中心地带保留如此规模的公共空间，不得不佩服城市规划者的前瞻性，更佩服后来城市管理者一如既往地保持。人与自然非常和谐，空气新鲜，阳光明媚，袋鼠、鸽子对人没有一丝的恐惧。

下午，我和刘紫塬来到联合国大厦。甚是失望，原本在影像资料里面雄伟壮观的联合国大楼在纽约林立的楼宇衬托下，那么得不显眼。才下午3点多，就见联合国的雇员成群往外走，刘紫塬说是准备下班，这也太早了吧。

21日上午，我们参观了哥伦比亚大学。哥伦比亚大学位于上城的一个山岗上，这在纽约比较少见。该校培养了在中国耳熟能详的人物，如胡适、顾维钧博士，而东亚图书馆收藏中国、日本、韩国图书较多。我们给图书馆赠送了所长的两本新书，并参观了图书馆，认识了一位藏族人，谓之马老师。

随后，我们来到全美最大的中国城。没有壮观的中国式牌楼，但是有3个中国

图4-7　陈文丰参观帝国大厦

人像雕塑——孔子、林则徐、孙中山。满大街的黄色面孔，周边林立的中国商店，无一不充满着中国元素。听说，这里有很多早年移民来美的华人，可以一辈子不出中国城，不会一句英语，仍然活得很有声色。

4.4.3 华盛顿：政治中心

22 日上午，一行 5 人从纽约火车站乘坐火车赶往华盛顿。在美国，火车的主要功能是观光，费用不低，两三百公里需要 150 美元。路边的城镇规划整齐，最大的特点就是人少，有时整条大街看过去都见不到一个行人，只有几辆车在大街上快速驶过。

24 日上午，我和所长、范岱年夫妇一起参观了世界银行总部。据介绍，世界银行员工近万人，其中相当一部分人在世界各国工作。其中，中国是世界银行的重要合作伙伴，世界银行也越来越重视中国方面的意见。当时的行长是美籍韩裔人，上届行长是佐利克。

24 日下午，一行 7 人与美国企业研究所进行了业务交流。美国企业研究所英文简称为"AEI"，是一家与共和党密切相关的智囊机构。据接待我们的教授介绍，其主要从事与国家紧密相关的政策研究，涉及经济、国防、国际交流，业务收入以接受企业主捐款为主。所长说，当年他下海创业，取名为长城战略咨询，英文名简称为"GEI"，初衷就是要学习美国企业研究所，打造中国的企业战略智库。

4.4.4 北卡：新兴技术中心

26 日上午，我们乘车从华盛顿出发，往北卡进军。美国高速公路很发达，城市间的主要交通工具是汽车与飞机。我和刘志光老师都是初次在美国开车，还是有些紧张。美国的高速没有防护栏，来回两道是分开的两条高速。在高速上行驶，沿途基本上是茂密的森林。我们途径弗吉尼亚州的理士满市，所长认为这是美国 3 个以中文命名的城市之一（另外两个分别是旧金山和檀香山），我们找了个名为肥龙的中餐馆吃饭，居然是美国人所开。

26 日下午，我们到达北卡州的首府——罗利市。北卡是美国中等发达的州，杜克大学和北卡三角园在中国名气很大，罗利也是近些年快速发展起来的城市。我们到罗利市郊区拜访了范岱年老师的侄子，他侄子在罗利市政府部门工作，早年从中国来。美国的公务员工作很稳定，按部就班。

27 日上午，我们参观了杜克大学（图 4-8）。这是我见过的最美的大学，不是之一。巍峨壮观的美式教堂，鲜花簇拥，绿树林立，校园仿佛是陪衬，大自然是主角。我们在杜克大学逛了整整一上午，兴趣盎然。杜克也是一所全球知名的综合性研究大学，全球很多知名人物及知名华人毕业于此，如美国第 37 任总统尼克松、宋氏三姐妹的父亲宋嘉澍、中国知名创业投资人李开复等。令人比较震撼的是教堂，它是一座壮丽的石质建筑，有着高大的尖顶和华丽的尖拱形门窗。教堂的立面用雕塑和浮雕装饰，展现了精湛的艺术水平。进入教堂内部，人们会被高高的拱顶、彩色玻璃窗和精致的木制家具所深深吸引。杜克大学占地 8600 英亩，也就是 34 平方公里，校园内有主校区、湖泊和森林。

图 4-8 陈文丰参观杜克大学

27 日下午，来到了知名的北卡三角园。这是美国五大生物医药产业基地之一，集聚了近 200 家企业。依靠丰富的高校、医院、良好的生态环境及税收优惠政策（这点与中国相似），吸引国际投资。园区内大约有 2200 万平方米的发展区域及 26 所综合性的办公楼，同时还有 4 个孵化器。不过较为遗憾的是，这里的创业并不活跃，一年在三角园创业的企业不超过 20 家。但肯定的是，大企业的创新能力很强，能够研发出一流的产品技术。在我从事咨询工作后，翻阅全球科技产业园区的资料时，经常会浏览到北卡三角园。我们借鉴的是北卡三角园的管理体制，其管理主体不是政府，而是由杜克大学、地方政府共同成立的一家基金公司，其推动开发建设和招商引资。我们拜访了这家基金公司，当我们介绍到中国前 10 名的园区每年新创业企业平均有 3 万家时，其负责人感到不可思议。

27 日晚，在越南华裔女子李小姐的带领下，我们旁听了一场商业沙龙。这场沙龙邀请了 4 家企业，联想、IBM、EMS 和 SAS 的代表就中美商业机会发表看法，听众是对该话题有兴趣的华人学生及企业员工。在会场，能够深刻感受到美国经济的活力及美国人的开放。

4.4.5 硅谷：科技创新中心

28 日一早，乘坐东部时间 7 点的飞机，经过 6 小时的长途飞行，从北卡到旧金山。旧金山是一个美丽的海滨城市，加州阳光异常温暖，云层很低，仿佛伸手就可触摸，房屋都掩映在绿色的丛林之中，我们沿途看到的不是城市，而是园林。

我们很快驱车来到了硅谷，中午与硅谷丁丁电视台创始人丁维平女士及其先生一同进餐。丁维平女士早年在珠海从事媒体工作，后来移民到了硅谷，在创业阶段咨询过所长意见，所长提供了不少好的想法。丁丁电视台是其创办的一家网络电视平台，主要面向硅谷及全美华人播放硅谷创业故事，讲述硅谷创新经验。经过多年发展，丁丁电视台在华人圈也有了较高知名度，跟国内很多园区建立了较好的合作关系。每次所长及单位同事到了硅谷，总会跟丁维平聚聚，了解硅谷科技与产业最新进展。

图 4-9　硅谷印度企业家协会（TIE）

下午第一站，我们参观了 TIE（图 4-9）。这是一家为印度裔创业者提供服务的非营利性机构，中文名是硅谷印度企业家协会。该机构成立于 1993 年，现在已经是全美最大的印裔社会组织，具有强大的社会影响力。通过义工制度，成功地吸引了 IBM、思科、intel 等企业高管来 TIE 为创业者分享成功的经验，讲述行业发展形势。后来我们了解到，硅谷的印裔越来越多，人数已经全面超过华裔，而且科技大公司的高管中印裔也比华裔多。硅谷的朋友告诉我，原因在于印裔文化跟华裔文化不同，印裔文化比较强调抱团发展，颇有"一人得道、鸡犬升天"之意。我们还了解到，非营利性机构或者 NGO 组织在硅谷的发展中扮演着重要角色，正是这些机构的存在让硅谷的创新生态更加丰富。

28 日晚，我们体验了一次美国式基层民主选举。张大富是城市议员，意欲竞选加州议员。为了赢得本选区选民的支持，举办了此次活动。大概 200 人参加，一部分是为张议员站台的知名人物，一部分是该地区的选民，以华人居多。我们比较熟悉的橡子园创业投资公司的龚行宪等也一同出席。活动现场是典型的美国风格，热闹、开放、冠冕堂皇。有意思的是，以前华人参政意识比较薄弱，而新时代的华人显得更加自信而开放，他们明白，要想维护华人的各种权利，需要积极参与政治，把符合自己政见、承诺提供更多保障的参选人推上更高的政治舞台。但总体而言，跟其他族裔相比，华人参政的比例还是偏低，我想跟华人内敛的文化传统有关。

3月29日下午，所长在丁丁电视台举办了一场创业讲座（图4-10），名为"社交化时代的颠覆式创新"。约有30人参加了此次讲座，主要是创业者、社团人员和大学生。之后，我、刘志光老师和舒建华等参加了圆桌讨论，回答了观众提问。在此过程中，我重点谈到了中国科技园区发展的现状和经验，很多听众对此很感兴趣。

图4-10　陈文丰在丁丁电视台参加创业讲座

3月30日下午，我们参观了一家3D打印公司。据老板介绍，3D打印将颠覆传统的工业经济模式，使得建模更为容易，可将大量设计师解放出来，未来的产品将更加多元化。老板给我们展示了他们打印的卡通人物头像，确实栩栩如生。3D打印技术刚刚兴起就引起了很多创业者的高度关注，并已从硅谷传到了世界各个角落。我们很明显地感受到，地球真是平的。

下午的硅谷，阳光更加温暖，白云抬手可触，周日的人们似乎都在享受生活，大街上不见行人。30日晚上，来到舒建华家吃晚饭。舒建华是一位华人，早年从浙江大学毕业后从事图书编辑工作，后来移民到了硅谷，主要从事艺术品鉴赏和交易工作。他创办了硅谷亚洲艺术中心，任馆长，积极推动中美艺术交流。他跟所长关系很好，谈得来。每次他来北京，或者我们到硅谷，都会聚聚。我是第一次到他家里，他家的庭院很有中国特色，其收藏的古玩字画更是流露出浓郁的中国风。客厅里悬挂着一副关山月的画，他告诉我们，此画价值一两千万元。我想，中国经济的快速发展提升了中国字画的价值。

4月1日，我们启程回国。从3月15日到31日，前后17天，我们参观了5个城市（波士顿、纽约、华盛顿、北卡、硅谷），对美国有了初步了解，感受了这里的社会、经济、交通、环保、文化和生活，与大学教授、智库机构、世行官员、旅居华人、科技创业者、自由文化人皆有接触。我认为这是一次观光之旅、文化之旅、开拓视野之旅，感受很多。

比较深的感受是，中美之间既有相同的地方，也有差异之处，差异大于相同。美国成立时间较短，历史遗留"包袱"较少，文化简单。周边国家较少，地理条件得天独厚。正因为美国是一个"包袱"少的国家，所以美国的创新力很强。创意、创新、创造、创业的基因早已嵌入美国人的骨子里。正如我们在麻省理工学院看到的概念验证实验室，那是新产品的摇篮；又如在硅谷看到的3D打印技术，它已快速辐射到全球各地。当然，两国所处的发展阶段不一样，中国改革开放已经缩小了两国之间的差距。即使这样，中国还在努力进步。

2014—2023年，发生了沧桑巨变。美国已经不是当年的美国，中国也不是当年的中国。我们仍然需要在很多的地方学习美国，尤其是在科技领域需要缩小差距。学习硅谷的创新创业精神，学习他们"质疑权威、自由平等"的创新文化。更重要的是，我们要持续地加大科技投入，在关键领域实现技术的自主突破，也需要发展一批科技领军企业、独角兽企业，构建起引领未来的新兴产业。这些任务需要以更开放的心态，促进国际合作、沟通和交流。

后记 咨询就是一场修行

22年咨询工作,既漫长又短暂。长时间研究科技园区,需要很强的耐力。科技园区的研究很复杂,有很多问题不能穷尽。个人始终与长城战略咨询这个大的平台同频共振,共同成长。这个过程,就是个人的修行。

长城战略咨询是一家民营咨询机构,1993年8月成立,至今已有30多年历史。我是2001年7月9日到长城战略咨询工作的,这一干就是22年。主持过几百项咨询项目,去过全国70%以上的地级市,也曾奔赴国外考察与工作。长城战略咨询30多年的发展,一直都在追求转型、升级和成长。

第一,关于如何定位,很长一段时间在咨询机构与民间智库之间徘徊。

长城战略咨询成立之初,立志于与中国的民营企业共同成长,与当时的中国民营代表企业,如新希望集团、科瑞集团、联想集团、四通集团都有过很好的合作,是20世纪90年代颇具代表性的战略管理咨询机构。后来,由于市场逐渐开放,所蕴藏的巨大商机被释放了出来,长城战略咨询凭借超前的理念和创新的观点,迅速在政府公共咨询领域抢占了先机,并成为市场的佼佼者。当智库被政府高度重视后,长城战略咨询的智库角色日益明显。在相当长一段时间内,关于如何定位,长城战略咨询曾在咨询机构和民间智库之间徘徊,认为两者存在一定程度的冲突和矛盾。后来,关于这两者的定位逐渐清晰并融合起来,其实并不矛盾,我们不纠结于做咨询机构或者民间智库,而是将自己进一步定位为中国新经济生态引领者、建设者和服务提供商,这是我们认知上的一次重大跃升。

第二,观念引领是长城战略咨询的制胜法宝。

中国的咨询市场鱼龙混杂,并不规范。如何在这样的市场中脱颖而出并实现引领发展,是长城战略咨询自建立以来就一直在思考的问题。所长一直认为,我们需要有新思想、新观念才能实现引领,不能因循守旧,成为传话筒、变成翻译器,这是创办长城战略咨询的初衷。因此,长城战略咨询坚持自己投入做研发。近10年来,每年研发投入金额均在营业收入的 10% 以上,有些年份高达 15% 左右。在这种高强度研发投入下,长城战略咨询出版了一系列专著、企业研究报告和新经济内参,每年发布的《中国独角兽企业发展报告》《中国潜在独角兽企业发展报告》《中国新赛道体系发展报告》《中国场景体系发展报告》都在全国引起较大关注。

在市场转型期,长城战略咨询通过对区域创新、产业和企业的研究,提出了一系列观点。在区域创新方面,提出要构建区域创新体系。在产业层面,所倡导的"分解分解再分解,集聚集聚再集聚"很好地解决了产业如何特色化、个性化发展的难题,并从宏观上研究"中国制造"的优势、存在的问题和解决的办法,推动了中国制造业的转型升级和创新发展。随着中国产业技术的进步,长城战略咨询一直倡导要关注跨界融合的规律,推动原创新兴产业的发展。近几年,我们聚焦新赛道的基本规律和特点,研究提出中国的新赛道体系,为区域新赛道的选择、企业对于新赛道方向的把握提供了"按图索骥"的基本工具。

围绕企业发展,敏锐地观察到"瞪羚企业"给区域产业结构调整带来的巨大促进作用,在全国推广瞪羚企业发展计划。新经济时代,在 2015 年开始导入"独角兽企业"概念,率先在中关村,继而在全国发布独角兽企业报告,在全国若干省份、城市和园区推广高成长企业培育计划,创造性提出"哪吒企业",在此基础上概括性提出"新物种企业",指的是区域经济板块中科技感强、赛道新的高成长性企业群体。

第三,"咨询+服务"构筑了新的商业模式。

传统意义上的长城战略咨询是一家咨询机构,主要的产品就是咨询,交付以报告为主。随着咨询行业的发展,以及客户群体的逐步成熟,客户提出了咨询以外更为落地的服务要求。在这个过程中,如何提供更高水平、更有特色的服务则是长城战略咨询这些年重点探索的事情。

举办有影响力的城市大会。这些年,长城战略咨询连同客户共同举办了很多次高水平、别开生面的城市大会。例如,在天津连续举办了两次"中国独角兽企业报告发布会",在苏州召开了两次"潜在独角兽企业报告发布会"及一次"中国独角兽发展大会",在南京召开了两次"中国新赛道体系报告发布会",在合肥召开了两次"中国(合肥)场景创新峰会"。这些大会的召开,是城市发展雄心和决心的全面展示,是区域卡位赛道和塑造定位的重要方式,也是长城战略咨询赋能城市发展的重要通道。

搭建创新资源的链接平台。我们观察到,一方面新经济企业基于拓展业务、降低成本的需求，亟须在全国进行布局；另一方面区域政府有发展经济、招商引资的强烈冲动，搭建一个面向供需双方的合作交流的平台至关重要。这些年，我们研究新物种企业的市场拓展、融资、人才等方面的诉求，精准匹配政府和园区的政策供给，实实在在地促成了很多企业的落地。在长城战略咨询、政府和企业之间，形成了一个三赢的局面。

创造性开展场景创新服务。在新时代，场景成为创新的驱动力。对于城市和区域而言，场景又成为其独特的资源和要素。能否挖掘场景资源，开放场景资源，成为新时期城市获取竞争优势的关键。长城战略咨询深入研究场景规律，关注企业场景创新活动，创造性地开拓了涵盖城市场景顶层设计、场景清单发布、场景大会、场景对接和打磨、场景品牌宣传等一套完整场景创新促进打法，并受合肥市发改委委托，成立合肥市场景创新促进中心，极大地推进了场景创新这一新鲜事物的发展。

第四，修行的最高境界是修心。

每个同事在刚入职时都会收到一本所里编辑的小册子，即《咨询是一场修行》。很多同事在其中分享了自己咨询生涯的各种心路历程，有成长的喜悦、有迷惘的困惑、有醍醐灌顶的感悟、有硬钻牛角的冲动。

咨询犹如滚雪球。起步的时候，不需要太大功力，菜鸟入行就行。但随着滚动时间越久，雪球越大，功力也就越深。只有持续滚下去，所积累的知识和洞见才能更高质量地为客户服务。10年期限是咨询行业的基本门槛，所以我不太认可那些频繁跳槽的咨询人。

睿智的人会获得更好的成长。咨询光凭积累是不够的，只有拥有智慧的人才能够快速洞悉事物背后的基本规律，才能从战略上做出更贴近事物真相的判断和选择。

修行的最高境界是修心。我们时常会面临很多诱惑，也有很多纷争，关键看我们是否能够超脱一点，潇洒一点，是否能够做到"拥有取舍之智，修炼容人之量，常怀度己之心"。王德禄所长作为长城战略咨询的创始人，既是一位博学的智者，也是一位宽厚的长者；既有坚定的信念，也有菩萨般的心肠。有很多人说，王德禄所长下海创业，一针鸡血打下去，一直坚持到人生的最后一刻。我总觉得，王德禄所长一直在修行，一直在修心，他是我们学习的榜样。